谢阁兰与中国百年

从中华帝国到自我帝国

主编 黄蓓

华东师范大学出版社

华东师范大学出版社六点分社　策划

谨以此书纪念法国诗人谢阁兰百年前的中国之旅，并以此献礼中法建交 50 周年。

Puisse l'édition de cet ouvrage commémorer le poète français Victor Segalen et les cent ans de son aventure chinoise, et célébrer à sa manière l'anniversaire du cinquantenaire des relations diplomatiques franco-chinoises.

谢阁兰,1905

《谢阁兰像》,乔治·丹尼·德·蒙弗利德
(Georges-Daniel de Monfreid),1909,油画

谢阁兰和他的马夫在其北京寓所门前,1909

谢阁兰任教于天津皇家医学院时与学生的合影,1911

目 录

前言 ··· 1

帝国之旅

谢阁兰——中国印迹··································· 冯 达 3

谢阁兰：一位考古诗人在中国························ 包世潭 24

谢阁兰：永远的异乡人································ 黄 蓓 37

景与井：从谢阁兰的中国摄影谈起················· 西 黄 51

为了帝国的完成·· 芬 雷 63

异域之诗

《碑》，向书致敬······································ 秦海鹰 77

谢阁兰的《碑》汉语证源···························· 车槿山 88

略论谢阁兰笔下友人与爱人的象征意义··········· 邵 南 106

谢阁兰的"中国的幻象"的中国式解读············ 邵毅平 133

出征与回归
　　——谢阁兰异域写作中的"真实"与"想象" …… 孙　敏　154
《碑》诗品析 ………………………………………………　　　169
　《碑》序 ……………………………………… 谢阁兰　171
　一万年 ………………………………………… 邵毅平　179
　出发 …………………………………………… 马诸又　186
　丧葬诏书 ……………………………………… 邵　南　191
　五种关系 ……………………………………… 田嘉伟　198
　给旅人的忠告 ………………………………… 杜丽逸　206
　庸匠 …………………………………………… 车槿山　211
　迷失日常的方向 ……………………………… 张寅德　218
　隐藏的名称 …………………………………… 柯慕兰　226

他我之思

谢阁兰与异域性 ……………………………………… 路　东　235
谢阁兰与异域感知 …………………………………… 冯　冬　245
"多异"与"侨易"
　——谢阁兰"异域学"建构的侨易学视域 ……… 叶　隽　255
我们，都是谢阁兰 …………………………………… 芬　雷　275
谢阁兰与自我追寻 …………………………………… 沈秀臻　281

艺术回声

程抱一诗作 ……………………………………………………　291

终极之旅	程抱一	293
谢阁兰最后的布景	吉尔·蒙松	301
在诗的国度中旅行	胥弋	304

庞培诗作 …… 307

谢阁兰中国书简（节选）	庞培	309
后记	庞培	328

树才诗作 …… 333

无字之碑
　　——致谢阁兰 …… 树才 335
为什么"无字之碑"？ …… 树才 337

杨小健书作 …… 339

四幅作品	杨小健	341
谢阁兰家乡之旅	ArMen 杂志	345

林琴心书作 …… 349

四幅作品	林琴心	351
一个西方人与中国书法的不解之缘	林琴心	355

叶欣画作 …… 359

四幅作品	叶欣	361
画谢阁兰的《紫禁城》	叶欣	365

笨笃画作 …… 371

四幅作品	笨笃	373
追随自由的风	笨笃	377

前　言

他来自于遥远的欧洲大陆,前来探索紫禁城的秘密。

他跋涉于广袤的中国腹地,用脚步触摸它的肤肌。

他目睹了一个帝国的消亡,而让另一个帝国在作品中崛起。

他的中文名字是谢阁兰(Victor Segalen, 1878—1919),出生于法国西北部大西洋海岸的布列塔尼半岛。他初到中国的那一年是1909年。一年之前,慈禧与光绪相继离世;两年之后,辛亥革命结束了两千年帝制。在残阳夕照的华夏,他行经西部,走险蜀道,漂流长江。在风云多变的乱世,他寻找永恒的中国之魂。走,看,写,构成他异域生活的全部。1912年,他以《碑》为名,于北平出版了一部以中国碑文化为灵感的诗集。1913年,以"紫禁城"为象征的小说《勒内·莱斯》初稿形成。1914年,第二次历时数月的南北大穿越使之得以完成中国古代石雕艺术的考察。1916年,回到法国,以中国古画为题材的散文诗集《画》问世。1917年,他重返中国,在南京附近进行南朝古墓考察。

1919年,一战结束前夜,在家乡的密林乌埃尔瓜特,孤寂的生命随着整整一个时代悄然而逝。

有人因其在中国的考古活动而视之为汉学家。有人因其在黄土地上的跋涉而称之为探险者。有人将其中国写作奉为一个西方人在古老东方进行的精神源头之追寻。有人语焉不详地冠之以中法文化交流使者之名。他自己则宣称:在中国大地上产生的诗,自始至终,是"中华帝国到自我帝国的转移"。

从中华帝国到自我帝国,这是一场文字的行旅。历史结束了千年帝国,亦粉碎了东方神话。从此,需要一种新的异域书写。不再是观光笔记。不再是殖民猎奇。是隐喻,是诗。华夏时空化为文字中的自我时空;取道现实,想象变得何其丰沛有力。

从中华帝国到自我帝国,亦是一场精神的行旅。"异域情调不是平庸的游客或观光者的万花筒,而是个性鲜明的个体遭遇到某客体时,感受到彼此距离并为之陶然,从而内心被激起的一种强烈的异样的反应。"谢阁兰为"异域情调"重新定义,去其俗媚,还其鲜活,追求陌异中的世界感知与美的感知,更在他我往返之间发现自我、更新自我、创造自我。他说:"一如既往,我们走向远方,其实只是走向内心深处。"

1913年,谢阁兰三十五岁。羁旅中国的他在《异域情调论——一种多异美学》中写下了对世界的忧虑:"我三十五岁了,生命只走了一半,却已看到与世隔绝的极地有了人的足迹;还将看到巴拿马运河的开通,塔希提岛靠向世界的中心……"世界缩小,异域趋近,随之而来的,是"异"的淡化。而"异"之感知,在谢氏眼中,恰是生命活力的重要源头。来中国,谢阁兰寻找的不是猎奇,而是一种新的观看:面对世界的"多异"观看。他以尼采激情阅读道家智慧,在"上帝死了"的时代,在东方,寻找生命潜能。他本愿以漫长人生追寻这生命之强力,却过早地,在一战的硝烟中,在布列塔尼的家乡,与古老的东方帝国,与古老的欧洲大陆共同消陨。

他没有看到历史新的出发,但历史记住了他。百年前时代嬗变之痛,百年后余波犹存。百年前,谢阁兰从中国文明与大地中获得异域的精神养分与创作灵感,百年后,在21世纪的中国,如何面对谢阁兰,如何在其思想与创作中——我们的"异域"——获得属于我们时代的启示,是此部文集的缘起。

本文集分为四部分:帝国之旅、异域之诗、他我之思、艺术回声。"帝国之旅"从不同角度,勾勒了谢阁兰于特殊年代在中国的行走与笔耕。"异域之诗"聚焦于谢阁兰的若干文本,揭示其深入中国文化灵魂而返归自我的创造性书写方式。"他我之思"荟集了来自不同领域的作者对谢氏的异域思想与自我追寻的思考与回应。"艺术回声"属于创作部分:来自诗、书、画王国的艺术家,一如当年的谢阁兰,长期游走于中法之间,浸淫于东西文化;他们诠释或应和谢氏的创作,向谢氏致敬的同时,亦展示出自我的艺术个性。

法国驻华大使馆与中国国家图书馆于2012年携手举办的《谢阁兰〈碑〉1912—2012》展览是本书构想的起点。展览图册主编、原北京法国文化中心图书馆馆长冯达(Marc Fontana)先生不遗余力地为本文集提供了资料帮助,在此致以由衷的谢意。特别致谢法兰西学院院士程抱一先生,同意将其多年前吟咏的一首献给谢阁兰的长诗录入此书,为文集殊添异彩。感谢多米尼克·勒隆(Dominique Lelong)女士、法国吉美博物馆和东方IC图片公司提供相关图片资料。我们的深深谢意也朝向参与本文集形成的每一位作者与艺术家:他们无不以极大的热忱投入其中;他们与谢阁兰的相遇、他们对谢阁兰的诠释,代表了这个时代的中国与百年前的谢阁兰之间种种可能的碰撞。来自法国的几位作者与艺术家亦以其参与传递了来自法兰西的友情。

我们力求在此书中以多元视角展现谢阁兰的世界,以时代敏感阅读之,挖掘之,与之对话,与之同行。最终,从谢阁兰出发而回归自我,丰富与创造属于每一独特个体的开放式的"自我帝国"。

黄 蓓
2013 年冬

帝国之旅

谢阁兰——中国印迹

冯 达（Marc Fontana）

1878年，维克多·谢阁兰出生于法国西部布列塔尼（Bretagne）地区海滨小城布雷斯特（Brest）。作为一名法国海军的军医，他曾旅居大洋洲，并在中国度过了他整个生命的"六分之一"，而他的文学作品基本上都是这个期间或酝酿或完成的"中国主题"：小说《天子》(*Le Fils du ciel*)、《勒内·莱斯》(*René Leys*)、诗集《碑》(*Stèles*)、《颂》(*Odes*)、《西藏》(*Thibet*)、散文集《画》(*Peintures*)、《出征》(*Équipée*)、《中国——伟大的雕塑艺术》(*Chine. La grande statuaire*)，等等。他的文学作品字里行间都浸透着中国文化的养分。

1908年，谢阁兰开始对中国产生了极大的兴趣。当时，他还是个年轻的作家，凭借与作家J.-K.于斯曼（J. K. Huysmans）以及古尔蒙（Remy de Gourmont）的关系，频频在文学杂志《法兰西信使》(*Mercure de France*)上发表文章。后者刚刚出版了他的处女作小说《远古人》(Les Immémoriaux),他对现代文明给波利尼西亚土著文化带来的侵蚀与破坏深感忧虑。小说的出版恰逢保尔·克洛岱尔(Paul Claudel)散文诗集《认识东方》(Connaissance de l'Est)再版发行。谢阁兰非常仰慕克洛岱尔,几年后把诗集《碑》题献给了他。谢阁兰还曾与其他艺术家合作:他为音乐家德彪西(Claude Debussy)撰写了一部歌剧剧本;初到塔希提岛时,瞻仰了刚去世不久的画家高更(Paul Gauguin)的故居,并将其部分遗作,包括油画、素描和手稿等带回法国;远赴亚丁湾,只为找寻诗人兰波(Arthur Rimbaud)生前的足迹;除此之外,谢阁兰还为高更和兰波写了多篇纪念文章;谢阁兰未完成的长篇诗作《西藏》在题铭中向尼采致敬:"献给精神巅峰永恒的主导者——弗里德里希·尼采"。

1908年5月,谢阁兰来到巴黎东方语言学校学习中文。同时,他还在法兰西公学院听大汉学家沙畹(Edouard Chavannes)的课,因为一直以来,他都梦想着能够继承并发扬沙畹的考古事业。

谢阁兰投入中文学习时,已经开始构思一部有关"异域性"(exotisme)的随笔。他既不赞同洛蒂(Pierre Loti)或法拉尔(Claude Farrère)那种浮夸的游记,也不希望像克洛岱尔那样"带着象征主义的新视角"去看待中国。他要去探索另外的世界,那离他极远的未知,他将之称为"多异"(Divers)。"不是洛蒂、不是圣波尔、不是克洛岱尔。……他们寻求与新鲜世界及人群的碰撞,他们叙述碰撞时的所见所感。可是这个新世界对他们的看法,他们何曾有过揭示。"①

1909年3月,谢阁兰以海军见习译员的身份接受了远赴中国的任命。几个月前结识的新朋友奥古斯都·吉尔贝·德·瓦赞(Gilbert de Voisins)对谢阁兰首次中国之旅起到了决定性的作用,因为瓦赞允诺资助生活并不宽裕的谢阁兰,一起去中国腹地进行一次壮游。

1909年6月,北京

1909年4月24日,谢阁兰乘"悉尼号"从马赛港启航。5月25日,"悉尼号"抵达香港,"香港真是个光彩夺目的事物。这是中国的第一个影像。因为那高高的山,线条优美而高贵,绿色的荆棘如毯一般,又是云翳掩映在半山腰的荆棘上,这,就是属于中国的土地,尽管英国人占有了它"②。谢阁兰在上海登陆——"美式的大都会"令他"厌烦",过苏州,又在南京参观了明孝陵。随后,他溯江而上,至九江,又赴庐山牯岭。至汉口而乘火车北去,于6月12日到北京。在谢阁兰给妻子写的第一封信中,他不无骄傲地写道:"北京终于到了。我的城市。"③抵达北京的

---

① [法]谢阁兰,《异域情调论:一种多异美学》,收于《画 & 异域情调论》,黄蓓译,上海:上海书店出版社,2010年,第227页。
② [法]谢阁兰,《谢阁兰中国书简》,邹琰译,上海:上海书店出版社,2010年,致爱妻,1909年5月26日。
③ 同上,1909年6月12日。

第二天,他又在给妻子的信中写道:"昨天,我结识了我的都城。乍见之下,觉得它比我至今为止在中国所找到的一切热情得多。形象、行人、寺庙、屋檐,都是多姿多彩。"①

谢阁兰当年在北京的住址大致位置就在如今的天安门广场。

> 首先,红漆大门,朝着大路,门上是飞檐瓦顶。第一进天井里,第二扇门更大;两个门扇,上贴着古旧的画,画了两尊保平安的门神,还有一些吉祥的字。这扇门朝着里面的花园天井开。园中有四棵大树,还有一些蓝色的盆栽,这是个小花园。②

每天上午,他都向一位老夫子学习中文,然后骑着马在城里游走。晚上,他最喜欢沿着紫禁城高高的城墙散步。"夜晚,外城是难以描述的。红的、黄的、灯火辉煌,吵吵嚷嚷。相反,内城一向安静得多。"③

7月5日,好友瓦赞与谢阁兰会合,两人同游了北京城,天坛和先农坛让谢阁兰赞叹不已、灵感涌现。他们第一次去北京的山区游玩,参观了佛庙碧云寺和香山,"那仿佛是经历了一场完整的幻境,却并不神化,反倒充满了人性"④。之后,两人去参

---

① [法]谢阁兰,《谢阁兰中国书简》,邹琰译,上海:上海书店出版社,2010年,致爱妻,1909年6月14日。
② 同上,1909年6月17日。
③ 同上,1909年6月29日。
④ 同上,1909年7月12日。

观了清西陵,接着是明十三陵,后又经南口镇到长城南口关,"虽然没什么用,却很漂亮。长城以同样的气势跨越山峰平原。北面,政治上仍是中国的,但实际上看到的却是整个的蒙古袒露在那儿。山口被打通了。目光在此跨越两个世界,两个种族"①。

清西陵和明十三陵之旅对谢阁兰的创作起到了决定性的作用。他当时草就的一些随笔散文后被加工为诗,收录在诗集《碑》中。并且,就在参观期间,谢阁兰第一部关于中国的书《天子》的主人公诞生了。在旅行笔记《砖与瓦》(Briques et tuiles)以及他给妻子写的信中,谢阁兰写道:"我就是皇帝",并用红色铅笔圈起。

第一次中国远征(1909—1910)

8月9日,谢阁兰和奥古斯都·吉尔贝·德·瓦赞离开北京,乘火车至保定,再到定州,一行包括6个仆人、4匹马,带了3杆步枪和2把左轮手枪(武器仅用于打猎)。8月11日,旅行队从定州向西行进。除了马匹之外,还找了10来头骡子替换着使用,驮帐篷及厨具之类。另外还有50个左右苦力。至于旅途中的花销,他们随身携带了中国银票和银锭,根据需要,用大剪子将银锭剪成碎银子。

---

① [法]谢阁兰,《谢阁兰中国书简》,邹琰译,上海:上海书店出版社,2010年,致爱妻,1909年7月31日。

路旁道边,旅途中随处可见石碑。碑文的内容,我以后会知道的,他们或是纪念碑、或是墓碑、或是为某个"好官"祈福的碑。当然,他们每个都是那么美,四四方方,一目了然,高高地耸立在石雕龟趺上,碑首装饰着两条腾转盘旋的螭,在两兽的中间往往还有一个圆孔穿透石碑,凝望着遥远碧蓝的天空,这无疑是最纯粹、最完美、最经典的中国式;而石刻"汉字"则是最美的象征手法和纪念方式……①

走了半个月,翻过了很多山口,有的海拔直达 1500 米,他们到了五台山。他们穿越了五台山区,登上了海拔几近 2700 米的山口,来到了山西平原。那千变万化的黄土景致震撼着谢阁兰的视觉。

一个黄土砌成的风景。真的全是土,全是黄,然而富于微妙的变化,早晨是玫瑰黄,西射阳光下则是鲑鱼黄,近午时发灰,傍晚又掺上点儿绛紫,到夜里却比黑更黑,——因为连分散的星光也射不进来。②

西安让谢阁兰感到失望。但是"碑林"却给他留下了深刻的印象,那里收藏的中国碑石最为古老,入藏碑石数量也最多。谢

---

① Victor Segalen, *Briques et tuiles*(砖与瓦), 收于 *Œuvres complètes*(谢阁兰全集), tome I, Paris, Robert Laffont, 1995, 第 873 页。
② [法]谢阁兰,《出征:真国之旅》,李金佳译,上海:上海书店出版社,2010年,第 98 页。

阁兰请人拓印碑文。过了兰州和岷县,他们翻越了海拔超过3000米、暴风雪肆虐的山口,陡峭的栈道和浅滩也没能阻止他们穿过原始而迷人的黑水峡谷。从南坪到平芜的途中,他们乘小帆船在涨潮的涪江当中顺急流而下。他们在成都停留了十来天,随后乘船延岷江而下,后经长江到达重庆。途中,他们还游览了峨眉山。此后的行程始终是小帆船,直到宜昌,他们乘轮船返回上海。

整个旅程中,谢阁兰勤奋笔耕,完成并酝酿了大量作品,其中包括游记散文《砖与瓦》。

此次中国之行耗时5个半月,但谢阁兰直到1910年3月末才回到北京,因为他和瓦赞从上海直接去了日本,然后去香港和从法国来的妻儿会合。

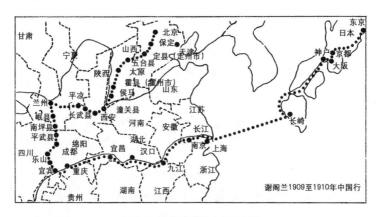

1909至1910年中国之行路线图

北京、天津、河南:医生和作家(1910—1913)

在北京,谢阁兰有幸参加了一次摄政王载沣对外国使团的召见。全家人住在内城一个传统的中式宅院,离使馆洋界很远。他的书房也在那儿,他给它起名为"瓷室"。谢阁兰在那里撰写小说《天子》,随后又在1910年末开始了诗集《碑》的创作——第一首诗的第一句"印记"起笔于9月24日。谢阁兰在汉学杂志上读到过一篇文章,主要研究西安"大秦景教流行中国碑",以及中国石碑的起源和用途。受其启发,谢阁兰写了一篇名为《中国时刻》的文章,并萌发了创作新诗体的念头。

> 这些散文诗,即"碑体诗",除极个别外,它们并非出自单纯的翻译。中国石碑的铭文往往是一整套的虚文:朝代的颂歌、佛教还愿、皇帝对民众的告示,还有的劝诱民众向善。我借用的仅仅是碑的象征功能,而不是它的神性或内容。在中国,我苦苦追寻的不是想法,也不是主题,而是形式,尽管形式是多样、不为人所熟识、高高在上的。在我看来,碑的形式有可能成为一种新的文学样式——我已经作出些许尝试,即一篇短小的文字,它由一个长方形的框子包围着,面对面地呈现给读者。……我只是借用了"碑"的形

式,抒发了自己的情感。①

1911年,谢阁兰完成了海军见习译员工作,在其启程返法的几个月前,他接受了天津皇家医学院的聘任。1月28日,他自愿去距北京400公里的山海关,参与东北扑灭鼠疫的斗争。一个月后,他被派往天津大沽镇,负责隔离检疫从东北经海路抵达的旅客。5月初,谢阁兰举家前往天津,任教于天津皇家医学院,用英语讲授生理学。"我的生活分成了两部分。从早上十点到下午五点,我是教师、受雇于政府机构的凡夫俗子。余下的时间才是属于我自己的。"谢阁兰把所有空闲时间都用来创作《碑》及其前言。就在他即将完成《碑》,准备重拾《天子》的写作之时,他痛苦地发现"大中华帝国"已现夕阳残照之像,"古老中国奄奄一息了"②:1912年1月1日,孙中山在南京宣布中华民国成立。

"现在和你们说这个也是无益,但我是真的全心全意拥护皇朝。这并不是因为我喜欢满洲人,而是因为令人赞叹的'天子'的虚构不能就这样被遗弃。那将是怎样的空白啊。"③谢阁兰始终保持着艺术家的心态,没有丝毫政治远见。面对中国翻天覆地的新变化,他紧紧地抓着"理想国"的神话,绝望却不顾一切,

---

① Victor Segalen, *Correspondance*(谢阁兰书信全集), Paris: Fayard, 2004, 致儒勒·德·戈梯埃(Jules de Gaultier),1913年1月26日。
② 同上,致父母,1911年12月21日。
③ 同上,致父母,1911年11月6日。

因为在他看来,帝制传承是给他带来无限灵感的中华文明不可分割的一部分。"现在我只能回忆过去。"[1]

1912年2月12日,年幼的溥仪皇帝宣布退位,孙中山和袁世凯结束了南北对立。南京议会选举袁世凯(谢阁兰对他寄予了厚望)为中华民国第一任大总统。

> 正是在这样的环境条件下,我筹备《碑》的出版,其发行量很小。诗集将在北京北堂印书馆出版,其装帧设计、版面编排都符合珍本收藏的条件。[2]

1912年4月1日,谢阁兰将手稿交付印刷。这一次,他放弃了自己的笔名Max-Anely,第一次使用了真名。

6月,谢阁兰修改了《天子》的手稿,并开始创作《大河》以及散文集《画》。8月6日,他的女儿出生。8月13日,诗集《碑》出版。

从纸张选择,到印刷样本,包括书法字体及印章油墨,谢阁兰都做了精心设计,并亲自监制。此书采用了中国传统的收录金石拓片的连缀册页形式,书页单面印刷,开本按西安著名石碑《大秦景教流行中国碑》的长宽比例缩小而成,樟木制

---

[1] Victor Segalen, *Correspondance*(谢阁兰书信全集), Paris: Fayard, 2004, 致儒勒·德·戈梯埃,1913年1月26日。

[2] 同上,致亨利·迈斯隆(Henri Manceron),1912年3月29日。

封面上系着黄色丝带;封面刻有中文标题"古今碑录",漆绿色。首版有 81 册印刷样本,采用高丽供纸,主要用于馈赠朋友、作家及政要名人,81 是北京天坛圜丘上层最外环石板的数量(帝王神圣数字 9 乘以自身而得)。另有 200 册羊皮纸版,但均不用于出售。

10 月,谢阁兰担任袁世凯之子袁克定的私人医生,后者不慎从马上跌落,无法行动。谢阁兰借此机会接近袁世凯,希望争取一个与中国艺术相关的职位,他希望"在大学创立汉学研究所(研究中国古代艺术史或中国艺术通史)",并且"为今后成立艺术博物馆打下基础"①。10 月 12 日,谢阁兰将妻儿留在天津,只身来到河南彰德府袁世凯公馆。此期间,他着手创作散文集《画》和诗集《颂歌》,"这是首短诗,是按照古诗韵律所作"②,但最终他的设想并未得到袁世凯的关注,次年 3 月,谢阁兰重返天津皇家医学院。尽管如此,谢阁兰还是向法国驻华公使馆提议,在北京创立中国艺术图书馆和博物馆。谢阁兰梦想在紫禁城建立艺术博物馆:"我尝试着在北京为古代艺术找到一席安身之地。我试着去挽救那些为中国所有的精美物件,以免眼睁睁地看着它们流向美国,一去不返。我试图将博物馆就设在紫禁城皇宫中,这是对满人——我的首位东道主的耻辱的讽刺。"③

---

① Victor Segalen, *Correspondance*(谢阁兰书信全集), Paris:Fayard,2004,致让·拉蒂格(Jean Lartigue),1913 年 1 月 26 日。
② 同上,致儒勒·德·戈梯埃,1913 年 1 月 26 日。
③ 同上,致亨利·迈斯隆,1913 年 2 月 3 日。

1913年7月5日,谢阁兰经西伯利亚铁路只身回到法国。他在巴黎见到了瓦赞,后者已经准备好资助他们的第二次中国之行,他们的朋友海军军官拉蒂格(Jean Lartigue)也将加入此次旅行。谢阁兰还和出版商乔治·科雷斯(Georges Crès)见了面,两人决定再版诗集《碑》(第二版于1914年发行),并在北京印刷发行珍藏本"高丽系列"(得名于书籍使用的纸张)。谢阁兰的博物馆计划得到了塞纳尔(Emile Sénart)、高第(Henri Cordier)、沙畹、伯希和(Paul Pelliot)等著名汉学家的支持。同时,他为将在中国进行的考古活动筹备设备和资金,这不仅得到了上述汉学家的大力支持,也得到了法兰西文学院的资助,使这次考察活动带上了很浓的官方色彩。10月17日,谢阁兰和瓦赞乘火车前往北京,同年11月1日,一行人到达了天津。而就在他们到达前的半小时,谢阁兰的第三个孩子出生了。

"大对角线":1914年考古旅行

谢阁兰为这次的考古旅行准备了两个多月:他找来了河南、陕西和四川的古代地方志,招募仆从,购进照相器材、马匹等。此次考古旅行的目的是:根据史书和方志上的记载,在陕、川两省考察汉代和唐代的陵墓、建物石刻,连带测绘长江上游从丽江到巴塘的水系图,以继续1909至1910年波利亚克(Charles de Polignac)考古队海军中校阿德马耳(Audemard)之研究。

考察团于1914年2月1日从北京出发,乘火车南下河南洛阳,再从那里经黄河河谷西折入陕,考察西安附近已被研究并定位,但尚未被发掘的皇陵,然后一行人过汉中,入四川。谢阁兰听从了法国汉学家的建议,将四川选作此次考察的重点。考古活动结束后,考察团将对长江上游进行水利勘测。但在8月,考古活动被战争中断,一行人赶往河内(越南)乘船返法。

谢阁兰认为洛阳南郊的龙门石窟"在艺术创作上让人极为失望"①。他把佛教信仰看成是"中国人思维的一种病态",同时也是"中国艺术形式的一种病态"②。

他们沿着黄河河谷向西,途经灵宝和潼关,再按1909年的旅行路线沿渭水一路到了西安。

"我就这样投入了中国的怀抱,就好像游泳者纵身跳入一池浑水。我只知道一件事,那就是拼命地游,活下去。……这一路骑了七八个小时的马,再花上两三个小时在史书中查资料,然后还要在洗相'笼子'里呆上一两个小时……"③,因为底片得陆陆续续洗出来。谢阁兰在整个旅途中,做了详细的旅行日记,后整理收集,题为《行程》(正如第一次中国之行留下笔记《砖与瓦》)。

在到达西安府前,他们根据古书中的记载,找到了位于"骊山中"的秦始皇陵。司马迁在《史记》中并没有明确指出陵冢的

---

① Victor Segalen, *Correspondance*(谢阁兰书信全集), Paris: Fayard, 2004, 致沙畹,1914年2月22日。

② Victor Segalen, *Feuilles de route*(行程), 收于 *Œuvres complètes*(谢阁兰全集), tome I, 第974页。

③ Victor Segalen, *Correspondance*, 致玛丽·迈斯隆,1914年2月19日。

位置。而谢阁兰也只找到了一句描写陵冢外貌的诗文,源自清代诗人袁枚的"上象三山"。

当时,谢阁兰苦苦找寻,始终无果,最后他们来到距离西安12公里、临近临潼温泉的一个村子,而就在他们即将放弃的时候,一位老农为他们指出了陵冢的位置。

> 2月16日。临潼县。天空是灰色的,却阳光灿烂,激动人心的一天。……考察无果。没有碑,那些农民也无法提供有用的信息。……天色暗了下来。我们终于决定跟随一位自愿带路的农夫,沿着弯曲惨白的小路爬上西南边的小山,壮美的骊山就在我们眼前……我们很可能就这么去临潼了,去泡我们向往已久的温泉……
>
> 走出黄土山口的那一刻,那座人造"丘陵"便映入眼帘,呈现出完美的覆斗形。那绝不仅仅是座人工堆砌的土山,而是中国第一座真正的雄伟的黄土建筑(在骊山青紫的暮色下呈现出灰黄色)……那坚实的底基、内敛对称的边缘、线条完美的张力以及波浪般优雅的叠加让人只能想到一个与之媲美的名字——胡夫,吉萨大金字塔的建造者。当我走向这座雄伟的建筑,我的心情正如当年我走向开罗近郊那三座大金字塔时一样。[①](图1)

---

① Victor Segalen, *Feuilles de route*(行程),收于 *Œuvres complètes*(谢阁兰全集), tome I,第991页。

图1 秦始皇陵,谢阁兰一行摄,1914　　图-东方IC

在西安,考古队绘制了一份详细的西汉时期(公元前一二世纪间)都城图。他们根据古籍,推测出包括周武王墓、西汉十一座帝陵、秦代帝陵(公元前四世纪)在内的皇陵位置并拍了照片。其中年代最久远的是公元前十世纪西周开国之君周武王、其父周文王、其子周成王等陵墓。

3月初,考古队从西安向西至乾陵,那里埋葬着唐代第三位皇帝高宗李治及其皇后武则天。3月6日,一行人分头进行考察。在一个墓冢旁,谢阁兰发现了一匹汉雕石马(公元前二世纪),他立刻就意识到,他刚刚找到了"一件迄今为止所发现的最古老、最独特的中国雕塑艺术",不由得欣喜若狂。①

---

① Victor Segalen, *Feuilles de route*(行程),收于 *Œuvres complètes*(谢阁兰全集),tome I,第 1012—1021 页。

就是在这次考察期间,我有幸发现了这件石雕作品,这是迄今为止中国乃至远东发现的最古老的石雕艺术品。根据古书和碑文记载,这座"马踏匈奴"石雕创作于公元前117年。这是被发现的首个公元前的、千真万确的石雕作品。[1](图2)

图2 "马踏匈奴"石雕,谢阁兰一行摄,1914　　图-东方IC

考古活动向南继续,他们发现了一些汉代碑阙。在成都,谢阁兰开始写《出征》。在成都周边,陆续又发现了汉代碑阙

---

[1] Victor Segalen, *Correspondance*, 致高第(Henri Cordier), 1914年3月20日。

和石刻。谢阁兰对汉代石雕紧张、拱起、舞蹈的生命形态赞叹不已。

6月末,考古活动基本完成。谢阁兰对此次旅行作了总结。"我们发现了:(1)一座公元前117年的石雕,是迄今为止被发现的石雕中最古老的。(2)十几个石雕,年代不详,但符合汉代特征。(3)大约十五座汉代大型碑阙,碑面均雕有大量具有时代特征的世俗图案。"①

谢阁兰一行横渡长江,到达丽江时,接到欧战爆发的消息,匆匆结束了考察活动,取道昆明直奔越南河内。谢阁兰在那里和妻儿会合,乘船返回法国,于同年10月初到达。

最后一次中国之行(1917—1918)

在布雷斯特海军医院工作数月之后,谢阁兰于1915年5月加入海军陆战队,在敦刻尔克一带活动。但由于健康原因,不久他不得不离开前线,回到原先的医院。自此,他有充足的时间写作,并积极准备《画》的出版。1916年6月,《画》在巴黎出版。1917年,他利用为法国军工厂招募华工的机会,以军医身份再次回到中国。

2月底,谢阁兰经俄罗斯到达北京。3月,他到南京为应招的华工检查身体,工作之余,仍继续其考古活动,考察了南京附

---

① Victor Segalen, *Correspondance*, 致拜耶(M. Bayet),1914年6月18日。

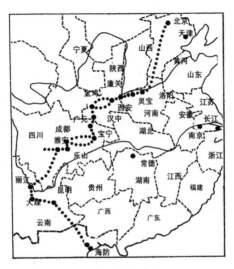

1914 年考古路线图

近的梁代陵墓(图3)。7月18日,由于招募工作被取消,谢阁兰在短暂停留后,离开了北京。他的第三次,也是最后一次中国之行就此结束。

此后的中国进入军阀混战、动荡不安的年代。北京不再是"他的"城市。"天还是那片天。看得见的天。可是,风水,那片看不见的天,或者说是对此地、自我和非我的全面的占卜——北京的风水正一点点破碎、蒸发、烟消云散。"①

---

① Victor Segalen, *Correspondance*, 致爱妻, 1917年6月26日。

图 3　南朝萧绩墓,谢阁兰一行摄,1917　　图-东方 IC

为了追寻另外的"理想之地",谢阁兰开始梦想"彼生之国"——西藏,这片他从未有机会踏上的土地。对探险家雅克·巴谷(Jacques Bacot)藏文化研究著作的阅读和与热衷藏文化研究的古斯塔夫-查尔斯·杜桑(Gustave-Charles Toussaint)的交往,为谢阁兰进一步认识和理解藏文化提供了契机。尤其是杜桑翻译的《莲花生大使传》让谢阁兰对藏诗韵律产生了极大兴趣。这一切都促成了长诗《西藏》的诞生。"这是一首长而丰富的颂歌,歌颂处于世界之巅的国家……这和我们之前所熟识的都不一样。那种音调是绝妙的。"① 谢阁兰离开北京后,先到香港,之后是河内,再经上海至新加坡,最后从那里乘船回到法国,那时已是1918年春天。

在法国,谢阁兰仍在布雷斯特海军医院工作,他完成了《中国——伟大的雕塑艺术》。由于长期的奔波和紧张的工作,他的身体每况愈下。谢阁兰长期受到身体疼痛的困扰,却一直未找到确切的病因。由于抑郁症,谢阁兰住院治疗("严重神经衰弱"),后于菲尼斯泰尔省的心脏乌埃尔瓜特森林一带疗养。1919年5月23日,经过两天的寻找,谢阁兰的妻子找到了他的尸体,"他直躺着,大衣折起来垫在头下,双眼圆睁,双手紧握——他的左脚光着,伤口很深,受伤的脚踝上紧紧绑着手绢,后者被血液完全浸透了"②。一本莎士比亚的诗集落在他的身旁,书签指向哈姆雷特第二章。

吉尔·麦斯隆(Gilles Manceron)的传记《谢阁兰》为我们撰写《谢阁兰——中国印迹》提供了大量可靠依据,特此感谢。

(王晨雪 译)

---

① [法]谢阁兰,《谢阁兰中国书简》,邹琰译,上海:上海书店出版社,2010年,致爱妻,1917年9月26日。
② 同上,节选自谢阁兰妻子致查理·德·波利亚克(Charles de Polignac)书信,1919年7月4日。

本文原载于冯达（Marc Fontana）主编,《谢阁兰〈碑〉(1912—2012)》展览图册(展览时间：中国国家图书馆2012年8月29日至9月12日,北京法国文化中心2012年9月15日至10月15日),北京法国文化中心出版,2012年。

冯达(Marc Fontana),从事诗歌、短篇小说、文学评论写作,译有意大利作家阿尔贝托·莫拉维亚(Alberto Moravia)、安杰洛·玛丽娅·里佩利诺(Angelo Maria Ripellino)等的作品。2008年出版最新个人合集《不凡一刻的考验》(*Épreuves du grand moment*, Harmattan)。2009至2013年间生活于北京,担任北京法国文化中心图书馆馆长。其间成功策划了在中国国家图书馆举办的法国诗人谢阁兰诗集《碑》一百周年展览(1912—2012)。回法后在巴黎大区内就任图书馆馆长。

谢阁兰:一位考古诗人在中国

包世潭(Philippe Postel)

维克多·谢阁兰(Victor Segalen)在中国进行过三次考古探险。1909年,他以驻华见习译员的身份与友人奥古斯都·吉尔贝·德·瓦赞(Augusto Gilbert de Voisins)一同出行:那是一次由北京至四川的私人旅行,沿长江返程。1914年,仍然是和瓦赞一起,谢阁兰携同伴让·拉蒂格(Jean Lartigue)完成了一次官派的考古任务,成果丰厚。由于法国一战期间在华征工,1917年,他得以旅居南京附近地区,完成了最后一次考察。新近再版的《中国——伟大的雕塑艺术》一书①便是这一考古阅历的文学成果。但我们会看到,中国的雕塑艺术实际贯穿了谢阁兰的全部作品,尤其是《碑》。

---

① 《中国——伟大的雕塑艺术》(*Chine. La Grande Statuaire*, Paris: Champion, 2011)法国新版由本文作者评注。

为了呈现其对伟大雕塑艺术的探险,我向诸位提议一场漫步,其间的七次驻足对应着谢阁兰与中国传统雕塑相遇的七个关键日期。

1909年5月28日:徐家汇

第一个日期是他踏上中国大陆的日子。1909年5月28日,谢阁兰抵达上海。他并没有参观考古遗址,而是去了耶稣会建立的教会区;距市区不远,位于徐家汇集镇(当时据上海方言拼写为 Zi-ka-wei)。自19世纪中叶起,耶稣会在此地营造了一处建筑群,其中最为著名的是徐家汇观象台,亦有藏书楼一座。1909年,谢阁兰多半并未在藏书楼中进行过工作。但1917年4月他曾重来此地,据他所写,是为了"探寻《汉学杂编》(*Variétés sinologiques*)"①,他所参阅的乃是徐家汇耶稣会的传教士自19世纪末以来完成的一系列科学出版物。

谢阁兰与中国的首次接触,具有双重象征意义。这是他准备旅行的时刻,即《出征》(*Equipée*)中所说的那间"瓷室"(chambre aux porcelaines);他借此表明这是一种在开始"踏足旅途"之前的想象域内的研究。或许可以说,在考古旅行之前的这段时光更为勤勉,作家强制自己对书面资料进行研究,以备下一步的

---

① Victor Segalen, *Correspondance*(谢阁兰书信集), Fayard, 2005, tome II, 第835页,1917年4月12日。

"查勘"(expertise)。

这个日子的第二重含义,谢阁兰未曾明言,即他受惠于耶稣会士完成的科学文献,尤其是19世纪和20世纪初的部分;尽管自旅居塔希提岛之后,他已疏离了童年时期的天主教。不过,谢阁兰开始旅行之前,不仅仅研习了耶稣会的文献。给他以指引的,除了耶稣会士之外,另有两个杰出的人物需要提及:他的恩师沙畹(Edouard Chavannes,1865—1918),以及高延(Johann Jacob Maria de Groot,1854—1921)。后者所著的题为《中国宗教制度》(*The Religious System of China*,1892—1910)的概论,亦启发了谢阁兰对于中国雕塑的"观看"。

1909年6月3日:洪武帝之明孝陵

第二个被记住的日期,1909年6月3日,标志着谢阁兰首次踏访中国古迹。所去处为明朝开国皇帝、明太祖洪武帝(薨于1399年)之陵墓,位于南京附近。之后,谢阁兰曾两次重访明孝陵,先是于1910年1月25日,第一次考察之旅期间,他发觉"优美的动物雕像"已被"关进笼子"[①]:其时为保护石像,确曾围起高高的护栏,妨碍了人们的视线;再次来访则是1917年3月16日,距他最终离开中国仅有几月。这几次寻访形成了一本从未

---

① Victor Segalen, *Correspondance*(谢阁兰书信集), Fayard, 2005, tome II, 第1093页,1910年1月28日。

出版的作品《洪武陵》(*Monument de Hong Wou*)。如他为明孝陵绘制的鸟瞰图中所呈现的一般,谢阁兰那时已掌握了中国陵墓的结构性排布。这种被他命名为"宏伟性"(monumentalité)的结构排布保证了陵墓的"功能性"特征。

漫步于明孝陵,谢阁兰领会到又一种核心美学特征,在他看来,正是这一美学统辖着守墓的石像:他发觉,过于靠近石像时,其力量竟会减弱,于是自问:"岂不是应该始终正视前方么?"[①]从而领悟到,访客只有沿神道步行前进,才能赋予石像动态,令它们臻于美学的完满。由是,他发展出"合奏性"(orchestique)的概念,借此定义一种动态的艺术,一种石像所投身的舞蹈,以访客与其相遇时前进的步履为节奏,而访客才是真正的领队。碑体诗《行进的命令》(*Ordre de Marche*)赞颂了这一合奏性。

在他看来,这动态的艺术中,唯有一个元素代表着稳态:这便是碑。

1909 年 9 月 12 日:华阴庙碑林

1909 年 9 月 12 日,谢阁兰初次寻访了一处碑林,在华阴市附近的寺庙内。1914 年,他重访此庙。随后,谢阁兰参观了

---

① Victor Segalen, *Chine. La Grande Statuaire*(中国——伟大的雕塑艺术),第 638 页。

著名的西安孔庙碑林。同石碑的相遇,尤其是同碑林的相遇,显然有着决定性的意义;它赋予谢阁兰一种将被他命名为"碑"的诗体,也同时赋予了他《碑》这一诗集的结构。如同他在书信中写下的那样:"那是一个强烈的场景。"① 由是,石碑在他的想象中,代表着稳态,与石像甚至宫殿的动态对立:"而对这行进的队列,只有那些纪念碑静止不动,任何行进的命令都不能触及它们,震撼它们。"尤其是,碑是重要而必需之事以语言凝结之处。谢阁兰给予石碑这一纯粹必要的意义,是因为从马拉美式的观点来看,碑所承载的文字以其天然本质而逃脱了"铺天盖地的报道体"(Grand Reportage)的或然性,甚至交流的或然性。

故而,碑之物质本身,不如其表面所刻的文字更能够"持久"。作为物的雕刻,无法逃脱或然性,不可避免地遭受于时光流度中消逝的命运(图4)。谢阁兰正是于此看到了中国雕塑艺术的第三个特征:继"宏伟性"和"合奏性"之后,他察觉了雕塑无法抗拒的脆弱性。于是,让·拉蒂格1914年在四川省芦山县附近发现的樊敏碑,令谢阁兰再次确认,一切雕塑之物质皆是会逝去的;即便那是一只龟,在中国象征着长寿,即便那是一只驮碑的龟,对谢阁兰来说象征着文字赋予的永恒。樊敏墓前驮碑的龟趺,成为一种徒然反抗的譬喻,尽管人们相信能够以此对抗时间这一"吞噬者":"我听到时间风暴经过与吹息,在龟趺的面前

---

① Victor Segalen, *Correspondance*, tome I,第992页,1909年9月4日。

和四周。"①

图 4　樊敏墓,谢阁兰一行摄,1914　　图-东方 IC

1914 年 2 月 3 日:龙门

作为评论家,谢阁兰的另一面或许更鲜为人知,这便是他对佛教艺术的激愤笔伐。他的同时代者,多数都倾向于将中国艺术混淆于佛教艺术。1914 年 2 月 3 日,他初次寻访了非常著名的龙门石窟,位于洛阳故都附近。令谢阁兰强烈谴责

---

① Victor Segalen, *Chine. La Grande Statuaire*(中国——伟大的雕塑艺术),第 238—239 页。

的有三个原因。第一个原因出自广泛的美学原则:佛教神圣皆居于石壁上凿出的众多洞窟中,但在谢阁兰看来,这些佛窟并无明确结构可言,仅仅是无预先协调计划、自行形成的"岩层"(gisements)。

第二个原因,与谢阁兰在其"多异美学"(esthétique du Divers)中提出的美学原则有关。佛教传统于1世纪至7世纪间由印度渐次传入中国,故而并非中国原本的传统。然而,在谢阁兰的美学思考中,无论一个文化抑或一种艺术,他仅承认其原生特质为正统;因为在审美体验中,这些特质保证了主体(我)和客体(他者)之间的距离,而正是这一距离决定了美的尺度。在引进外来的佛教时,中国艺术失去了谢阁兰意义上的"多元"(diversité)性质,而置身于文化统一化的进程中,这是谢阁兰所惧怕的。

第三个原因则更为私人:这种佛教艺术无法吸引谢阁兰,因其刻板的人物造型不断重复,竭力逼似佛、菩萨及其他神明,令他想起了另一种宗教仪式中虔敬的姿态;那一宗教他青少年时曾被迫接受,居留于波利尼西亚期间,他已自行解脱。

仿佛是为了更加明确他对佛教艺术的排斥,佛教古迹中一切来自世俗艺术的元素,都或多或少获得了谢阁兰的好感。于是,龙门石窟中,宾阳中洞的帝后礼佛图(*Cortège des donateurs et des donatrices*)令他想起了中国原本的古代绘画传统,即顾恺之(344—406)的传统。他在1917年1月途经伦敦时,曾于大英博物馆观赏其画作。

1914 年 3 月 6 日:马踏匈奴

第五个日期,将我们从"佛教异端"带回中国古代"真正"的雕塑艺术。1914 年 3 月 6 日,谢阁兰在距西安故都不远的兴平县,发现了 1914 年考古"战利品"中最重要的一件文物。这件雕刻表现的是一匹马,蹄下有一个非汉族的男子,即所谓的匈奴。这件雕像为何如此重要?首先,是因为它的时代。谢阁兰在《伟大的雕塑艺术》一书中骄傲地写道,这是"汉代早期艺术现今仅存的一件雕像;尚未有更多发现以前,它以公元前 117 年的年代,开启中国圆雕的宝库"。①

第二个原因是在谢阁兰的笔下它所代表的象征意义。从历史层面上来讲,尽管马的主人霍去病将军并未出现,这匹马主宰着,践踏着,或者如雕塑中文名"脚踏匈奴"所称,"踏"着匈奴这一外来者,标志了汉族对那些觊觎强占帝国边境领土的外族的胜利。更深一层的是,这座雕像包含着中国雕塑艺术中常为谢阁兰所赞颂的品质——力量,即雕塑者捕捉并凝固于石材中的动作的能量。在这一组合中,令谢阁兰倾倒的,是马和人之间的对立相争,二者各体现了一种力,马体现着"宁静之力",而蛮族则是"暴戾"②之力。

---

① Victor Segalen, *Chine. La Grande Statuaire* (中国——伟大的雕塑艺术),第 81 页。
② 同上,第 82 页。

1914年3月8日:秦始皇陵墓的麒麟

发现霍去病墓前的石马两天后,他便开始寻找始皇帝陵墓前的麒麟。2月,他已三次踏访了帝陵,对确认秦始皇陵作出了贡献。此时,他要进行的是全新的探险:"信奉着书本",如他在《出征》中所写,他立意寻找麒麟这一神话动物,《陕西通志》中记述了它们所处的详细地点。谢阁兰以乐于自嘲的笔调写下了这次寻访,因为那天晚上的探寻只是一场徒劳:《一无所获》[①]。此事的结尾,却出现了明确的喜剧反转:谢阁兰去了衙门,权威的中心,才惊愕地发觉更新后的《通志》版本中清楚地指出,麒麟已不复存在("今无")。

这个小插曲揭示了一个全新的层面,关于谢阁兰同中国文化之关系——更广义地说,关于他同他者形象之关系。对他者的追寻是一种游戏,混有真实和想象,即《出征》中的虎和龙;而这种游戏是虚幻的,因为渴想的事物永远不可能被占有,而仅能成为那只无法触及的麒麟。然而,审美体验也恰恰是在这一游戏中进行:"带着特征标志的巨大麒麟,无可挽回地陷入了未知的流沙……令人确信的是,庞大的,它们曾是美的。"[②]

---

① Victor Segalen, *Chine. La Grande Statuaire*(中国——伟大的雕塑艺术),第412页。
② 同上,第416页。

1917年3月20日:梁代王侯陵墓

最终,谢阁兰于1917年在华进行了第三次考古访察。他踏访了南京近郊南朝皇帝和王侯的陵墓,尤其是梁代(502—557)王侯的墓,并判定梁代王墓中,辟邪远胜于帝陵的麒麟和天禄①。借这些考察,谢阁兰进一步坚信自己对中国雕塑艺术的审美直觉:宏伟性和合奏性(例如萧秀墓,图5),力量性(指萧秀墓前雕有飞翅的辟邪,图6),也有脆弱性(指萧景墓前有翅的辟邪)。

图5　南朝萧秀墓(神道),谢阁兰一行摄,1917　　图-东方IC

---

① 南朝陵墓石刻中,天禄与麒麟仅见于帝陵,辟邪则专用于诸侯王墓,等级严明。——译注

图6 南朝萧秀墓（辟邪），谢阁兰一行摄，1917

图-东方 IC

为1917年的考古查勘所进一步确认的，还有对死亡的驯习，如他在碑体诗《丧葬诏书》(*Edit funéraire*)中所写，这是一种"可以居住"(habitable)的死亡。谢阁兰拜谒陵墓时，充任了亡者的角色，并以"替代者"(Tenant-Lieu)这一奇怪的措辞自称。数次拜访，成为他漫长的死亡见习期的一部分。萧景墓前，刻有凹槽纹的石柱上的反左书（图7）则是一种邀请，如他在《神道碑》(*Stèle du Chemin de l'âme*)一诗中所写，"那分明是为了让人们从空间的反面去阅读，死人的呆滞目光正在移动的无路之境。"①

---

① 本文所涉《碑》中诗歌，均采用车槿山、秦海鹰两位先生之译本。——译注

图 7　南朝萧景墓(神道碑),谢阁兰一行摄,1917
图-东方 IC

由是,谢阁兰对中国古代世俗雕刻艺术研究的更新作出了充分的贡献,为中国 1930 年代考古领域的知识分子如郭沫若(1892—1878)等的考察研究打开道路①。不仅如此,他还提出了一种审美评价:这一艺术宏伟,有力,鲜活,而不幸地脆弱。最

---

① 谢阁兰对中国考古事业发展的影响尤其通过翻译途径产生。1914 年,谢阁兰、瓦赞、拉蒂格三人考察队结束任务后,由谢阁兰执笔完成考察报告 *Premier exposé des résultats archéologiques obtenus dans la Chine occidentale par la mission Voisins et Segalen*(1914)。1930 年,冯承钧将该报告译成中文出版([法]色伽兰著,冯承钧译,《中国西部考古记》,商务印书馆,1930 年)。该书由中华书局 1955 年再版,2004 年三版(作者译名修订为"谢阁兰")。

后,在他同死亡的对峙之中,或许也汲取了生命的教诲。

(史文心 译)

本文原载于 L'Exotisme ou la tentation d'une histoire immobile(异域情调,或稳固历史的诱惑,Brest, Association pour le rayonnement de l'Abbaye de Daoulas, 2011)。又载于冯达(Marc Fontana)主编,《谢阁兰〈碑〉(1912—2012)》展览图册(展览时间:中国国家图书馆 2012 年 8 月 29 日至 9 月 12 日,北京法国文化中心 2012 年 9 月 15 日至 10 月 15 日),北京法国文化中心出版,2012 年。

包世潭(Philippe Postel),执教于法国南特大学比较文学系,主要研究方向为中国和欧洲的古典小说诗学。曾出版《谢阁兰和中国雕塑艺术:考古与诗学》(*Victor Segalen et la statuaire chinoise. Archéologie et poétique*, Paris, Honoré Champion, 2001),以及谢阁兰《中国——伟大的雕塑艺术》的注疏本(*Chine. La Grande Statuaire*, Paris, Honoré Champion, 2011)。他目前为法国 Honoré Champion 出版社的"谢阁兰全集"丛书担任总监,为"谢阁兰研究"(Cahiers Victor Segalen)年刊担任总编。

谢阁兰:永远的异乡人

黄 蓓

> "你到底爱什么,不可思议的异乡人?"
>
> "我爱云……那过往的浮云……那边……那边……那奇幻的云朵!"
>
> ——波德莱尔,《异乡人》

异乡人,于某些人是难逃的命运,于另一些人则是着意的追求。如果说波德莱尔属于前者,谢阁兰则属于后者。他在一生不辍的笔记《异域情调论》里给我们留下这样迷人的句子:"在这个世界之上,有些人天生喜爱云游四方,天生就是'异乡人'。"①

---

① 谢阁兰,《异域情调论:一种多异美学》,收于《画 & 异域情调论》,黄蓓译,上海:上海书店出版社,2010年,第234页。

通往异乡的行旅上,谢阁兰碰见的第一位引路人是画家高更。1903年8月,25岁的谢阁兰刚刚开始海军医生生涯,在多浪号海轮上任职,巡弋于太平洋法属群岛。时值高更在马克萨斯群岛的希瓦瓦小岛上辞世三个月;多浪号负责将其遗物运返欧洲。临行拍卖会上,谢阁兰购置了画家的数幅作品,包括高更居所大门四周的浮雕匾额与对幅。如今,在巴黎奥赛美术馆内还可以看到这些木制浮雕,上面刻着画家的信仰:"神秘,爱慕,你就会幸福。"①

高更长达十二年的太平洋岛屿生活令当时的西方人瞠目。他走出19世纪欧洲行旅作家与画家所青睐的地中海区域,将足迹与创作推向了遥远的太平洋。谢阁兰的创作生涯自塔希提岛始,继而远行中国,可以说这遥遥征途的起点是高更给予的。然而高更最深刻的启示,无疑在于异域文化给创作手法带来的变革。异域风情自19世纪初以来已经成为欧洲画家的时尚,然而他们的异域作品里,尽管风景有着浓郁的地方特色,人物却常是一派欧洲人的体态,画法亦本着西方传统美学的原则。高更在去太平洋岛屿之前,早已对非欧洲文明产生浓烈兴趣,力求为绘画除去单一的古希腊模仿原则,而将埃及艺术、日本艺术等他方传统的启迪带入作品中。因而高更的画作取消透视与光影,背离对现实世界的摹拟,而是让单纯的平涂色块在空间形成富有

---

① 高更居所"快乐之屋"建于1901—1902年间。"神秘,爱慕,你就会幸福"是分开刻在两块浮雕上的文字,原文分别是:"Soyez mystérieuses";"Soyez amoureuses vous serez heureuses"。

韵律的安排，呈现画家的想象世界。塔希提岛与马克萨斯群岛时代更是为其走出欧洲传统的艺术探索提供了新的养料。当地土著人的生命形态在反摹拟的绘画空间中获得了某种超越模仿的真实，以至于谢阁兰对高更生前至交蒙弗利德倾吐感慨："在接触到高更的素描乃至生活于其中之前，可以说我还没有真正睁眼看见过此地此民。"①

走出欧洲传统，借鉴远方文明，乃至为我所用，这在19世纪殖民背景下的艺术创作中无疑是不凡之举。谢阁兰对高更的推崇也正在于此。虽是医学出身，谢阁兰的兴趣与志向却在文学上。行旅与创作，于他是同一个历险；海军生涯则是旅行的手段。可是，何处是历险之地？谢阁兰比高更走得更远；他选择了中国。20世纪初的中国，还是一片欧洲文人与艺术家鲜有涉足的土地。在谢氏眼里，中国意味着三重的异域。它自是空间的异域：相对于欧洲，它在世界的另一头。它亦是时间的异域。这源头悠长且未曾有过历史断裂的古老国家，被视为可与古代希腊、古代埃及、古代美索不达米亚等并列的古代文明。19世纪，欧洲学者开始致力于破解古代文字，钻研古代文化，在上述各大古文明遗址进行考古发掘。不愿步人后尘的谢阁兰选择中国，亦有在这个风雨飘摇的古国作出可与前人在古埃及、古亚述帝国的发掘相比肩的事业的心思。另外，正因中国未曾有过历

---

① Victor Segalen, *Correspondance*（谢阁兰书信全集），volume 1, Paris: Fayard, 2004, 第551页，致乔治·丹尼·德·蒙弗利德（Georges-Daniel de Monfreid），1903年11月29日。

断裂,它对同时代的西方更是文明的异域。为此,谢阁兰习中文,读古书,遍览汉学著作。其对中国文明之深究,当时的行旅作家无人可及。

0

谢阁兰终于踏上了中国土地。那一年是1909年。一年以前,光绪皇帝与慈禧太后前脚跟后脚撒手人寰;两年以后,古老的帝国爆发了辛亥革命。一心来东方朝圣的谢阁兰,突然意识到自己正站在一个空前绝后的历史转折点。《勒内·莱斯》是他于1913年写就的第一部中国题材小说。作品中的主人公莱斯为一比利时英俊少年,精通中文,自称光绪密友、隆裕情人,为梦想紫禁城而不得入内的法国人"我"日日讲述宫中秘史;其中的异国恋情与宫闱政治令"我"的异域想象大为满足。然而随着辛亥革命的爆发,莱斯的宫廷身份越来越显得可疑。莱斯最后自杀身亡,他那从未得以验证的紫禁城故事也随之烟消云散。紫禁城依然是一座无法进入的城,带着它所有无法破解的秘密。这部小说之奇特在于,乍看之下,这仿佛又是一部西方人在东方的猎奇作品,而其实作者微妙的笔调无处不含自嘲与消解[①]。以莱斯之死,谢阁兰埋葬了一种廉价的异域文学:猎奇文学。

---

① 关于小说《勒内·莱斯》对猎奇文学的微妙嘲讽,具体请参见拙文《从〈勒内·莱斯〉到〈碑〉——谢阁兰的紫禁城探险》,载于高旭东主编,《多元文化互动中的文学对话》,北京:北京大学出版社,2010年。

1912年在北平出版的诗集《碑》则是一种全新的异域文学的宣言。

如同高更,谢阁兰在中国这一远离欧洲的文化中寻找可借鉴的创作元素。他在中国的"碑"文化中,既看到了新的视觉形式,又找到了理想的象征意义:碑,乃是文字的永恒。而《碑》作为一种崭新的异域文学语言,其最为独特之处在于,这种文学完全摈弃异土风情与故事,而将"你我"之间的个性冲突与精神对话置于书写中心。"你",古老的中国文明;"我",来自西方的现代人。"你我"之间隔着一堵永恒的紫禁城墙。"我"走不进"你"的秘密心脏;"我"唯能触摸到的,是"你"的精神脉搏。故而,"你我"之间的关系不再是异乡人身处异域、感受新鲜环境刺激的关系,而是两个主体之间的精神对话。1908年,在去中国以前,谢阁兰重读克洛岱尔的《认识东方》,激赏之余为自己定下了截然不同的异域写作方向:不单纯描绘环境对旅人的冲击,而是书写"旅人对有生命的环境的冲击"[①]。换言之,旅人不再为异域强加的情绪所摆布,而是力求让异域从环境变为主体,言说其思想,表达其文化。在这种新的异域书写里,"不能是'我'在感觉……相反,是环境对旅人开口、是异域对异乡人开口。后者闯入了前者,惊扰它,唤醒它,令它不安。应该是'你'占主要地位"[②]。

---

① 谢阁兰,《异域情调论:一种多异美学》,第227页。
② 同上,第233页。

《碑》集中的"你我"关系存在于两个层面。第一个层面是每首"碑"诗的长方形空间。在这一相对独立的瞬间时空,两种文字彼此凝视,两种思想互相表达。每首诗的中文题铭是诗人选择的对话起点。面对古老的中国文字,法文诗篇中的"我"时而颔首,时而摇头,时而借题发挥。不难发现,诗歌中的"我"的思想与情感与中文题铭里的"你"的精神内涵相左多于相合。谢氏素来认为,异乡人面对异域的关系,是两种个性对峙的关系。在他未完成的笔记《异域情调论———一种多异美学》中,他将"异域情调"这个滥俗之词贯以全新的意义,称"异域情调"既非棕榈骆驼,亦非民族衣裳;其根本乃"异己"的感觉:"异域情调不是平庸的游客或观光者的万花筒,而是个性鲜明的个体遭遇到某客体时,感受到彼此距离并为之陶然,从而内心被激起的一种强烈异样的反应。('异域情调'感觉与'个性精神'相辅相成。)"[①]一向富有装饰意味的"异域",突然被归还个性、赋予思想,成为与"我"相对的"非我"主体。这与现代意义上的"他者"实在已无多大距离。谢氏还强调:"唯有'个性'强烈的人才能感觉到'差异'。"[②]"异域情调"是两种个性交锋中的差异美感。故谢阁兰的所有中国题材作品,无不是自我精神与中国文化的对峙。这一对峙并非是敌对的关系,而是《碑》集里《五种关系》一诗中所描述的"夫妇有别"的张力:"别"中有相异,"别"中有相吸。

---

① 谢阁兰,《异域情调论:一种多异美学》,第238页。
② 同上。

《碑》集中"你我"关系的第二个层面在于作品层面。整个诗集分为六大部分,即南北东西中五个方位,外加"路边"这一特殊的行旅方向。这六大部分可被视为古老中国的版图,亦可被视作诗人精神世界的方位图。每一个方向都被赋予一种特殊的象征意义:南为诗,北为友,东为恋,西为胆,中则为自我王国最隐秘的所在。故谢氏对友人坦言,整部《碑》集,实际是"中华帝国到自我帝国的转移"①。这表明,在谢氏的异域诗学中,"你我"关系在细节上是对话关系,在整体上则是隐喻关系:中国成为自我的隐喻。谢阁兰所有中国题材的作品无一不有此种特征。

1911年10月10日,辛亥革命之夜,谢氏完成《碑》集中《纵乐的君王》一诗的第三稿,以"纵乐的帝国不会陨落"一句作结,并意味深长地注明日期。不会陨落的帝国,是文字中的帝国。1912年,在帝制中国崩塌之后的第一年,谢氏以一部《碑》集,在空间上重建帝国版图,同时实现向自我帝国的转移。1916年,于巴黎问世的散文诗集《画》,则在时间上再展历史长卷。《画》集中,文字勾勒出古画丹青。这里不复有两种文字的对峙,而画面内"你"之面目,与画面外"我"之评说,是另一种形式的"你我"对话。当"你我"界限模糊乃至趋于消失时,中国画面实则已成为"我"的精神表达:隐喻手法在此再度出现。

---

① Victor Segalen, *Correspondance*(谢阁兰书信全集), volume 1,第1246页,致孟瑟龙(Henri Manceron),1911年9月23日。

0

"异域情调"是谢阁兰独有的诗学手法,更是他所开创的美学观念。爱做"异乡人"的谢阁兰,始终在"差异"中寻求美的体验。这种体验最初只是个人的审美原则,恰为异域文学书写提出了新的途径。但随着时间的推移,谢氏渐渐发现,不仅是他个人,而且整个世界,都需要差异与多元。他所定义的"异域情调",他亦将其称为"多异美学"。

因为这是一个生命能量趋于衰减的世界。"我三十五岁了,生命只走了一半,却已看到与世隔绝的极地有了人的足迹;还将看到巴拿马运河的开通,塔希提岛靠向世界的中心……"[1]这是谢阁兰 1913 年在《异域情调论》中发出的感慨。20 世纪之初,诗人已敏锐地感到地球正在变小,世界正在趋一;而单一的世界无疑会令人的感受能力大为降低。他以人体知觉作比:如若物质世界是单一的,那么,"我们用周身的牙齿与神经碰到、触摸、拥抱、吞噬的世界……就会出现'不冷不热的王国',没有差别,无起无落,一锅稠粥"[2]。这令人不寒而栗。不冷不热的存在,无异于虚无。唯有"多样"(diversité)与"差异"(différence)——谢氏以"多异"(Divers)一词涵盖——才能不断刺激知觉的敏感与感觉的强度。

---

[1] 谢阁兰,《异域情调论:一种多异美学》,第 289 页。
[2] 同上,第 292 页。

"在凭直觉寻找'异域情调'的过程中,我也在寻找'强度',也就是在寻找'力度',寻找'生命'。"①浮光掠影,到此一游的观光客在谢氏眼里尤为可恨。廉价的旅游,在缩短彼此距离的同时,也抹去了彼此的差异;它是让世界变得"不冷不热"的祸首。

另一让世界趋同的元凶是战争。1919年辞世的谢阁兰,在生命中的最后几年目睹了人类的一场大屠杀。他自己也曾在前线奔走救护②。然而1916年,正在硝烟弥漫的时候,谢阁兰的散文诗集《画》问世了。这一非常时期,书中那古色古香的远东"异域情调"令时人大为困惑。谢氏为此写道:"在战争最为残酷的阶段,如此一部'不合时宜'的作品,在某些人看来或许难以接受。作者以为,作品既然已经写就,无需将之隐藏。作者还以为,它的'异域情调'特色恰可为战壕里的人们缓解紧张的情绪——而不是转移他们的注意力;在片刻喘息之间手捧此书的士兵,未必是最不愿感受此中独特新异之人。"③人类的相互残杀,往往意在以一己价值取代他种价值。这在谢氏眼里,是毫无意义的对立。反之,他呼唤另一种战斗:"'多异'正在衰减。这正是大地的危机。正是为了阻止这种滑落,我们需要挣扎,斗争——甚至壮美地死亡。"④为多异之美而战的,是"诗人与先觉

---

① 谢阁兰,《异域情调论:一种多异美学》,第300页。
② 谢阁兰曾于1915年被派到海军陆战队奔赴前线;但由于身体原因,只在战地停留了两个月。
③ Segalen, *Prière d'insérer* pour *Peintures*, *Cahier de l'Herne*, n°71,《Victor Segalen》, sous la direction de Marie Dollé et Christian Doumet, 1998, p.65.
④ 谢阁兰,《异域情调论》,第303页。

者"①。他们守护多异、洞观多异、创造多异,正如《画》之卷首出现的那位宋代画家:

——大宋年间,一位画门宗师,常爱带壶酒去山间小酌,在浅醉微醺中度过时日。他放眼远眺,又沉思冥想。你们可知道他看的是什么?他是丹青妙手,又是一代宗师,看到的当然是世间好景。后人有评述,说他"在寻找一种阳光,能让人生与快活、快活与人生永远交织";于是他被当作醉鬼狂人,成为笑柄。

然而,这醉眼之所见,这明澈之洞观,对某些人来说——诸位可在其中?——足以抵得上整个寰宇乃至神灵存在的理由。②

在这位中国画家身上,谢阁兰赋予了他心目中的理想艺术家的特征:陶然于世界之多异,并以画笔呈现多异世界。画家所寻找的"阳光",正是令存在变得激越的多异之美。

O

谢阁兰,一个令人不安的"异乡人"。

---

① 谢阁兰,《异域情调论》,第303页。
② 谢阁兰,《画》,收于《画 & 异域情调论》,第19—20页。

20世纪初,在西方哲学思想仍为"一"所统治的时代,他选择了"多";在西方殖民统治尚未进入反思的时代,他选择了"异"。他的"多异"审美给了欧洲世界之外的文化以平等的一席之地。这种平等虽然严格意义上说只有美学层面的真实,在殖民时代,却是一种有力的反主流的声音。

21世纪的今天,地球没有停止缩小,文化没有停止趋同。在时空消弭的网络时代,在你我咫尺的全球时代,如何保留文化之多异,价值之多异,思想之多异?谢阁兰似乎在等待着我们的回答。

谢阁兰留给我们的另一个不安,在于多元文化中的身份问题。多异美学中,"多"为结果,"异"为本原。谢氏强调,多异之美,来自于两种个性的交锋。"异域情调感觉增强个性,丰富个性,而远非抹杀它。"个性愈强,异的体验就愈强烈。交锋双方正如《碑》集的两种文字,界限分明,或可相互交谈,或可彼此塑造,但难以达致本质的融合。谢氏去世后不到十年,大西洋法属马提尼克岛上出生了一位未来的作家,爱德华·格里森(Edouard Glissant)。格里森亦在作品中使用多种语言,却是法语与地方语糅合而成的克里奥尔语(créole),并将其视为新人文主义的象征。从多种文化环境中走出的格里森,发现了谢阁兰的"Divers"思想,大为赞赏,旋而为己所用。格氏笔下的"Divers",一方面保留了异质文化平等的观念,另一方面则强调多元中的交融与混血,已不是谢氏的你我分明。谢氏的Divers,在延续中遭到反叛,在反叛中得以延续。这,或许恰是思想的生命力之所在?

作为一个"天生的异乡人",谢阁兰拒绝同一,寻求多异。在多异的探险之路上,谢氏最终走到了自我的多异:"主体……对自我的观看结果必然与真实的自我相异。——于是他因自我的'多样'而欢欣"①。确实,自我之丰富令人欢欣;而自我之多面,却常常令人迷惘,乃至迷失。《碑》集中,"井"的意象屡次出现,意味深长地暗示着自我的深不可测。《三曲远古颂歌》中,诗人面临大渊,如同面对"地下的黑夜,阴暗的国度";惊恐之下,"我"几欲坠入井中,慌忙逃之夭夭。《眼中的面容》中,"井"为恋人的眼睛;而我从这深井中却吊出一副狰狞的面容,于是又一次落荒而逃。《地下的判官》中,诗人以"地下心中"四字自造汉字题铭,道破"井"的秘密:井是地下世界,亦是心中最隐蔽的角落。地下夜夜发生审判:那是欲望的审判。白天被理性扼杀的欲望,夜晚对理性施行报复;"我"若不慎坠入井中,必遭欲望的酷刑。

在"你我"对峙中追求个性之强烈的谢阁兰,在孤独面向自我时,发现了异乡人最终难逃的命运:自我的异乡。这或是谢氏为我们带来的最大的不安。这自我的异乡,在《碑》集四四方方的自我帝国,便处在那神秘的"中央之中":《紫禁城》。现实中,紫禁城是紧闭的中国的心脏。诗集中,紫禁城则是自我最为隐蔽的居所。这拒所有他人于墙外的空间,唯有一个人可以走入——"她":

---

① 谢阁兰,《异域情调论》,第 245 页。

然而,我将打开宫门让她进入;我所等待的她,无所不能的她,不伤毫发的她,

让她在我的宫殿、芙蓉、死水、太监、花瓶间治理、欢笑与歌唱,

而夜深之时——她自会心知——,她将被轻轻推入一口深井。

"我"的异乡之中,"她"是唯一的客人。"我"的迷宫中,"她"是唯一的知路人。"我"的深井里——令"我"惊惧、令"我"恐慌的深井——"她"是唯一的探险者。井,可是爱的通途?而爱,可是死亡之路?谢阁兰的井底没有回声。这永远的异乡人用沉默告诉我们:诗人的世界,是我们永远的异乡。

本文原载于冯达(Marc Fontana)主编,《谢阁兰〈碑〉(1912—2012)》展览图册(展览时间:中国国家图书馆 2012 年 8 月 29 日至 9 月 12 日,北京法国文化中心 2012 年 9 月 15 日至 10 月 15 日),北京法国文化中心出版,2012 年。又载于《跨文化对话》(30 辑),北京,三联书店,2012 年 12 月。法文版载于法国布列塔尼地区文化刊物 ArMen,2013 年 5—6 月号。

黄蓓,执教于复旦大学中文系,研究方向为法国文学与中法文学关系。法文专著有《谢阁兰与克洛岱尔:经由东方绘画的对

话》(*Segalen et Claudel. Un Dialogue à travers la peinture extrême-orientale*,Presses universitaires de Rennes,2007)。译作有谢阁兰作品《画&异域情调论》(上海书店出版社,2010),热拉尔·马瑟(Gérard Macé)著《简单的思想》等。

景与井:从谢阁兰的中国摄影谈起

西 黄

谢阁兰与科耶夫

第一次看到谢阁兰留下的中国照片时,就感觉到这些百年前的留影在释放一种别样的氛围。我显然并不是想——恐怕也没有依据——强调谢阁兰(和他的同伴瓦赞、拉蒂格)中国照片的各种技术和风格上的极高辨识度。虽然从主体内容以及相应的取景构图上看,谢阁兰异域征途中的荒野文物与考古马队,总会不同于著名的影像先行者约翰·汤姆逊(John Thomson)的满族新娘、马伯乐(Henri Maspero)研究目的过于明确(好似只求拍清楚要拍的那个研究对象)的宗教雕刻实地资料片,以及半个世纪后作为法驻欧共体外交官来到新中国的亚历山大·科耶夫(Alexandre Kojève)的那些彩色明信片一样的天安门、中山装和古迹名胜,但个别情况下还真的可能会和(比如)沙畹(可能主要在山东泰山一带)拍下的清末影像难分彼此。不过,在刚才提到的这些同样为历史上的中国留下一批影像的西方人当中,与谢阁兰在"精神帝国"或思想强度上最具有可比性的,我认为还是科耶夫。这两者在精神上的探索和创造都如此出众,以至他们的摄影相形之下仿佛只是极易被忽略的边角,但反过来,当我们凝视他们如此勤勉而认真地留下的照片时,绝难抗拒去思考这些"路边之碑"与那整个"思想帝国"的关系。

以其主奴辩证法和历史终结论影响了整整一代法国文人对黑格尔的接受,科耶夫是一个思想家。即便二战以后他选择"弃哲从政",这也是其思想在行动上的合理推论。谢阁兰不能说不是思想家以及学者。但谢阁兰更是一位诗人、艺术家,况且我们往往并不难在真正的诗人、艺术家那里找到思想者的身影。虽然,反过来不见得行得通:就算科耶夫的舅舅是著名的抽象主义绘画大师康定斯基,就算科耶夫本人的才艺在摄影上也并非没有体现,但要把思想家科耶夫同时承认为艺术家或诗人,毕竟是不恰当的。在思想家和艺术家之间,似乎具有某种非对称性。这暗示我们,思想家与艺术家,就我们通常的指称而言,所凭靠的并不是两个明确区分的官能,并不是相邻或者不相邻的两块领地,用谢阁兰的意象来讲,并不是一围城墙隔开的城里城外。紫禁城里的"天子"光绪帝和紫禁城外傍上勒内·莱斯的"谢阁兰",互文地看如同卡夫卡"一道圣旨"的传谕者和《城堡》(外)的主人公 K,构成了两位作家虚构文本中的对称性:想要(看)出来的人与想要(看)进去的人都徒劳地悬拟自己的愿望。如果借谢阁兰本人的隐喻进一步设想,思想和艺术之间的关系或许更接近《勒内·莱斯》中作为欲望对象的紫禁城与为"谢阁兰"所臆想的那个地下之城……

思想家和艺术家的这种非对称性,并不就意味着艺术家的优越性,而是暗示着艺术家之思想的独特性。按照吉尔·德勒兹晚年的观点,艺术本身是我们可以确认的一个思想平面,艺术作为思想平面有它自身的规定性。在这个意义上,我们可以说,艺术有它自己的思想方式。而以科耶夫为例,为什么,至少在我看来,他作为思想家却并不见得是艺术家?只是由于——我们可以这样说,他是作为哲学家(对,就是我们通常所理解的哲学家)在思考的——哲学,尤其是具有其千年传统与"典范"的哲学,作为与艺术不同的思想平面,以另一种方式切入混沌。具体比较的话,科耶夫和谢阁兰都可以用相机拍下他眼前的事物和世界,但作为黑格尔主义者的科耶夫具有一种包罗时空的视角,他跑遍拍遍几乎整个世界,欧洲各个国家、东方(他很不喜欢美国)的印度、中国、日本。当你看到他拍下的天安门广场、穿中山装的人群,很难不去想那只穿透一切"风景"的"历史之眼",仿佛一切都已经是也将永远是一个"同质全体"的功能性局部——历史之终结,首先作为理念而终结,终结于一个"同质国家"的理念,剩下的时间,其意义便是让这个理念变成一个全球化的现实,以及之后游戏和玩笑的统治,而"人"也就轻飘飘地蒸发了:要么是在历史中行动的人,要么就是这人在历史之后无所事事从而自我取消。谢阁兰的所见当中,并没有预设这样一个全景的"构图"。他当然有自己的诸多想象物,但他对想象的自觉已经到了一个清醒的程度:我必须把想象物作为想象物来爱。在探索和迎向未知的征途上,我必须首先肯定那永无止境的无限的未知者。我并没有环行敞视整个存在的认知之眼,但我洞观到的恰恰是存在的不可见的秘密,是我穿行在世界之中时时刻刻领受着的秘密。不为历史所测度的时间的秘密。

摄影与时间

柏格森对时间的一个界定其实正隐含着时间(我们马上会谈到谢阁兰的"影像时间")与历史(尤其是黑格尔主义历史观的统治性版本)的关键区分:时间,是避免整体被一下子给出者。借助照片中有时会透露的一行马背上繁重的行李,完全可以猜测,谢阁兰在那个火胶棉湿版摄影法的年代,是以怎样缓慢的方式骑马行走在广袤、苍茫、曲折、起伏的中国中西部大地上(图8),又是怎样一次次摆好摄影架调好机位,在杨氏阙周边各个角度(图9),在一座座古人的坟堆前,在始皇帝陵墓处……当然也对焦到同行者耐心的姿势,或者途经路过的陌生城镇……在世界的一张张陌生而美的面孔上,等待一次我们今天或许已难以习惯的"漫长"的曝光:谢阁兰的影像之旅所卷入的时间,较之于今天的感光元件与交通工具所成全的效率,在行旅与"曝光"这两方面是同等漫长的。所以我们也会想,在每天或者每过几天的旅途劳顿之后,为了及时为新拍的照片显影,谢阁兰和同伴总

图8 蜀道行(四川云顶山),
谢阁兰一行摄,1914
图-东方IC

图9 四川绵阳汉代杨氏阙,
谢阁兰一行摄,1914
图-东方IC

要拿出必须随身携带的一整套设备来工作……有时候,一些兴许出乎意料(或者可以说"失败")的拍摄效果,反而也能带给我们某种心灵的震动:僵立在庭院花坛里的中国人那过曝的白褂,以及在每一瞬间专注而生怯地等待曝光并为时间综合起来的表情(本雅明会说到"灵光"),让我在这些历史上的——又仿佛漂浮着的——同胞面前竟比看到影像中的谢阁兰本人或其他西方人时产生更强烈的殊异感。谢阁兰中国之行为我们留下的无论影像还是文字,或者说,所有的风景,在当时即已被时间深深铭刻过了。如果黄土地有它的面容,这面容在谢阁兰的精神世界中也自然经历了漫长的曝光和显影的过程,也自然由时间来综合了它无数刹那的表情。海军军医出身的谢阁兰,从法属波利尼西亚群岛辗转而来的谢阁兰,在《碑》中有意地讹用着汉字来暗示他旅行中这种时间经验:"陆海"……陆上行舟……山涛汹涌……同样从时间的角度,我们也就有可能理解《出征》中谢阁兰关于中国距离度量单位"里"那看似任性的"曲解"了。

所以,应当说谢阁兰的《碑》在"东西南北中"的帝国("中华帝国"也好,"自我帝国"也罢,或者就只说作为艺术形式的"碑体写作"也一样)构建之"余"必然会有"路边之碑",这背后的精神契机与《勒内·莱斯》的"地下帝国"是相通的:一个是散佚洒落之物,一个是幽深神秘之源,它们都不在"现实"表象的控制范围之内,而是永远向想象与未知敞开的"无名"场域。而谢阁兰早年关于画家古斯塔夫·莫罗(Gustave Moreau)的不无反讽的评论中,也从画家的基督教哲学观念角度剖析了其绘画形式上的僵硬[①]。亘古以来,艺术家所承载的可爱的宿命:世界的秩序是未定的,世界的边界是可变的。更何况,真实的世界总有想象的重影,这本身已然是艺术的时间综合的内在规定。

这里也不妨提一下谢阁兰摄影中的两个看似琐碎的现象:一个是他使用当时的"立体相机"所拍下的许多"双重影像";另一个是他(是他吗?)某几张照片中用油画笔触般的痕迹沿着坟

---

① 参见《居斯塔夫·莫罗:俄耳甫斯教的大画师》,收于[法]谢阁兰,《诗画随笔》,邵南、孙敏译,上海:上海书店出版社,2010年。

堆—山坡—天际线清楚分出来的天空。当我作为考古和摄影的双重门外汉观看谢阁兰留下的中国照片时,这些或许无用的细节至少引起了我本人的好奇和趣味。它们在谢阁兰中国照片整体上极其考究的构图和对焦之外,增添了实验色彩和艺术活力。

思 想

诚然,作为艺术家的谢阁兰,其在艺术形式上的敏锐感知和"跨界"实验足以启发和滋养百年后的当代艺术工作,但如同我们之前提及的,谢阁兰也是一个思想家,或者应该把这个"也"字果断地拿掉:谢阁兰,完完全全地,就是思想家。他对生命之作为艺术的自觉不仅间接体现在他的文学作品上,也已经明确地凝结在他的"多异美学"思考中。谢阁兰的这份未完成的创作和思考,在那个世纪初的炮声中,或许并不算一个响亮的声音,但这声音穿越了百年,见证了某种不得不称为哲学上的变更。或者说,哲学与艺术这两个异质的思想平面,在相切、扰动与共鸣中共同见证了一种生命在这遭遇中的涌现。在黑格尔—科耶夫的"历史终结"处,在尼采道德谱系学所描绘的历史的下降运动的最低点,不无反讽地出现了"生命的迹象"。这一新生儿,从尼采,经过谢阁兰,再到德勒兹,都在为它命名。命名是自由的,但又具有必然性,因为无论如何,这一新生儿并不是一个哪怕叫做"历史终结"的历史阶段,而是"不合时宜"的,释放着迥异于历史从而其本质不能为历史所测度的时间性,或者说,同时释放着全新的未来和全新的过去,是生命穿透历史的方式。

也正是身处这个思想的拱起上,不无前瞻性地倡导对"多异"与"他者"(已经蕴含了"自身作为他者"这一当代法国哲学的母题)之本真思考的谢阁兰拒绝了西方的宗教传统,却言及了"神秘主义"与"不可名的世界之主"[①]。这种姿态,与不依赖历史性而获得纯粹的时间经验是重叠的。而这两种重叠的姿态,不约而同地将我们带回那个想象的地下之城,那口井,那壁渊。但这深邃、幽暗又神秘的禁闭感或许更多来自于谢阁兰的童年记忆以及考古经历,却并不是他多异美学的终点。即使我们还不知道这一可能的终点究竟在何处,但至少可以肯定,谢阁兰确实比这一步走得更远。在多异美学中思考"神秘"与"不可名的世界之主",首先是放弃作为制度的基督教,这种否定的姿态有一个肯定的意图:在多异美学的空间中容许重建人与宗教的关系。这是自由与创造的条件:重要的不是像声称自己是宗教徒那样宣告自己是无神论者,而是能够沉浸到那个先于各种宗教与各种"非宗教"的无名存在中。西方传统上以宗教或者上帝的名义来言说并且触动人的心底的,不是宗教的专有物,而恰是使得宗教成为可能的那个神秘场域,这神秘可以与宗教无关,因为在非宗教的活动和现象中,同样以这一神秘的力量来击中人。谢阁兰恰当地把对这一无名存在的思考放在他的多异美学里,

---

① [法]谢阁兰,《异域情调论》,收于《画 & 异域情调论》,黄蓓译,上海:上海书店出版社,2010年,第302页。

甚至同样恰当地就以"多异"来为它命名。

生 命

可是世界为何也时常显露一个幽怖的表情?黄土高原的面容为何定格为"上平下乱"(《碑·黄土地》汉字题铭)——在这大风蛮荒的帝国西地,谢阁兰的"目井"(《碑·眼中的面容》汉字题铭)所映出的形象,岂不仍然粘滞着那个臆想的有其地下世界的"上平下乱"的紫禁城?她(珍妃?)被推入其中的那口夜晚的深井(《碑·紫禁城》)……人面对着深渊……洞穴深处……地下的黑夜、阴暗的帝国……凝视我的深渊……颤抖……坠落……宁愿只观看黑夜(《碑·三曲远古颂歌》)……地下心中……比井还空的地方(《碑·地下的判官》)……那口或许来自谢阁兰记忆深层的井,作为隐喻时不时出现在表征着想象世界或构成着"自我帝国"的谢阁兰文本中,甚至在地下紫禁城中横了过来:井—暗道。这强迫症一般出现的意象,既提示着"自我"的深度,也吐露了"自我"的痛苦。这个不断诞生着的自我,一次次穿过令人窒息晕眩的通道,与此同时,出征者的脚步所打开的世界的图画被卷起来,投入"目井"/"目镜"之中。"我之井",看起来,这是多异风景必须投射其中的自我帝国的中心,它的深不可测与不可名状,甚至引起了自身的恐惧,并加剧了出征的激情(出去,透透气!)。

正是这井,这渊,解释着谢阁兰行旅与创作的动力学。我们甚至可以借"横过来的井"来意指谢阁兰自我帝国的独特空间结构:深度与广度的相互催生与拓展。谢阁兰并不单单是一个耽于幻想、轻浮嬉闹的浪游者。与其说谢阁兰热爱飞腾的想象胜过庸常的"真实",不如说他更加着迷于想象与真实之间的创造性关系。真实的素材使得想象免于粗糙。这种严肃的态度并没有如此分明地表现在同行的文学青年瓦赞身上,而后者对谢阁兰之为谢阁兰的理解显示了比照之后的合理性:"谢阁兰想从内部理解中国,从中吸取养料,充实自己。"我们很少看到考古学者或者汉学家像谢阁兰这样富有诗意和文学意识,但反过来,在经过一番推敲之后,我宁愿认为,谢阁兰作为如此热衷钻研(具体到他本人的钻研对象当然是涉及中国考古和古汉语文献)的艺术家,却绝不是孤单一人。对创作素材的极尽考究的把握,是相当一部分艺术家、文学家所分享的特质。

但谢阁兰之所以在我看来走得更远,是因为那尤其以"井"的隐喻在不断释放着的主体的不安在经历了多异美学的"出征"之后,似乎可以转化为对自身多异的享受(或者可以说,从对自我之"井"的欲投还避的想象到对自我之"景"的欣赏与肯定):"多异的感觉——主体对客体的特殊态度——覆盖了整个思想……于是他为自我的多样而欢欣。"[①]这一切之所以可能,甚

---

① [法]谢阁兰,《异域情调论》,收于《画 & 异域情调论》,黄蓓译,上海:上海书店出版社,2010年,第315页。

至顺理成章,悲伤之所以成为快乐、是快乐的,是因为"我之井"并不真的"深不可测",它真正神秘之处来自一个实在更简单的事实:井作为自我的源头和中心同样以世界作为它的源头,并为世界的风景所环绕。它的"镜面"为风吹皱,被落叶所触动;它的深处连接着整个世界的雨水,通向"行路须知"里"'多样'的大河"(《碑·给旅人的忠告》)。井,正可以是这条大河中"醉人的漩涡"。这样,"我之井"并没有消失,而是被包容和置放于"我之景":井里的倒影,也正反映着它身处其中的光景。甚至"之"也不是一个表述所属的词,而是行走、时间与生成,在行走中自我的风景与世界的风景旋转在一起,不是黑格尔辩证法意义上的"同心圆",而是无处不在的曲线和褶子。这种哪怕在某些时刻才赢得的肯定,是对生命的直接肯定,多异作为生命的秘密一经被发现,并没有损耗生命的神秘,而恰恰保护了这神秘的不可穷尽性,并且再次证实,神秘是快乐的。可敬的还有这神秘伴随快乐所同时具有的素朴性,如同后来的德勒兹以经验主义的话语来诠释普罗提诺的"静观"(这就像谢阁兰愿意保留"异域情调"这个看似老套的词,并澄清和发展它的意义),同时也就诠释出了更高的经验主义:"我们并非利用概念静观理念,而是利用感觉静观质料的要素"[①];"感觉充满组合的平面,感觉在让自己被所静观之物充满的同时也被自己所充满:因为感觉就是愉悦/享

---

① [法]吉尔·德勒兹,菲力克斯·迦塔利,《什么是哲学?》,张祖建译,长沙:湖南文艺出版社,2007年,第513页。

受,就是自得其乐。它是一个主体,或更准确地说,一个'内在体'。"①

西黄,复旦大学当代法国哲学在读博士,同时从事诗歌、艺术评论和翻译。

---

① [法]吉尔·德勒兹,菲力克斯·迦塔利,《什么是哲学?》,张祖建译,长沙:湖南文艺出版社,2007年,第513页。

为了帝国的完成

芬 雷

> 他将活过这炎热的季节
> 为了帝国的完成
>
> ——冯冬《坐车》

> 我的世纪,我的野兽,谁能
> 看进你的眼
> 并用他自己的血,弥合
> 两个世纪的脊骨?
>
> ——曼德尔施塔姆《世纪》

谢阁兰比王国维小一岁,在他离奇死亡①的前一个月,王国

---

① 1919年5月21日。

维在上海与法国汉学家伯希和(Paul Pelliot)碰面,商讨学术。谢阁兰应该非常熟悉伯希和,他们不仅同龄,而且谢阁兰曾于1908年在法兰西学院旁听伯希和老师、著名汉学家沙畹(Édouard Chavannes)关于汉语文学的课程,再加上伯希和在1902年左右曾来中国有过三次考察,尤其在1908年发表《敦煌藏经洞访问记》而举世闻名……而且,更为巧合的是,就在谢阁兰于1909年初次抵达北京的四个月后,王国维在北京初识伯希和,伯希和于同年发表《中国艺术和考古新视野》,其中介绍了罗振玉①和王国维的部分研究。如果谢阁兰看到过伯希和的这篇文章,那么应该会对王国维这个名字有些印象,但是暂时没有什么信息或资料显示谢阁兰从1909年到1914年这五年断断续续在中国的时间里,知道或者认识王国维这样一个中国学者。尤其是在1911年辛亥革命之后,罗振玉和王国维各携家眷远赴日本,侨居达五年之久,所以谢阁兰与王国维的联系与交往应该是没有切实发生过的,甚至可以揣测,他们从来不知晓彼此的存在。

然而作为同时代人,在谢阁兰与王国维的经历、写作乃至思想之中,却能发现一二似无还有的关联,使得他们二者之间有着非常值得思考的同时代性②。如此同时代性,就像空谷回响,始

---

① 罗振玉,中国近代考古学奠基人,年长王国维近十一岁,1898年结识王国维,与其成为一生的挚友,并将自己的女儿嫁与王国维为妻。他们在敦煌文献研究以及甲骨文考证研究上有许多合作之处,且成绩颇丰。

② 关于同时代性,可以参考意大利思想家吉奥乔·阿甘本(Giorgio Agamben)在《何为同时代》一文中的论述,这里节译王立秋翻译的关键的几句话:"真正同时代的人,真正属于其时代的人,是那些既不完美地与时(转下页注)

终提醒着我们去留意在20世纪交变之际,围绕着中华帝国所发生的诸多未完成的事件。对于谢阁兰来说,从1909年到1914年,如他自己所说,是对自我这个帝国的探索与完成。1912年,诗集《碑》在北京的完成与出版,更是一个标志性的事件。而对于王国维来说,在人生阶段上,和谢阁兰亦有类似。

1907年,王国维写《三十自序》,其中提到致力于哲学研究的顾虑:"余疲于哲学有日矣。哲学上之说,大都可爱者不可信,而可信者不可爱。余知真理,而余又爱其谬误……知其可信而不能爱,觉其可爱而不能信,此近二三年中最大之烦闷也。而近日之嗜好,所以渐由哲学移于文学,而欲于其中求直接之慰藉者也。"[①]徘徊在可爱与可信之间的王国维,如果单纯只是学问的抉择,似乎还不足以苦恼烦闷,如此可爱与可信之间的犹疑,更像是他在西方的观念与东方的诗性挟持之下,为寻求一个填充于时代罅隙之中的楔子遭遇冲突所致,因此才有"慰藉"一说。再者,他由哲学转入文学,却既不作诗,亦不填词,而是研究戏曲,这就说明他既没有丢弃文学,也没有丢弃哲学,而是于可爱与可信之间独辟蹊径。他既不像同时代的传统学者,极力为中华帝国辩护,也不像当时的新式学者,一味标榜西式的文化精神乃至政治制度,而是与时代产生了一种奇异联系:作为一个很早

(接上页注)代契合,也不调整自己以适应时代要求的人。因而在这个意义上,他们也就是不合时宜的。但正是因为这种状况,正是通过这种断裂或时代紊乱,他们才比其他人更有能力去感知和把握他们自己的时代。"

① 《王国维文集》(第三卷),北京:中国文史出版社,1997年,第473—474页。

就接触西方哲学的人,却拥护帝制,甚至愿为其赴死;作为一个古文字研究以及古史研究的清华大学国学院导师,却推崇西学,宣称学无中西……如是种种使得他这个人多少显得不合时宜,仿佛在他身上,以及在他内心之中,有着某种似是而非的矛盾性①,犹如曼德尔施塔姆《世纪》一诗中所谓"破碎的脊骨":它像是一种时代的紊乱或一种时代的脱节,却又不可改变地属于这个时代。

也是1907年,王国维写了一篇题为《古雅之在美学上之地位》的文章,收入当年的《教育世界》第144号。这篇文章的重要性,将是我们探索谢阁兰与王国维之同时代性的关键。在文章中王国维为了区别于康德所谓"美术者天才之制作也",首先指出古雅的创作不一定依赖天才,所以它算不得真正的美术品,却又绝非利用品;而且与康德所谓美的共通感有所不同,对古雅的判断需要求助于时代性,以及判断者于时代性之中的位置:"优美及宏壮之判断之为先天的判断,自汗德之《判断力批评》后,殆无反对之者。此等判断既为先天的,故亦普遍的、必然的也。易言以明之,即一艺术家所视为美者,一切艺术家亦必视为美。此汗德所以于其美学中,预想一公共之感官也。若古雅之判断则不然,由时之不同而人之判断之也各异。吾人所断为古雅者,实由吾人今日之位置断之。"可以说,这是"古雅"与"天才"最大的

---

① 恰如顾颉刚所说:"我们单看静安先生的形状,他确是一个旧思想的代表者;但细察他的实在,他却是一个旧思想的破坏者。"参看顾颉刚《悼王静安先生》一文。

不同。天才对于美学的判断,依据先天的、自然的判断力,而古雅对于美学的判断,依据后天的、经验的判断力。而且天才之作,也不见得都是神来之笔,正所谓"书有陪衬之篇,篇有陪衬之章,章有陪衬之句,句有陪衬之字。一切艺术,莫不如是。此等神兴枯涸之处,非以古雅弥缝之不可"。在此基础之上,王国维确立了古雅在美学上的位置:它存于艺术之中而不存于自然之中,且表现为一种创作的痕迹。这种痕迹,对于康德所谓天才的制作的那种美,是无所不在的补偿。

古雅对于天才之创作的弥缝,结合王国维在《宋元戏曲考》①中所说"一代有一代之文学",如果说天才之创作更多体现于彰显一代之文学,那么古雅之创作乃一代与一代之间那个仿佛罅隙却终于为"有"的楔子。从这个意义上说,古雅,更像是同时代人于其时代的不合时宜性中,体认古今之变,弥缝代际之壑的自我判断。可以说,"古雅"一说的提出,即是王国维于世纪交变的罅隙之中、于新旧更迭的断裂之中、于既为旧思想的代表者又为旧思想的破坏者的矛盾之中,为自己的同时代性所植入的一枚楔子。这也就可以理解,王国维在《人间词话》中何以提出自己最爱尼采所谓"一切文学中我独爱血写就的",因为恰如曼德尔施塔姆《世纪》一诗中所说,他要用他的血,弥合两个世纪的脊骨。此番作为,在王国维那里如此,在谢阁兰那里亦如此,只是有所不同的,

---

① 王国维对戏曲的研究始于 1908 年,《宋元戏曲考》一书写成于 1912 年。此书在 1915 年由商务印书馆刊印时更名为《宋元戏曲史》。

谢阁兰所探索的美不在于"古雅",而在于"多异"。

在1913年写于天津的笔记中,谢阁兰强调说:"我们有权相信,只要在根基上存有差异,现实世界就不会不在组织结构层面上显现出任何织补缝衲的痕迹;而在交汇扩散、界限消失、空间距离大幅度拉近的同时,作为弥补,也一定会出现新的分界与意想不到的罅隙。"① 从这样一段文字我们可以看出,谢阁兰所追求和探索的,和王国维有异曲同工之妙。只是相比于王国维基于古今之变的作为,谢阁兰所探究的是一种空间的,组织结构层面的,甚至是根基上的差异。他丝毫不期待那种因为地球变成圆的之后世界变成平一的样子,"多异"的衰减,在他看来,是大地的危机。而如此大地的危机,正是帝国危机的表现:"帝国不复存在,勋章被取消,人民从此成为主人,必须自食其力……"(《碑·向理性致敬》)帝国的危机,在谢阁兰看来,是一种维系"多异"的自我之于天下的感知体系的崩坏:"主权人民无论走到哪儿,都带有一样的习惯,一样的职能。"一方面是帝国的危机,人民取代天子,而另一方面是"无意义的对立",第一次世界大战以同一的名义在西方世界内部打响:"多异正在衰减,人类相残于自己的内部;也就是说在各种已知的、可测的力量之间,只要一种力超过另一种力就行了。"因此,谢阁兰说,"这场战争没有神秘"。②

---

① [法]谢阁兰,《异域情调论》,收于《画 & 异域情调论》,黄蓓译,上海:上海书店出版社,2010年,第293页。

② 同上,第302—303页。

在遭遇帝国危机之时,谢阁兰对于"多异"的诉求,更多体现在空间的相互关系之中。在于他笔记之中引用纪德的那句话:"是的,请允许我热爱我的时代,就像巴雷斯热爱他的家乡洛林……只需理解,时代与祖国一样……"①而在写于1911年的另外一则笔记中,谢阁兰写道:"异乡人,从祖辈生活过的土地的最深处,呼唤、渴望、嗅闻远方。可是,羁旅他乡的日子里——就在他把他的远方紧紧拥抱、细细品味的时刻,——他的家乡,他的土地突然间变得异乎寻常的丰富多异。从这种两头摇摆的游戏中产生了无穷无尽、永远新鲜的多样世界。"②这种异乡人的远游,是谢阁兰虽然身在中国,想象着中华帝国的同时却不愿意成为中国人的真正原因,通过这种两头摇摆的游戏,他重新发现了故土的多异与美好。在诗集《碑》中,《给旅人的忠告》这首诗即是对此的思考:"城市在大路的尽头,大路扩展了城市:因此,不要只选择其一,而要两者交替……这样,不停步也不失脚,没有笼头也没有马厩,没有功绩也没有辛劳,朋友,你将抵达的不是永世欢乐的泥沼,而是多样这条大河中醉人的漩涡。"③这种更多以空间的相互关系所体现的"多异"美学,和王国维于古今之变的时局之下所提出的"古雅"美学,似乎有着许多的不同,却

---

① [法]谢阁兰,《异域情调论》,收于《画 & 异域情调论》,黄蓓译,上海:上海书店出版社,2010年,第280页。
② 同上,第269—270页。
③ [法]谢阁兰,《碑》,秦海鹰、车槿山译,上海:上海人民出版社,2009年,第113—114页。

又有着根本的联系。

这种根本的不同和根本的联系,在谢阁兰于1910年5月27日的笔记中,得到了精准的揭示:"美的原则比多异的原则更广泛……美所蕴含的普遍性看来能在表面上隐去多异美——因而后者只能是美的质料,而不是美的实现。"这段笔记和王国维于《古雅之在美学上之位置》一文中的一段话颇为类似,在谈到美,也即优美与宏壮,与古雅的关系时,王国维写道:"优美及宏壮必与古雅合,然后得显其固有之价值。不过优美及宏壮之原质愈显,则古雅之原质愈蔽。"①之所以会有如此的类似,或许在于多异和古雅,从美学的位置上来看,都不能算作真正的艺术品,虽然也绝非利用品。像谢阁兰说的,它们不是美的实现。多异与古雅,不管是作为美的质料也好,还是作为美的形式也罢,它们并不因为无以完成美的实现而等同于虚无,而是有着独立于美学的艺术价值。

于同时代性之中,不合时宜者用自己的血液弥合着紊乱的、脱节的、破碎的脊骨。而多异和古雅,则像是同时代性的硬币的两面,借用谢阁兰的话来说,多异和古雅所在的位置,乃是那个在根基罅隙中出现的织补缝衲的痕迹,更准确地说,这是时代根基上的罅隙使然。陈寅恪在为《王国维先生全集》所写序言中论及王国维治学方法时指出的三点——地下之实物与纸上之遗文,互相释证;异族之故书与吾国之旧籍,互相补正;外国之观念与固有之材料,互相参证——异常清晰地道出了王国维思想深

---

① 《王国维文集》(第三卷),北京:中国文史出版社,1997年,第32页。

处那个根基性的罅隙。如果说,第一点在于王国维有意区别于同时代学人只关注古文典籍义理上的推敲与臆断,而第二点又多少有些"礼失求诸野"的心境,那么第三点则深刻地见证了王国维所谓中国思想第二个受动时代①的到来。如此见证者的姿态,既是慰藉,又是苦痛,因为他一方面见证了第二个受动时代的到来,另一方面又见证了国学乃至中华文化的衰落。

1911年,《国学丛刊》初刊,王国维为其写序,言学无新旧,无中西,无有用无用,惟学而已。辛亥革命事发,《国学丛刊》亦中道而辍,直到1914年才又续刊,王国维在日本为之写序道出了自己对于国学乃至整个时局的忧虑,言其"非无道尽之悲,弥切天崩之惧"②。如果说,其中的"道尽"指的是文化的衰落,那么"天崩"指的则是帝国的危机。在对文化和帝国的双重忧虑之中,如果说,还有什么足以慰藉苦痛的心灵,那么无非是"先民"和"来者":"先民有作,同惊风雨之晨;来者方多,终冀昌明之日。""先民"与"来者",在创作的痕迹之中,拾掇着国变之下时代的碎片,或许这是唯一的希望了吧。所以陈寅恪在《王观堂挽词序》中指出:"凡一种文化值衰落之时,为此文化所化之人,必感苦痛,其表现此文化之程量愈宏,则其所受之苦痛亦愈甚……今日之赤县神州值数千年未有之巨劫奇变;劫尽变穷,则此文化精

---

① 王国维在刊发于1905年《教育世界》第93号的《论近年之学术界》一文中,将诸子百家的时代称为中国思想的能动时代,而佛教东适和西学东渐作为中国思想的受动时代。

② 《王国维文集》(第四卷),北京:中国文史出版社,1997年,第369页。

神所凝聚之人,安得不与之共命而同尽,此观堂先生所以不得不死,遂为天下后世所极哀而深惜者也。"

作为一个远游于中华帝国大地之上的异乡人,谢阁兰的一段话,恰好用来作为陈寅恪这段序言的注解:"多异正在衰减,这正是大地的危机。正是为了阻止这种滑落,我们需要挣扎,斗争——甚至壮美地死亡。"[①]而壮美,按照王国维的解释,则是某一对象之形式,"超乎吾人知力所能驭之范围……又觉其非人力所能抗,于是保存自己之本能,遂超越乎利害之观念外,而达观其对象之形式"。壮美地死亡,是一种斗争,是一种纯粹的形式,而且是一种非人力所能抗的斗争。在这场斗争之中,不管是于多异的思想国度之中寻找根基性差异的谢阁兰,还是于古雅的思想谱系之中寻求贯通先民与来者的王国维,都没能保存自己的本能,自然也没有超越利害观念之外,而是将自己那份本该保存的本能交付了出去,以血的书写来完成帝国未尽的事业……可以说,这是于自我深处的斗争,这也是于自我深处的完成,因为这已然不再是为了那个现实帝国的完成,而是为了自我帝国的完成。这或许即是谢阁兰与王国维之同时代性的根本关联。哪怕他们似乎都有着对于夏季的担忧,而在夏季到来之前,匆匆地远赴绝对的世界[②],而他们的著作,则像是同时代性于帝国的

---

① [法]谢阁兰,《异域情调论》,第303页。
② 谢阁兰于1919年5月21日离奇死于自己家乡布列塔尼的密林之中,王国维于1927年6月2日自沉于颐和园的昆明湖。

铭写,如此铭写,空谷回响一般,于无所不在的罅隙之中如风一样地运动。

芬雷,散文随笔写作者,个人研究方向为元杂剧思想、冯梦龙小说和法国哲学。2007年在南京与朋友联合发起立足于民间合作、着力于写作实践、倾向于思想探索的青年学术团体"泼先生(Pulsasir)"。

异域之诗

《碑》,向书致敬

秦海鹰

> 你的行动总应落实于纸,因为沉思,
> 却不着形迹,终会渐渐消失。
>
> ——马拉美,《论书》

法语"menhir"一词的本义是"竖立的长石",主要用来指法国布列塔尼地区(亦即谢阁兰家乡)的一处重要文化遗存——"史前巨石阵"。与该词不同,法语中的另一个词"stèle"虽然也指竖石,但其准确含义是"经过磨制、刻有文字的纪念性竖石",也可以以换喻的方式引申为石头上刻录的文字本身。谢阁兰没有选用前一个词,而是选用后一个词来翻译中文的"碑"字,正是鉴于它的双重含义:"碑"和"stèle"一样,既是石头,也是文字。这个"碑"就是他所独创的"碑的样式"的"中国模子",这个字也直接出现在他为自己的诗集《碑》(*Stèles*)所配的中文书名"古今碑录"中。

那么,这个"中国模子"的样式作用体现在哪里呢?是在造型方面,还是在文体方面?把一部文学作品当作"碑"来谈论,这仅仅是一个并不新鲜的比喻吗?

要说清这些形式问题,首先需要区分作为纪念物的"碑"和作为诗文的"碑",区分造型样式和文学样式。这样我们就会发现,摆在我们面前的诗集《碑》其实包含了两个不同层面的研究对象:一个是《碑》这本书,另一个是"碑"这种诗,虽然谢阁兰从未做过这样明确的区分。当他谈论中国碑的启发时,他大多是以比较含混的方式使用"碑"这个字:"因此,我所借重的既不是'碑'的神,也不是'碑'的形,而是'碑'的样式。在我看来,碑的样式有可能成为一种新的文学样式……即一篇短小精悍的散文,它由一个长方形的边框包围着,面对面地呈现给读者。"可以看出,"碑的样式"在这里是作为"文学样式"来看待的,但诗人对它的描述却又包含了造型装饰方面的考虑。借助"碑"的歧义性,他其实是想把中国碑的外部特点也纳入他的文学样式中。在开启一种新的文本诗学之前,他邀请我们先从"碑"的物质形式来辨认其文类特征。

书　碑

如上所说,中文的"碑"在"刻有文字的竖石"这个含义上是法文"stèle"的对等词。不过"碑"在表达这一通常含义之前,还具有更古老的含义。该字最早出现在《礼记》和《仪礼》中。据《礼记·祭义》记载:"祭之日,君牵牲,穆答君,卿大夫序从。既入庙门,丽于碑。"据《仪礼·聘礼》记载:"上当碑。郑玄注:宫必有碑,所以识日景,引阴阳也。"谢阁兰把这两段中文认真抄录在他的手稿中,并把它们翻译成法文,在诗集《碑》的序言中加以引用(此处笔者从法文回译):"'祭祀的那一天,君王牵着献祭用的牲畜。当随行的队列走进大门,君王便把牲畜系在碑上'(以便它安静地等待屠宰)。""注释还写道:'每个寺庙都有自己的碑。人们借助它投下的阴影来测量太阳的时刻'。"

根据这两个历史文献以及其他相关研究资料我们可以知道,"碑"最早指的是一种石桩或木桩,上面没有文字,但常有一个圆洞("碑穿");这种"碑"在宫殿或庙宇前用作拴牲畜的桩子,在墓穴旁用作棺材下葬时的支撑物,平时也用作测量时刻的日晷。后来人们又在这类石桩上刻一些记录死者功德的文字,使石头与书写结为一体,即成为通常意义的"碑"。虽然刻石记功的传统始于秦始皇时代,但那时的"碑"不一定刻在磨制成形的石板上,也可以直接刻在山崖上,所以秦代的"碑"大多称为"刻石"。真正的"碑"大量出现于汉代,从汉代开始,"碑"字失去了最初的含义,专指刻有文字的纪念性石板。这些刻有文字的石板具有极高的史料价值,构成了研究古代中国的一种专门学问——"金石学",而收藏和鉴赏碑刻拓片也成为某些文人雅士的一大爱好。

谢阁兰这位来自"史前巨石阵"之乡的诗人,似乎对竖石类的文化符号有着天然的敏感,所以一到中国就被这里四处耸立的石碑,尤其是西安碑林所吸引。在他眼里,这些静止不动的石碑与摇摇欲坠的古老帝国形成了鲜明的对照。通过当时传教士出版的《汉学杂编》丛书,他初步了解了一些有关中国金石学的知识,做了相关笔记。在他的夹杂着汉字的法文手稿中,他抄写了《金石三例续编》、《汉石例》等中文书名,并概括了"碑"的几个用途:"1.宫殿的碑,石制,用于拴祭祀的牲畜,也用作日晷;2.木制的碑,立于墓穴两端,上有一个'圆孔',用于下棺;3.记录丰功伟绩的碑。"可以看出,祭祀、日晷、墓葬,中国碑的三个古老功能均已进入他的视野。不过,金石学本身并不是谢阁兰的兴趣所在,作为诗人,他在中国碑中发现了新的文学资源,他希望把中国碑的历史价值转化为象征价值,希望通过自己的诗碑来延续"祖传的功能":

> 一切依然如故,祖传的功能无一丧失:就像它保留了木碑上的圆孔一样,石碑也保留了祭祀石桩的用途,并且仍然测量一个时刻,但不再是白昼的太阳伸出阴影的手指指示的那个时刻。标志时刻的光芒不再来自那颗"残酷的卫星",也不随它转动。这是自我深处的认知的光辉:星球是内在的,瞬间是永恒的。(《碑》序)

我们现在看到的这本奇书正是从石碑到诗碑的转化结果,是"从中华帝国向自我帝国转移"的结果。当这本诗集于1912年在北京首次出版时,它的法文书名只有沉甸甸的一个字——

Stèles(《碑》)。

当然,一本书并不是一块碑,诗人并没有磨制和刻录一块石头,而是制作了一件与石碑等值的纪念物。作为诗人生前正式出版的唯一一本诗集,《碑》的装帧形式、纸张选择、版面编排,甚至字体和印章等各个环节均由他亲自设计和监制。该书虽然是以中国碑为"模子",但很大程度上应属于谢阁兰的原创,因为它并不是严格脱胎于某一块中国石碑,而是把多种中国文化元素重新组合在了一起。

首先,《碑》采用了樟木制成的木制封面,上面刻有"古今碑录"四个隶字(图 10),开本则按照西安碑林中的著名石碑"大秦景教流行中国碑"的长宽比例缩小而成的(图 11)。书的纸张选用了最适合书画的高丽纸,装帧采用了"经折装",即由一幅完整长卷反复折叠成长方形的一叠,共计 102 页。谢阁兰在为《碑》书的制作而写的"珍本说明"中解释说,这种联缀册叶式并不是

图 10　碑首版,1912

中国书籍的常见形式,但却是中国碑刻拓片图集的常见形式,所以更适合他的《碑》。

图 11　大秦景教流行中国碑,谢阁兰一行摄,1914
图-东方 IC

这种外部呈现方式所造成的"碑"的效果又在书的内部得到加强:诗页的排版吸收了中国书画布局的留白技法,空出了很宽的天和地;诗句的换行采取了首行突出、其余缩进的反常方式(据谢阁兰解释,这也是受中国书的排版方式的启发);每一首诗的右上角还配有一句中文题词,诗的四周则围以黑色边框,形成"有限空间"的视觉效果,使每一页诗都变成一页看得见的碑,中文题词相当于碑额,法文诗相当于碑身。此外,书中还有三枚用中文篆字刻写的印章,一枚为"古今碑录",重复了书的标题;另一枚为"秘园之印",是谢阁兰平时自用的闲章;最后一枚为"无朝心宣年撰"(套用"大清康熙年制"之类的表达格式),重复了全书第一首诗的中文题词,但印在书的最后一页,既有首尾呼应的效果,又起到款识的作用,使得整本书成为一件等待鉴赏和传世的艺术品。为了给书增加更多的象征价值,也仿佛是为了给身后的收藏家增添更多的乐趣,谢阁兰把《碑》的印数限定为 81 册,均为"非卖品",分别寄送给了"远西的读者"(即包括德彪西在内的法国文学艺术界的朋友)。他为自己保留了编号为 9 的一册,把编号为 1 的一册赠给了《碑》扉页上的受题献者克洛岱尔。

通过这些与书籍制作有关的形式元素,谢阁兰成功地建立了克洛岱尔所说的"诗的内容与诗的物质容器之间的必然关联"。克洛岱尔是和谢阁兰一样深受中国文化影响的法国诗人,而从法国诗歌源流的角度来看,他们两人都继承了象征派大师马拉美的"书的哲学"。在马拉美看来,书的排版制作本身就是一种"仪式",甚至书的"折页"也是一种"近乎宗教的指征","为灵魂奉上一块小墓地"[1]。不过,鉴于谢阁兰的双重文化修养,

---

[1] Mallarmé,《Le livre, instrument spirituel》(书,精神的乐器), *Oeuvres complètes*(马拉美全集), Paris, Gallimard,《Pléiade》,1945,第 379 页。

他对文学之"器"的这种考究态度,既是对马拉美诗学的呼应,也是对汉字象形表意原理的独特应用。马拉美认为,"书是字母的整体扩展",而在谢阁兰这里,《碑》书俨然是"碑"字的整体扩展。正如谢阁兰在《碑》的序言中所说,"汉字不表达,它们示意,它们存在",同样,《碑》这本书的呈现方式本身已经使它成为一个如象形字一样的"随着物体的曲线而弯曲的赤裸象征":《碑》就是"碑"。

诗 碑

如果说《碑》这本书的装帧形式是在刻意模仿中国碑的样子,那么《碑》中的法文诗的形式则很难与中国诗的某一种样式相对应。原因很简单,中国并没有"碑"这种诗歌样式,中国石碑上的文字本身并不没有固定的文体要求,可以是诗,也可以是散文,还可以如"石经"那样刻录完整的儒家经典。有学者认为,严格地讲,"碑"指的是刻字的石板,而不是一种文体,因为"碑"不构成一种文章体裁。这样看来,在谢阁兰的碑体诗和中国的碑文之间确实很难建立某种形式上的关联。不过我们仍然可以略微回顾一下中国古代学者对碑的分类问题的探讨,其中或许能发现一些与谢阁兰的《碑》有关的可比因素。

由于中国历史上流传下来的碑文数量庞大,所以某些文集也不得不将它们当作一类文章来收录。中国最早的诗文选集——南朝梁代萧统(501—531)所编的《文选》即把"碑文"作为其三十八类文章中的一类。还有一些古代文论家则把"碑"直接当作文章体裁来谈论,其中最有代表性的就是与萧统同一时代的刘勰(约465—521)。在《文心雕龙》"诔碑"一章中,刘勰除了回顾石碑的历史,还重点论述了碑文的体裁特点。他把墓碑上刻录的悼念死者的碑文作为"碑"这种体裁的范本,所以"碑"和"诔"被归于同一种类;他也提到"碑"作为体裁的名称其实是"因器立名"。刘勰还从结构上把"碑"分为序言和正文两部分。碑的序言具有叙事和传记的性质,用来追溯死者的生平,罗列其丰功伟绩,一般用散文体,碑的正文则主要是颂扬,一般用韵文体[1]。从这个层面来看,虽然谢阁兰的碑体诗的结构与刘勰所描述的碑文的结构特征并不相符,但《碑》这部诗集的整体结构却与之完全相符:诗集《碑》的序言部分起到了刘勰所说的"其序则传"的作用,只不过谢阁兰并不是为某个死者立传,而是为他所迷恋的中国"碑"本身"树碑立传";《碑》中的具体诗篇则对应于刘勰所说的碑的正文,起着颂扬的作用,只不过它们颂扬的不是历史上的某个帝王将相,而是诗人"自我帝国"中的帝王。

虽然从文体结构的角度讲,谢阁兰的碑体诗与刘勰所说的"碑"有一定的相似性,但总体而言,在谢阁兰发明的这种奇特的文学样式中,"中国模子"的作用主要还是体现在《碑》这本书的制作上。我们不妨说,1912年版的《碑》是一本体现了谢阁兰诗

---

[1] 参见刘勰《文心雕龙·诔碑第十二》:"夫属碑之体,资乎史才,其序则传,其文则铭。"

学探索的"概念书",它使书的制作本身也成为其新的文学样式的一部分。只是这个新样式可能永远不能成为真正的"文学种类",这不仅因为《碑》这个独一无二的样式并不具有多个作家和多个作品的共通性,无法成为一"类",而且因为从物质手段上讲,《碑》这本书几乎已经无法原样复制,即便能做到,也将会相当昂贵。

随着出版技术的不断现代化,《碑》的各种新版本越来越简易,越来越普及,但也越来越少了"碑"的质感。当这本诗集以电子版的形式进入网络,成为虚拟的书,它终于失去了最后一层坚实的外壳——纸和墨。对于谢阁兰所奉行的"书的哲学"而言,这既像是一种嘲讽,又像是一种新的祝圣仪式,因为作为物质实体的书消失了,却换来了作为精神产物的书的更广泛传播。谢阁兰在《碑》的序言中说过,"铭文和方石,这就是整个的碑——灵魂和躯体,一个完整的生命"。如果"碑"的躯体不复存在,"碑"的灵魂是否会因脱离了沉重的"石身"而愈加纯粹,愈显荣耀? 抑或会因失去了它的"小墓地"而无处栖居?

无论怎样,面对书的非物质化进程的日益加快,我们今天更加珍惜和怀念一百年前出版的这本厚重的、可以触摸、可以平放着翻开,也可以像石碑一样竖立、邀我们在它面前驻足和凝视的文化纪念物。

本文原载于冯达(Marc Fontana)主编,《谢阁兰〈碑〉(1912—2012)》展览图册(展览时间:中国国家图书馆 2012 年 8

月29日至9月12日,北京法国文化中心2012年9月15日至10月15日),北京法国文化中心出版,2012年。

秦海鹰,北京大学法语系教授,主要研究领域为法国现当代文学与文论、20世纪法国作家与中国;出版有专著《谢阁兰与中国——跨文化互文性写作》(*Segalen et la Chine. Écriture intertextuelle et transculturelle*, Paris, L'Harmattan, 2003),与车槿山合译谢阁兰诗集《碑》(生活·读书·新知三联书店,1993年;上海人民出版社,2009年)。另有译作让-皮埃尔·韦尔南(Jean-Pierre Vernant)著《希腊思想的起源》、蒂埃里·德·迪弗(Thierry de Duve)著《艺术之名》、埃德加·莫兰(Edgar Morin)著《方法:思想观念》等。

谢阁兰的《碑》汉语证源

车槿山

谢阁兰(Victor Segalen,1878—1919),是一个与中国有不解之缘的法国作家,被人戏称为"中国诗人"。他的代表作《碑》(Stèles)更是从形式到内容都深深地打上了中国文化的烙印,是名副其实的法汉双语诗集。《碑》初版于1912年,分为六章,收诗六十四首。封面上题有"古今碑录"四个隶书汉字,每章前依次写有"南面"、"北面"、"东面"、"西面"、"曲直"、"中"这几个草体汉字,每首诗还冠上了一句正楷书写的汉语题铭。这一切显而易见地表明了作者试图用中国的碑刻作为其诗集统一艺术形象的努力。

我们知道,在中国历史上秦始皇刻石记功,开立碑之风,以后碑碣渐多,甚至产生了专门的碑学。谢阁兰是一个敏感的诗人,当他来到中国时,随处可见的石碑强烈地打动了他,唤起了他的激情和灵感。在他看来,中国的石碑外表庄严肃穆,语言文字典雅高贵,是形式与内容高度和谐的艺术品,并且是永恒不朽的艺术品,因为这些石碑经历了千百年的风风雨雨,无数次的改朝换代,却完好地保存了下来。于是,诗人投身到变中国的石碑为自己的"诗碑"的创作中,而中国石碑的特点则成了诗人在诗集中追求的艺术目标。这就是"古今碑录"的含意所在。

诗集内部结构也是有意模拟中国石碑的方向性安排的,对此谢阁兰在诗集的前言中有详尽的解释。"南面"一章中的诗篇,大多涉及帝王圣贤、政治宗教之类的主题;"北面"则以友谊为主题;"东面"是爱情诗;"西面"是武功歌;"曲直"是一些杂诗,无论从其内容看,还是从此章的法文标题"路边之碑"看,这些诗都经常和诗人在中国的旅行有关;"中"是诗人心灵的象征,其中的诗或描绘诗人的精神世界,或抒发个人情感,或表达某种美学、哲学思考,是诗集中最重要的一章。众所周知,在中国以面向南为尊位,因此帝王之位南向,居帝王之位称为"南面"。《易·说卦》:"圣人南面而听天下,向明而治。"其他的方向似乎并没有多大讲究,但无论如何,谢阁兰是严格地按自己所理解的石碑方向性来结构诗集的。另外,我们知道,中国古代建筑由于封建政治的缘故,往往是方方正正,中轴对称,坐北朝南,这对作者也是一种启示。

至于诗集中每首诗之前加上的汉语题铭,这当然是诗人追求"诗碑"与石碑统一的又一努力。下面我们就来重点讨论一下这些汉语词句的来源。

首先,我们把确实有碑可本的汉语词句说明如下:

《光明的宗教》(Religion Lumineuse)一诗的汉语题铭是"大秦景教流行中国碑",这是一块颇有名气的碑刻。"大秦"是中国古代对罗马帝国的称呼,"景教"是唐代传入中国的基督教,属聂斯脱利派。太宗贞观九年教士阿罗本由波斯来到中国,在长安传授此教。武宗于会昌五年下诏取缔佛教,该教也遭波及,很快便中断。此碑立于德宗建中二年,明天启五年出土,现藏西安碑林博物馆。"大秦景教流行中国碑"几字刻于碑身,楷书。此碑的出土曾在欧洲引起相当大的反响,因为它证明远在耶稣会教士来华之前基督教就已经传入中国了。伏尔泰及许多法国十八世纪哲学家都曾激烈地否认此碑为真品。《光明的宗教》一诗,评论者一般认为是对基督教的抨击。谢阁兰的母亲是虔诚的天主教徒,对其子管束甚严,结果大概是物极必反的道理,他却成了坚定彻底的反宗教主义者。汉语题铭本身与诗的倾向性并没有多大关系,诗人只是借题发挥,通过这件宗教文物,联想到宗教本身,阐述自己对宗教的态度。

《卧龙颂》(Hymne au Dragon couché)一诗的汉语题铭是"龙可起矣毋泥蟠",出自光绪七年立于南京的一块碑刻,韩弼元撰并书,题为"金陵诸葛武侯祠迎神送神辞并序"。略去序,正文录于下:"卧龙蛰兮天地闭,风怒号兮日月翳,严寒中人颜色悴。卧龙跃兮阴霾开,沛大泽兮澹群灾,熙熙万家登春台。酌桂椒兮奠薜荔,洁牺牢兮热兰蕙,敷衽陈词企侯台。侯之来兮纷云旗,前风伯兮后雨师,声灵赫濯鞭霆雷。侯不处兮我心戚,兽蹄纵横交鸟迹,救世需才谁禹稷?祝申甫兮降嵩山,佐圣明兮除凶顽,龙可起矣毋泥蟠。"比较一下中法文诗,不难看出法文诗的开头部分是纯粹的译文,且两首诗在风格、意境、思想上也有很多相似之处。"龙可起矣毋泥蟠"是碑文的最后一句,写得相当精巧。我们知道,卧龙在中国古代用以比喻隐居的俊杰,例如《三国志·蜀志·诸葛亮传》"诸葛孔明,卧龙也"。另外,南京地形向有龙蟠虎踞之称,张勃《吴录》:"刘备曾使诸葛亮至京,因睹秣陵山阜,叹曰:钟山龙蟠,石头虎踞,此帝王之宅。"韩弼元当然是有意在诗中套用了这两个典故,名为咏诸葛,其实未必不是抒发自己的情怀。而谢阁兰起码对卧龙在中文里的意义理解得还是不错的,他也是借卧龙这一生动的形象寄托自己的理想,有点"诗言志"的味道。

《泪碑》(*Stèle des pleurs*)一诗的汉语题铭是"堕泪碑",显然法文诗标题是从中文翻译而来。"堕泪碑"几个字本身并不是碑文,但历史上确曾有过此碑。《晋书·羊祜传》记载说,羊祜镇守襄阳,受人爱戴,死后当地人士于岘山他生前游憩之所为他建碑立庙,每年祭祀,见碑者莫不流泪。其后任杜预称此碑为"堕泪碑",意思是见碑思人,不禁泪下。《碑》的研究者中似乎还没有人提到过此典的来源,其实这本该是比较容易的,因为谢阁兰在手稿中曾注过一笔,提到羊祜的名字,只是与现在通行的拼音转写略有出入罢了。法文诗是有感于"堕泪碑"这种令人伤感的形象,把此碑拟人化,作为悲痛的象征,表现其与各种人的关系。

《神道碑》(*Stèle du chemin de l'âme*)一诗的汉语题铭是反写的,正过来念是"太祖文皇帝之神道",这是位于南京郊区丹阳县萧顺之墓道两侧石碑上的文字。萧顺之是梁代开国皇帝萧衍之父,萧衍自号高祖武帝,封其父为太祖文皇帝。萧顺之墓道两侧各有一碑,碑文相同,但左石为正书,右石为反书,我们在诗集中看到的就是右石上的反书。晚晴来华传教士创办的刊物《汉学杂编》第33期上曾登过一篇介绍此正反两碑的文章,并印出了拓迹,谢阁兰大约读过此文,也有人说他曾亲眼见过这两块石碑。我们知道,他于1917年第三次来中国时,曾在南京郊区考察过南朝梁陵。他是否见过此碑,这并不重要,他唯一感兴趣的地方就是碑上的反书,他的诗是对这种反书的象征意味展开的哲学思考。

以上是《碑》中仅有的四处真正与中国碑刻有关的汉语题铭。《碑》中汉语词句主要还是来源于中国的古籍,谢阁兰本人并不见得真正通读过原书,大约还是在读了法译本之后,有选择地看过一些章节,摘录出一些词句。另外,当时流行的法译本中国经史子集,大部分都是法汉对照本。

《诗经》是中国第一部诗集,在中国文学史上占有极其重要的地位。谢阁兰作为一个诗人,对这部诗集给予了足够的注意。《碑》中的汉语题铭出自《诗经》的就有六处之多,分述如下:

"无灾无害,弥月不迟,是生后稷"见于《鲁颂·閟宫》。原诗是鲁大夫公子奚斯赞扬美僖公恢复疆土、修建宫室的歌功颂德之作,开头部分有"上帝是依,无灾无害。弥月不迟,是生后稷"这几句指的是历史上关于周人起源的一段传说,《诗经·大雅·生民》和《史记·周本纪》也都记载了这段故事,内容与法文诗

《赞一个西方贞女》(*Eloge d'une vierge occidentale*)中的叙述大同小异。大意是说,有邰氏女子姜嫄因踩到上帝的足迹而怀孕,满月后顺利地生下了周人的始祖后稷。姜嫄以为不祥,便把后稷先后丢弃在小巷里、树林中、寒冰上,但依次被牛羊、樵夫和飞鸟救起。姜嫄只好收养下来,并取名弃。而后稷天生会种庄稼,所以被祀为农神。其实,在中国历史上,类似的神话比比皆是,不可胜数。不过,谢阁兰却在这里找到了一个极好的口实,他在诗中用姜嫄影射圣母,以后稷暗喻耶稣,通过这段传说来嘲讽基督教。事实上,这段神话故事也确实和耶稣诞生的宗教传说十分相似。

"求友声"见于《小雅·伐木》:"嘤其鸣矣,求其友声。相彼鸟矣,犹求友声。矧伊人矣,不求友生?"此后,"求友声"成为常用典故,比拟对友情的追求,在诗文中屡见不鲜,例如,范成大《咏河市歌者》:"可怜日晏忍饥面,强作春深求友声。"谢阁兰给自己的法文诗《忠诚的背叛》(*Trahison fidèle*)冠上"求友声",是借用其象征友谊的内涵,引出友谊主题,说自己的诗是"求友声"。另外,法文诗在内容上和中国另一段传说有关,即在中国家喻户晓、妇孺皆知的伯牙和钟子期的故事。这个故事古籍中记载很多,到明清话本发展成为一篇完整的文学作品。司马迁《报任安书》:"盖钟子期死,伯牙终身不复鼓琴",而在谢阁兰的诗中,琴师虽然离开了知音,却仍为故友弹唱,这就是所谓"忠诚的背叛"。

《请愿书》(*Supplique*)一诗,研究者一般认为没有中国文化来源,这显然不正确。此诗的汉语题铭"月出照兮,劳心惨兮"出自《陈风·月出》,第三段是"月出照兮,佼人燎兮,舒夭绍兮,劳心惨兮"。"劳心"是忧心之意,"惨"即"懆",指忧愁貌。《诗序》:"《月出》一诗刺好色也。"但现代研究者一般均认为这篇著名的抒情诗抒发的是月下怀念美人之情,写得情景交融,优美动人。谢阁兰的诗正是借用了《月出》中月下徘徊、缠绵悱恻的意境和氛围,诗人设想自己就是那个多情男子,柔声呼唤着一个可望不可及的神秘美女,却又要求她保持沉默,不要回答。法文诗写得非常典雅,极富音乐性,与《月出》在风格上相似之处甚多。

《暧昧的妹妹》(*Soeur équivoque*)一诗,一般也认为没有什么中国书本来源,但至少此诗的汉语题铭"女子有行远兄弟"出自《诗经》。《邶风·泉水》、《鄘风·蝃蝀》、《卫风·竹竿》这三篇诗中,四次出现"女子有行远父母兄弟"或"女子有行远兄弟父母"的句子。这里的"行"是出嫁之意,闻一多《通义》:"女子谓嫁,一曰适,行亦犹适也。"《泉水》、《竹竿》二诗是有定论的女子出嫁后思父母、念故国之作,"蝃蝀"似有分歧,略去不谈。谢阁兰正是在这个"行"字上作文章,在诗中描写了和一个身份不定的姑娘的暧昧关系,"她不是妹妹,不是朋友,不是情妇,不是恋人",然而她一出嫁,这种朦胧美便荡然无存,令人慨叹不已。另外,布伊埃(Henry Bouillier)先生在他那部著名的《碑》评注本中采用的此诗汉语题铭翻译是:"Femme vertueuse, tu ne pourrais pas être ma soeur",这里显然把"女子有行"错误地理解成了"女子有德",正确的翻译应为"La jeune fille qui se marie quitte ses frères"。

"虽则七襄,不成报章"见于《小雅·大东》。全诗很长,和法文诗有关的段落录于下:"跂彼织女,终日七襄。虽则七襄,不成报章。睆彼牵牛,不以服箱。东有启明,西有长庚。有捄天毕,载施之行。维南有箕,不可以簸扬。维北有斗,不可以挹酒浆。""七襄"意为七次移动位置,郑玄《笺》:"襄,驾也;驾,谓更其肆也。从旦至暮七辰,辰一移,因谓之七襄。""报章"意为织而成章,陈典《传疏》:"报亦反也,反报亦反复。"上面所录诗句都是讽喻天上星宿有名无实,美而无用。谢阁兰在法文诗《庸匠》(*Les Mauvais artisans*)中是反其意表达诗人自己的美学思想,认为天上的星宿虽然无用,但它们发光,因此很美。法文诗结尾部分除外,基本上是前面所引中文诗的翻译,有趣的是,其中的星宿全保留了汉语中的名称:"la Navette"是织女星,"le Taureau"是牵牛星,"le Filet"是天毕星,"le Van"是簸箕星,"la Cuiller"是南斗星。这对不懂中文的法国人来说真成"天书"了。

"駉駉牡马,在坰之野"见于《鲁颂·駉》,全诗共四段,每段都以"駉駉牡马,在坰之野"开始。"駉駉",马肥壮貌,《传》:"駉,良马腹干肥张也。""坰",遥远的野郊,《尔雅·释地》:"邑外谓之郊,郊外谓之牧,牧外谓之野,野外谓之林,林外谓之坰。"在《碑》中,这句汉语题铭中的"駉駉"和"坰"的书写皆有误。《駉》诗中有"思无疆"、"思无期"、"思无斁"、"思无邪"等句,其中的"思"字向来有两种不同解释,一说助词,另一说是"谋虑"、"思考"之意。谢阁兰大约是取了后一种意思,所以法文诗《狂奔的战车》

(*Char emporté*)一诗以群马起兴,转而描绘诗人自由驰骋、无边无际的思想。中文诗和法文诗在意境、节奏、用词上相似之处甚多。

《碑》中汉语题铭的书本来源当然不仅仅限于《诗经》,下面我们再略举几例出自其他典籍、较为生僻的汉语词句。

"山野之人,于时无用"见于《宋史·隐逸传·陈抟》:"因遣中使送至中书,琪等从容问曰:先生得玄默修养之道,可以教人乎? 对曰:抟山野之人,于时无用,也不知神仙黄白之事、吐纳养生之理,非有方术可传。假令白日冲天,亦何益于世?"陈抟是五代宋初道士,隐居华山,有著作多种,尤精于易学,并好导养还丹之事。宋太宗曾两次召他进京,待之甚厚,赐号希夷先生。谢阁兰的诗《对一个隐士的敬意》(*En l'honneur d'un sage solitaire*)是皇帝和隐士之间假想的对话,与《宋史》记载大同小异。

"王西征于青鸟之所憩"出于《竹书纪年·周纪》:穆王"十三年,西征,至于青鸟之所憩"。周穆王巡游遇西王母乐而忘归的传说在古籍中有不少记载,尤以《穆天子传》最详。谢阁兰的诗《出发》(*Départ*)写得带有神秘色彩,他用穆王统治的中国来比喻现实世界,用西王母秉政的西域比喻想象世界,"西征"则象征从理性到非理性的精神探索,而这在西方文学中恰恰是"东征"经常具有的内涵。

《向理性致敬》(*Hommage à la raison*),一诗的汉语题铭"其国无师长,其民无嗜欲",布伊埃先生说是谢阁兰自造的,其实这段文字出于《列子》:"黄帝昼寝而梦,游于华胥氏之国……其国无师长,自然而已。其民无嗜欲,自然而已。"故事叙述了一个带有神话色彩的理想国,后黄帝依其榜样达到天下大治。谢阁兰的诗与这段故事本身关系不大,只是采用了汉语的字面意义,引出自己的诗歌。全诗从标题到内容都是对人们轻信和愚昧的嘲讽。

"班瑞于群后",出自《尚书·尧典》:"正月上日,受终于文祖。在璇玑玉衡,以齐七政。肆类于上帝,禋于六宗,望于山川,遍于群神。辑五瑞。既月乃日,觐四岳群牧,班瑞于群后。"这段文字记述了尧禅位,舜继位的情况。谢阁兰在《印模》(Empreinte)一诗中用舜分发作为信物的玉圭(瑞)给诸侯一事,比喻自己把友谊也像信圭似的给了别人,但后来却发现信圭和印模不能吻合,友谊破裂了。对此,诗人感到迷惑不解,不知是别人变了还是自己变了。其实,谢阁兰在这里犯了一个知识性错误,把"圭"与"符"这两种不同的信物弄混了。"符"是春秋才开始使用的朝廷传令、调兵的凭证,分为两半,各执其一,合之以验真伪,这就是我们今天所说的"合符"或"符合"的来历。另外"合符"是同器相合,不是像他以为的那样与印模相合,而"圭"则不存在"合符"的问题。

"人以铜为镜,人以古为镜,人以人为镜"见于《资治通鉴·唐纪》:"人以铜为镜,可以正衣冠;以古为镜,可以见兴替;以人为镜,可以知得失。魏征没,朕亡一镜矣。"《贞观政要》、《新唐书》等书中也有大同小异的文字。这是唐太宗在魏征去世后所发的为政处世的议论。谢阁兰的诗《镜子》(Miroirs)化用、发挥了这段名言,最终成为一首以友谊为主题的诗。

"之死而致死之不仁,之死而致生之不知"见于《礼记·檀弓》:"孔子曰:之死而致死之,不仁而不可为也;之死而致生之,不知而不可为也。"孔子在这里谈的是以中庸之道对待死人的态度和礼节。谢阁兰在《吸血鬼》(*Vampire*)一诗中引用这段话却是为了反衬友谊的极端表现,而且他大约是为了对偶更为工整,还对这段文字做了一点小改动:"把活人当死人对待,多么不人道! 把死人当活人对待,多么不明智!"至于诗中反复出现的"吸血鬼"这一意象倒并非中国所特有。在十八世纪,中欧国家曾被吸血鬼迷信弄得天翻地覆,鸡犬不宁,人们到处挖掘墓地,焚烧尸体以消灭吸血鬼。而在十九世纪浪漫主义兴起时,吸血鬼在文学作品中得到了大量表现,是很流行的题材。爱尔兰作家斯托克(Bram Stoker)的小说《德拉库拉》(*Dracula*)是这类作品中名气最大的一本。

"嫠也何害先夫当之矣"见于《左传·襄公二十五年》:"齐棠公之妻,东郭偃之姊也。东郭偃臣崔武子。棠公死,偃御武子以吊焉。见棠姜而美之,使偃取之。偃曰:男女辨姓,今君出自丁,臣出自桓,不可。武子筮之,遇困之大过。史皆曰:吉。示陈文子,文子曰:夫从风,风陨,妻不可娶也。且其繇曰:困于石,据于蒺藜,入于其宫,不见其妻,凶。困于石,往不济也。据于蒺藜,所恃伤也。入于其宫,不见其妻,凶,无所归也。崔武子曰:嫠也何害? 先夫当之矣。遂取之。"崔武子说棠姜是寡妇(嫠),她的前夫棠公已当此凶,这当然是托词。法文诗《有人对我说》(*On me dit*），表现的也正是这种不顾一切追求爱情的勇气，全篇基本上是简述了上面的引文。值得特别指出的是，本来在原文中没有什么诗歌价值可言的卦辞，在法文诗中却产生了强烈的诗意，使这首诗优雅而又神秘，有人曾为之谱曲演唱。

"他日再生当令我得之"见于《金史·忠义传·完颜陈和尚》："时欲其降，斫足，胫折不为屈，割口吻至耳，噀血而呼，至死不绝。大将义之，酹以马湩，祝曰：好男子，他日再生当令我得之。"完颜陈和尚是金末将领，女真族人，与蒙古军作战多次大捷，后兵败被俘，拒降被杀。法文诗《蒙古人的奠酒》（*Libation Mongole*）基本上就是再现了上面的就义场面。

"死当为厉鬼以杀贼"见于《资治通鉴·唐纪》："癸丑，贼登城，将士病，不能战。巡西向再拜曰：臣力竭矣，不能全城，生既无以报陛下，死当为厉鬼以杀贼！"这里讲的是张巡的事迹，他是唐邓州南阳人，开元进士，安史之乱时起兵抵抗安禄山军，后移守睢阳，在内无粮草、外无援兵的情况下，坚守不屈，城破被杀。法文诗《血书》（*Ecrit avec du sang*）基本上就是再现当时悲壮惨烈的战斗场面。

"胜则洗而以请"见于《论语·少仪》："侍射则约矢，侍投则拥矢。胜则洗而以请，客亦如之。"这里是指在射箭、投壶游戏中罚酒的礼制，而谢阁兰在《礼貌》（*Courtoisie*）一诗中，不知是有意还是无意，把这当成了战争中胜者对败者应有的礼貌。

"故君子贵之也"见于《礼记·聘义》："子贡问于孔子曰：敢问君子贵玉而贱珉者，何也？为玉之寡而珉之多与？孔子曰：非为珉之多故贱之也,玉之寡故贵之也。夫昔者君子比德于玉焉:温润而泽,仁也;缜密以栗,知也;廉而不刿,义也;垂之如坠,礼也;叩之其声清越以长,其终诎然,乐也;瑜不掩瑕,瑕不掩瑜,忠也……诗云:言念君子,温其如玉。故君子贵之也。"法文诗《玉颂》(*Eloge du jade*),基本上就是意译了上面孔子说的话,谢阁兰本人也不否认这点。

"人无识者"出自《列子·天瑞篇》:"子列子居郑圃,四十年,人无识者。"但谢阁兰的诗《智慧碑》(*Table de Sagesse*)的内容则化用了商王武丁的大臣傅说的故事,见于《史记·殷本纪》:"武丁夜梦得圣人,名曰说。以梦所见视群臣百吏,皆非也。于是乃使百工营求之野,得说于傅险中。是时说为胥靡,筑於傅险。见于武丁,武丁曰是也。得而与之语,果圣人,举以为相,殷国大治。故遂以傅险姓之,号曰傅说。"

"日亡吾乃亡耳"见于皇甫谧《帝王世纪》:"四十岁,王与群臣俱湎于酒。群臣相持歌曰:乐兮,乐兮!四牧跤兮,六辔沃兮,去不善而从善,何不乐兮?伊尹知天命之至,举觞而告桀曰:君王不听臣之言,亡无日矣。桀拍然而作,哑然而笑,曰:子何妖言!吾有天下,如天之有日也。日有亡乎?日亡,吾乃亡耳。"这里的君王是中国历史上以荒淫暴虐闻名的夏桀。但在《纵乐的君王》(*Prince des joies défendues*)一诗中,诗人不仅对他没有针砭之意,而且还表示了某种程度的赞赏,当然他并不是在评说历史人物的功过,而是在表现自己蔑视道德规范、追求自由意志的思想。在谢阁兰另一本与中国有关的诗集《画》(*Peintures*)中,诗人则较忠实地描绘了夏桀的肖像。

除以上所举几例外,出自中国典籍的汉语题铭还很多,其中有些是我们相当熟悉的,如"君子耻其言而过其行"、"夫妇有别"、"不为而成"、"名可名非常名"等,在此就不一一赘述了。

《碑》中的汉语题铭除了以上直接来自书本的以外,还有相当一部分是汉语习语、历史典故、中国固有事物或固有习俗等,这些词句往往有独特的中国色彩,在典籍中出现频率相当高,很难确切指出谢阁兰到底取自哪本书,而且他多半不是从书本中找到的,而是在中国生活时耳闻目睹,留下深刻印象,于是信手拈来用于诗集中。

"覆水难收"是我们直至今日仍常用的成语,比喻事成定局,无法挽回。相传汉朝朱买臣初时家贫,其妻自愿离异,后买臣富贵,妻又求合。买臣取盆水倾泼于地,令其妻收取,表示夫妻离异就不能再合。一说为周代姜尚与其妻马氏的故事,《后汉书》载太公答马氏诗:"若能离再合,覆水岂难收。"谢阁兰多半是知道这一成语来源的,所以在《我的恋人有水的品性》(*Mon amante a les vertus de l'eau*)一诗中把情人比作水,像水一样难以捕捉,这和中国人说女人杨花水性相近,但却不是贬义。

"乐石"指可做乐器的石料。《古文苑·秦始皇峄山刻石文》中有"刻此乐石,以著经纪"之句,大约是该词的最早出处。谢阁兰在《音乐石》(*Pierre musicale*)一诗中讲述了中国古代萧史和弄玉的故事,这段故事很有名,许多书中都有提及,尤以《列仙传》较详。大意是说秦穆公之女弄玉喜吹箫,有人献穆公一块玉石,穆公便命人将此石做成箫,送与弄玉。后穆公将女嫁给同好吹箫的萧史,并筑台为他们居住。数年后,弄玉乘凤,萧史乘龙,升天而去。谢阁兰是为这段美丽传说所感动,想象自己的诗也有这种乐石的魅力:"抚摸我吧,这些声音都居住在我的音乐石中。"

"记珠"就是记事珠。传说有人送给唐朝宰相张说一颗珠子,名曰"记事珠"。王仁裕《开元天宝遗事·记事珠》:"或有阙忘之事,则以手持弄此珠,便觉心神开悟,事无巨细,涣然明晓,一无所忘。"在《记忆之珠》(*Joyau mémorial*)一诗中,诗人幻想通过记事珠回忆自己的过去,结果发现不堪回首。

"讳名"是中国旧时的习俗,一般对帝王或尊长不直称其名,谓之避讳,谢阁兰是想借这一习俗,说明"真名"总是隐藏的,不为人所知。法文诗《隐藏的名称》(*Nom caché*)的创作据说是从一件有趣的小事上得到启发。有人曾偶尔指给谢阁兰看刻在故宫引水渠中的"北京"二字,这是北京城唯一刻有这两个字的地方,但平时却被水淹没了,只有在冬天枯水季节才显露出来。谢阁兰的小说《勒内·莱斯》(*René Leys*)中也提到此事。

类似上述情况的汉语题铭还很多,例如:"万岁万万岁"、"万里万万里"、"封官"、"钦此"、"陆海"、"混沌""飞檐"、"紫禁城"等。

以上所谈《碑》中的汉语词句,虽然来源复杂,终归还有源可寻,但另有一些汉语词句却是无源可寻的。显然,诗人利用自己所掌握的汉语知识组成了这些词句。这些自造的词句在中国人看来往往有些别扭、生硬,尽管并非不合语法。

《碑集》开篇第一首诗《无年号》(*Sans marque de règne*)的汉语题铭"无朝心宣年撰",文字佶屈聱牙,几不可读,是谢阁兰自己生造的。诗人是模仿中国石碑的落款"X 朝 X 年撰",说自己的诗撰写于"无朝""心宣年"。这首诗无论从它在诗集中的位置看,还是从它的内容看,都是谢阁兰的一篇诗歌宣言,阐明了诗人所遵循、追求的诗歌宗旨,即他的诗歌要表现永恒的心灵世界:"我聆听未道之言,服从未颁之令,崇拜未竟之业,用我的欢乐、我的生命、我的虔诚昭示无纪年的统治、无登基的朝代、无人的名、无名的人、上天包容而人类却未领悟的一切。"另外,"无朝心宣年撰"一句大约是谢阁兰的得意之笔,他曾请人将此句刻成章,印在《碑》初版的最后一页上。

《从远方》(*Des Lointains*)一诗汉语题铭是"死朋生友",谢阁兰加注说是自己违反中国习惯硬造的,因为中国人忌讳用"死"字。他不知道,其实汉语中确实有类似的说法,只是与他想表达的意义不尽相同。《后汉书·范式传》:"范式与张劭为友,劭病笃,同郡郅君章、殷子微晨夜省视之。元伯临尽叹曰:恨不见吾死友!子微曰:吾子君章尽心于子,是非死友,复欲谁求?元伯曰:若二子者,吾生友耳。山阳范巨卿,所谓死友也。"

"童女之颂"当也属诗人的杜撰。谢阁兰在《少女颂》(*Eloge de la jeune fille*)中表示,他就是要和别人唱反调,不歌颂那些"贤妻"和"顽固的寡妇",而赞扬"有乳未哺、有心未爱、有可以怀胎的肚子却仍然端庄地未孕的少女"。作者大约是先做诗,再造相应的汉语句子来概括诗歌内容。

"窙颂"也是谢阁兰自己造的。"窙"是一个极生僻的古汉字，早废弃不用。《说文解字》："窙，宫不见也，阙。"一般中国人当然很难想象"窙"有何可颂之处。法文诗《无形的力量和赞词》(*Eloge et pouvoir de L'absence*)，如题目所示，很容易让人联想到一些本体论或认识论的问题，如现象与本质、思维与存在，或中国哲学中的"有"与"无"、"虚"与"实"等。在这里，谢阁兰和老子很相近，也认为"无"比"有"更为根本，更有力量，因而加以歌颂。另外，这首诗的内容与秦始皇的一个故事有关，为了读者能与法文诗对照，从《史记·秦始皇本纪》中把有关段落摘录于下："卢生说始皇曰：臣等求芝奇药仙者常弗遇，类物有害之者。方中，人主时为微行以辟恶鬼，恶鬼辟，真人至。人主所居而人臣知之，则害于神。真人者，入水不濡，入火不爇，陵云气，与天地久长。今上治天下，未能恬倓。愿上所居宫毋令人知，然后不死之药殆可得也。于是始皇曰：吾慕真人，自谓真人，不称朕。乃令咸阳之旁二百里内宫观二百七十复道甬道相连，帷帐钟鼓美人充之，各案署不移徙。行所幸，有言其处者，罪死……自是后莫知行之所在。听事，群臣受决事，悉于咸阳宫。"

除以上几例外，疑是谢阁兰自造的汉语题铭还有"诒卜皇陵"、"东向形，北向心"、"撕绸倒血"、"目井"、"云碑"、"敬避字，敬忘名"、"西夷碑"、"上平下乱"、"为自难"、"心师之神"、"地下心中"等等。

综上所说，我们可以看出《碑集》中的汉语题铭来源多样，内容庞杂,与法文诗有千丝万缕的有机联系。它们并非诗集中追求异国情趣的装饰性点缀,而是以暗示、象征、反衬、总括等各种方式直接或间接、正向或反向地与诗歌主题、诗人思想发生关系的不可或缺的重要组成部分。这种汉语和法语、中国文化和西方文化在一本诗集中的同存共处以及它们之间的影响、交叉、冲突、融合,形成了一种罕见的互文现象,要求互文性阅读,因此,从这个道理上说,这些汉语题铭是正确理解这本诗集及其作者的钥匙。遗憾的是,这个问题似乎至今为止还没引起研究者的足够重视。

当然,研究谢阁兰的《碑》与中国文化的关系应该在不同的层面上进行,值得探讨的问题也还很多,汉语证源只是可做的工作之一。

本文原载于《国外文学》1991年第2期,此次重发有所修改。

车槿山,北京大学中文系教授,主要研究方向为比较文学。与秦海鹰合译谢阁兰诗集《碑》(生活・读书・新知三联书店,1993年;上海人民出版社,2009年)。另有译作洛特雷阿蒙(Lautréamont)著《马尔多罗之歌》(*Les Chants de Maldoror*)、利奥塔尔(J.-F. Lyotard)著《后现代状态》(*La Condition postmoderne*)、波德里亚(J. Baudrillard)著《象征交换与死亡》(*L'Echange symbolique et la mort*)等。

略论谢阁兰笔下友人与爱人的象征意义

邵 南

绪 言

1907年,在谢阁兰发表小说《在声音的世界里》(*Dans un monde sonore*)和《远古人》(*Les immémoriaux*)的时候,或许是受当时风尚影响,他使用了笔名"马克斯-阿奈利"(Max-Anély)。这个笔名的前半部取自他的挚友马克斯-普拉(Max Prat)的名字,而后半部则稍改自他的妻子伊冯娜(Yvonne)的第二个名字阿乃利(Annelly)。葛多涅(Noël Cordonier)在《马克斯-阿奈利和魂灵》一书中也指出,从表面上看,起这个笔名等于把自己隐藏在友人—爱人之间,形成一种诡异的三角关系。不过作者接着论述,在此"假象"之下,该笔名其实另有"微言大义"云云。[①] 其

---

① Noël Cordonier, *Max-Anély et les fantômes. Les débuts littéraires de Victor Segalen* (马克斯-阿奈利和魂灵:谢阁兰的文学起步), Paris, Éditions Kimé, 1995, 第195页。

后,杜丽逸(Marie Dollé)在谢阁兰的传记中也指出,这个笔名是友人和爱人的"奇怪组合"。① 然而,无论葛多涅所阐发的各种"微言大义"如何有理,我们仍然无由规避这个最明显的事实——这个最直观的友人-爱人组合难道只是谢阁兰无意中所为,或者只是给读者开个低级玩笑吗?答案当然是否定的。事实上,"马克斯-阿奈利"这个谢氏早年的笔名透露了一种特殊情结,且这种情结对诗人毕生的思想和创作之影响既深且巨。

"马克斯-阿奈利",友人在爱人之前。谢阁兰对友人眷恋甚深,甚至怀有一种特殊的深情厚爱。在《俄耳甫斯王》(*Orphée-Roi*)剧本②的前言末尾,感伤于德彪西的溘逝,诗人写道:

> 那个版本,属于他的那一篇,已经埋进坟墓,他的坟墓。而这一篇,"黑白的",白纸上的,只是一部探究音乐本质的剧本,既经删削,从此拒绝一切文辞的罪恶音声。我扼杀言词的乐团,及其万千抑扬顿挫,我将它作为祭品焚毁在枯木堆上,以纪念这位死去的伟大音乐家,我的朋友。③

---

① Marie Dollé, *Victor Segalen. Le voyageur incertain* (谢阁兰:漂游的旅人), Paris, Éditions Aden, 2008,第 23 页。
② 此剧是谢氏应德氏之邀创作的。德氏一度有意为之谱曲,编成歌剧搬上舞台,但是直至 1918 年去世,终于未能写成。谢氏遂删去德氏未竟的乐稿,单独将文本付梓。引文中的"既经删削"即指此。
③ Victor Segalen, *Œuvres complètes* (谢阁兰全集), tome I, Paris, Robert Laffont, 1995,第 669 页。下文中凡出自该书的引文,均直接在文中加括号注明页码;"I"为卷一,"II"为卷二。

须知德彪西去世仅仅一年后,谢阁兰本人的遗体也在布列塔尼的乌埃尔瓜特(Huelgoat)森林被人发现,仿佛事故,又疑似自杀。他甚至未及目睹《俄耳甫斯王》的出版,仿佛绝望于纸面的文字,宁愿追随德彪西而去,宁愿去享用自己敬献的祭品,而他的妻子将独自度过四十九年的余生。的确,谢阁兰爱他的妻子,但是除去频繁的书信往来,以爱情为主题的作品在诗人的创作中比重甚微。而且,以谢氏的敏感和细腻,他的爱情经历却显得不甚风流和浪漫:他和爱人恋爱数月即结婚,且在之后的十四年中聚少离多。偶然抑必然,谢阁兰的命运与友人紧密相随如彼,而与爱人判然相违如此?

早在1960年,法国学者布伊埃(Henry Bouillier)在他的博士论文《维克多·谢阁兰》[①]中即已提到,和许多西方汉学家一样,谢阁兰也惊讶于中国文化中友谊的重要地位。不过布伊埃并不关心中国文化对谢氏的影响,他认为:"正因他自己对友情特别敏感,他才尤其倾心于中国的这种社会观念。"[②]这无疑是正确的。谢氏在1912年1月30日给德彪西的信中提及《碑》的写作和限量印刷,写道:"……这尤其是为了告诉朋友们,我始终没有忘记他们。在中国,友谊是一种强烈而细腻的感情;诗歌咏唱友谊,正如咏唱爱情一样自然。"[③]谢氏之所以引用中国文化

---

① 法国学界第一部研究谢阁兰的专著。

② Henry Bouillier, *Victor Segalen*, Paris, Mercure de France, 1961, Nouvelle édition 1986, p. 307.

③ Victor Segalen, *Correspondance*(谢阁兰书信集), tome I, Paris, Fayard, 2004, 第1259页。

的例子,似乎是为自己的崇尚友谊寻找依据;与此同时,我们也能由此察觉《碑》和友谊间千丝万缕的联系。固然,谢氏所言仍不够恰当,因为其实中国古典文学中对友谊的描写要多于爱情。然而能力所限,谢阁兰对中国诗文毕竟涉足未深,且在他读过的少数中国的文学作品中,尚有以爱情诗居多的《诗经》。但无论如何,他总归是意识到了中国文化的这一特点。

不过谢阁兰固有的友谊观和中国文化中的友谊观恐怕不是偶然相遇的。究其深层原因,也许正如邵毅平在《诗歌:智慧的水珠》中所言:

> 在其他文化中,宗教往往占有极为重要的地位……但是在中国文化中,宗教却仅占有相对次要的地位。中国文化主张这样一种思想:人是世界的中心存在,主宰这世界的,只是凡人,而不是万能的神;人们所关心的,只是相互之间的关系,而不是和神的关系。①

谢阁兰如此倾心于友人,又何尝跟背弃天主教无关呢? 当他脱离了宗教,他也必然否定了宗教所规定的一切,包括自我属性。和传统的中国文人一样,他需要通过旁人的镜子照见自我的存在。

---

① 邵毅平,《诗歌:智慧的水珠》,上海:复旦大学出版社,2008 年,第 159—160 页。

一、从罗斯当到谢阁兰：在友人的陪伴下寻找爱人

埃德蒙·罗斯当(Edmond Rostand)的剧作《贝热拉克的西拉诺》(*Cyrano de Bergerac*，以下简称《西拉诺》)可谓最早引起谢阁兰兴趣的文学作品之一。1899年(该剧上演仅仅一年后)，当谢氏还在波尔多修读医学，还只是一个普通的文学爱好者的时候，在他寄给母亲的一份消费清单里出现了这本书，而诗人热情洋溢地在旁注明："每个人都应当把它背出来"。① 时隔七年，谢阁兰已义无反顾地走上文学之路，在《两个兰波》里，他将罗斯当和兰波相比拟："罗斯当先生无疑是诗人……若将他与兰波作一对比，应能认同这一点：如果说两人在玩弄文字上差相仿佛，那么兰波的激情更是张扬的。但是这两人，一个受人追捧，一个遭人诅咒，他们出人意料的暗合仅如昙花一现。"(I, 487—488)其实，我们更可发现，谢阁兰毕生都没有忘记罗斯当，而且并非只是欣赏他的文风而已。

谢阁兰将《碑》分为六部分，第二部分"北面之碑"的八首诗是献给友谊的。在歌颂了友谊的美好并探讨了友谊面临的各种危机之后，谢氏在第七、八两首诗中提示了友谊的归宿。其中第七首《不要误会》(*Sans méprise*)是这样的：

---

① Victor Segalen, *Correspondance*, tome I, p. 146.

>如同十字路口的手势指明正确的方向,教人避免坎坷与碰壁——让这,不偏不倚,友好地指向正东。
>
>倘使为着敬献殷勤,我的脚步趋奉起她的脚步,——倘使为着沟通心灵,我的眼睛追寻着她眼中的光影,
>
>倘使当我的手触到她的手,当我的身体贴近她,我时而呈现出求乞之欲望,
>
>这并非,——唉!然而确实,——为着我有辱于她的徒劳爱情,却是出于尊敬,出于感激,出于爱
>
>对她爱情的爱,那爱情指向另一人——他。(II,70)

布伊埃在注释中指出,此诗的创作有其实际生活背景:谢阁兰代友人拉蒂格(Jean Lartigue)去看望其女友。从诗人的书信来看,这固然确有其事,然而这至少不应是此诗创作的唯一动机。就通常而言,诗人作诗绝不是为生活本身服务的,何况在类似可能给人"暧昧"联想的情境中创作并出版这诗(哪怕题为《不要误会》),岂无"此地无银三百两"之嫌?更不用说谢氏如此渲染恋爱的场面,仿佛故意引人想入非非。而倘如我们把此诗和《西拉诺》作一对比,结果令人惊讶。西拉诺替克里斯第昂在罗克萨娜的阳台下妙语传情,岂非"敬献殷勤"?西拉诺深爱着罗克萨娜,后者却嫌他相貌丑陋,岂非"有辱于她的徒劳爱情"?罗克萨娜无意于西拉诺,却爱着克里斯第昂,岂非"那爱情指向另一人"?谢氏既然如此喜爱《西拉诺》,我们应当可以认定,这一切绝非巧合。如果说是生活实际给了谢氏以灵感的火花,那么

罗斯当的影响更是暗中协助了他,使他得以从生活琐事中提炼出具有普遍价值的象征意义。事实是,谢氏从西拉诺身上找到了崇高友谊的榜样,更发现了符合他需要的友情—爱情模式:"友好地指向正东"。"友好地"是方式,代表路途,而所指的"正东"则是终点。东方在《碑》中是爱情的方向,紧随"北面之碑"而来的即是谈论爱情的"东面之碑"。

如果说,从友谊到爱情的次序在充满思辨的《碑》中显得稍为抽象化、概念化,那么《勒内·莱斯》则把这一线索完美地融入了故事情节。小说中的"我"一心想获取紫禁城的秘密。当他的朋友勒内·莱斯透露说自己是中国皇后的情人,她的秘密遂成"我"好奇心的焦点。二人常常沿着北京城墙散步,通过一次又一次谈话,"我"渐渐逼近梦寐以求的"内情"。此后莱斯声称自己参与秘密警察行动,求"我"暗中加以保护。行动之夜,"我"一路尾随莱斯,幻想着日后将有机会见到皇后,喜不自禁:

> 假如他能站稳脚跟,再过一年,同时假如我还能有幸(而且碰巧)将他救出什么邪恶的……井,我的幸福也就不远了:他会把我引介给她,那位……(以下称号一依礼法)……然后我就能知道我想知道的一切。(II, 544)

虽然"我"最终没能见到中国皇后,更无由获知紫禁城的秘密,但是这并不影响皇后这个"情人"代表着旅途终点的事实。而且,通往终点的旅途仍然是在朋友的陪伴下走过的。如果说,谢氏在《碑》中对于爱情仍有较为丰富的想象,那么《勒内·莱斯》中的情人(皇后)形象则始终依稀在望,如同一个象征爱情、象征旅途终点的标志,而鲜有具体的内容。

其实,在谢阁兰的作品中,爱情除了在《碑》中"独当一面"以外,总或多或少地呈现为一种标志,无论可到达与否,仿佛都不是探讨的重点。与之相较,诗人在友谊的描写中花费的笔墨要多得多。甚至在上面所引的《不要误会》中,爱情本身都成了对友谊的礼赞。

这种构思同样与《西拉诺》如出一辙。我们不应忘记,《西拉诺》中的一对朋友其实都没有得到真正的爱情。在克里斯第昂上阵前,罗克萨娜已经表示,比起他的美貌,她更爱重他的精神世界(表现为文才),而这文才恰恰是西拉诺的。也就是说,罗克萨娜所爱的并非克里斯第昂的本来面目。至于西拉诺,虽然最后偶然地将她打动,而时过境迁,她已进入修女院,他已行将弃世,爱情不复可能。然而西拉诺在弥留之际诵读的绝命诗是最富象征意义的:诗代表一对朋友的共同感情,而那张付与情人的信纸上同时浸透着其中一人的血和另一人的泪。爱情终成泡影,友谊却已在爱情的申请书上打下了烙印。以爱情为友谊作证,不正是整部《西拉诺》的主要线索吗?

《勒内·莱斯》亦然,在追求虚幻的"中国皇后"的过程中,叙述者和勒内·莱斯的友谊逐渐巩固、加深,而谢氏最终赞颂的正是友谊。在死去的莱斯跟前,他对自己说:

……我该想起他的话:那一位,皇帝①,去世的时候,没有一个朋友在身旁……——"我曾经是他的朋友"——勒内·莱斯告诉我,带着浓重的口音……

——我曾经是他的朋友,——我该这样说,以同样的口音,怀着同样忠诚的悔恨……(II, 572)

在谢阁兰的另一些作品中,友人和情人虽然不明确地呈现为人形,其意义却是相似的。例如《一条大江》(*Un Grand Fleuve*)的主角是拟人化的长江,虽然作者着重描写的是其青春年代,但是它有着它的"友人",那就是和它并行的其他大河,比如黄河、澜沧江等;它亦有它的情人,那就是大海。

然而,谢阁兰在其作品中屡屡套用这一框架,并非由于他缺乏独创性。相反地,他赋予了这一框架以新的涵义,并将其融入自己的"异域情调论"体系之中。他笔下的友人和情人的形象则由此带上了鲜明的个人特色,以及自成体系的象征意义。

二、旅伴和旅途

从《碑》和《勒内·莱斯》来看,谢阁兰笔下的友人形象虽不雷同,但亦非千姿百态,而是异中有同,具有一些明显的共同点的。

---

① 指光绪皇帝。

首先,叙述者和友人之间必定是并列的、平行的关系。如果我们把人生比作旅程,那么更确切地说来,友人的身份乃是旅伴。

具体来说,旅伴之间的并列与平行包含两层意思。其一是直观的:旅伴就是并肩行走的两个人,在同样的道路上,共同面对同样的外部环境,时时进行内部交流。第二层意思,是精神上的对等。在谢氏看来,朋友就是同道,是具有共同追求的人。在实际生活中亦然,在作品中亦然。人生的旅途是多种多样的,既有脚踏实地的旅行,亦有创作上的配合,更有理念的共同追求。第一种旅途的朋友,比如瓦赞(Gilbert de Voisins);第二种,比如德彪西;第三种,比如《勒内·莱斯》的主人公。

德彪西与谢阁兰有着极明确的"旅伴"关系,且持续长达十二年之久,覆盖了谢氏创作的整个黄金年代。1918 年 3 月 25 日德彪西去世,四天后,谢阁兰在致保罗·维特里(Paul Vitry)的一封信中写道:"……昨天,我更是获悉了另一个永难弥补的噩耗:德彪西死了,未及把全部作品付诸舞台……我们曾部分地联系在一起。"[①]谢氏当然也很为自己的作品感到遗憾,然而最令他伤感的是,他们曾经因致力于共同的目标而心灵相通,而今"终点"未到,他已经永远失去了旅伴。

生活中已然如此,谢氏在《勒内·莱斯》中更是煞费苦心地设计了勒内·莱斯这个友人的形象,使之更具有代表性和象征意义。小说的叙事者和莱斯常常一同沿着北京城墙散步,正暗

---

① Victor Segalen, *Correspondance*, tome II, p. 1075.

示了这友情是一种旅伴关系。同时,小说的开头,作者描写了"王大人"(Maître Wang)和查利奴(Jarignoux)作为莱斯的陪衬。"王大人"是传统的中国士大夫,深谙各种典章制度。查利奴是法国人,却想完全融入中国社会,像一个真正的中国人一样生活。这两种人显然都不是谢氏所推崇的类型。而勒内·莱斯与他们不同。他念念不忘自己的国籍(比利时),也不忘自己是杂货商的儿子;他了解中国文化,而不愿成为中国人。在小说中的"我"企图获知紫禁城之秘密的同时,莱斯用想象游历皇后的寝宫,扮演着秘密警察队长的角色。二人共同努力,追求紫禁城的秘密。谢阁兰认为,莱斯才是真正懂得"异域情调"的人,合格的"旅伴",真正的同道。

正是在这样的并列与平行的关系中,朋友之间得以互为参照,以达到互相确认的目的。在"北面之碑"的第二首《镜子》(*Miroirs*)中,谢阁兰忠实地运用了中国古代"以人为镜"的典故,总结出了这个道理。

然而,生活中的友人始终不渝者毕竟是极少数;旅途中的同伴亦或因精力不济,或因热情衰减,而难以长时间地并肩而行。谢阁兰在作品中常常对友谊出现危机的各种情形作出反思,并设想出各种补救方法。"北面之碑"的第一首《印模》(*Empreinte*)便直面友谊的危机。该诗借用舜帝向诸侯颁发信物的故事,以印符之不复契合,象征人心之易变,以及作为友谊本质之"忠诚"并不可靠。在这一变形的关系中,"我"与"他"都是值得怀疑和反省的:

唉呀,唉呀!轮廓不再吻合;边角相碰,缝隙硭然:是我选定的受命人吗?他莫非迷失了我心灵的形状?

或者,是我的心灵变了形?(II, 64)

这"北面之碑"的第一首诗所提出的问题,也正是整个系列着意探讨的核心问题。友谊的根基是不可靠的,探索从这里开始。第三首诗《伪玉》(Jade faux)即描述了"我"的背叛,以自省的方式哀悼友谊的破裂。然而背叛并非由于道德的沦丧:

我们怀着共同的信任相爱,作出决定:我们肝胆相照,澄澈得有如冬日的湛湛长空。

呀!邪恶的春天来临,回风卷地,狂沙漫天。我曾许诺,

我没有遵行。……(II, 66)

诗中描绘的冬、春景色除了令人想起北京的风土,更暗中呼应《碑》的末诗①,即冬日的静态象征着生命力的缺乏,而春日的

---

① 《碑》的末诗《隐藏的名称》里有这样几行:"唯有当严冬的大旱来临,当冰面毕剥作响,河水干涸,源泉中仅剩的几滴蜷缩在冰壳里,/当地下的心中和心中的地下一片虚空,——当血液都不再流动,——才能到达拱顶下面,采撷名称。/但是让坚冰溶泄,让生命奔腾,让冲毁一切的激流到来吧,而不要认知!"(II,124)

动态则象征着生命力的旺盛。作者在此诗中暗示,友谊的破裂是由于人心的易变,而使人心变化无常的"罪魁祸首"又正是最值得追求的旺盛生命力。如此,友谊似乎成了一种悲剧,其最终的灭亡成了一种无可解救的宿命。其实,这里蕴含着谢氏对宗教传统的摈弃:并不值得如同宗教提倡的那样,以生命的停滞为代价去追求灵魂的纯洁及友谊的恒定。但是这并不等于说,旺盛的生命力和崇高的友谊必定不能两全。那么,谢阁兰将如何探索出一条新的友谊之路呢?

"北面之碑"的第四首诗《自远方》(*Des lointains*)仿佛对《伪玉》的回答。这一次,作者化身为那个远道赶来赴约的友人,发现过去的友谊已经破裂:

> 你不回答。你伺察着。我做了什么不应当的事?我们真是重聚了吗?真是你吗,我最亲爱的人?
>
> (……)
>
> 某种事物把我们分开。陈旧的友谊横在我们中间,仿佛被我们扼死的魂灵。我们共同背负着它,沉重而又冰冷。
>
> (II,67)

与前诗不同的是,此诗并不以哀悼友谊的破裂作结。这个从远方归来的游子提出了恢复友谊的方案:

> 啊!勇敢地再次杀死它吧!为了新生的时辰,让我们

小心地建立起新鲜活泼的友谊。

> 您愿意吗,哦我的新朋友,我未来灵魂的兄弟?(II, 67)

谢阁兰认为,既然人是不断变化的,那么人与人之间的关系也一定可以推陈出新。只要找到新的契合点,友谊便能得到挽救。

那么,如果自己未尝改变,而朋友却改变了,又当如何补救呢?"北面之碑"的第六首《忠诚的背叛》(*Trahison fidèle*)探讨了这个问题。

谢氏此诗的灵感来源于钟子期和俞伯牙的故事。这个"知音"的故事固然旨在赞美二人生时的完美友谊,但同样包含着生离死别的悲戚:友谊总是要随着生命的完结而完结的。然而就算生命不完结,人心总要改变,那么友谊仍然不能长久,这不也是知音之所以可贵,而钟俞的故事之所以能长久地打动人的根源吗?但是,虽然"钟子期死,伯牙终身不复鼓琴"①,谢阁兰却不愿意"在沉默中生活",他要从"别处"寻回友人的回答:

> ……不要说,有一天,你将不复听得如此真切!
> 不要这样说。因为我一定会离开你,不再从你身上,却

---

① 司马迁《报任安书》。

到别处寻找你的回音。我要向四方呼喊:

你曾聆听我,你曾理解我,我不能在沉默中生活。哪怕在这另一人跟前,那仍然是,

我只为你一人弹奏。(II, 69)

友谊之中虽然伏有危机,然而这是它的常态,并不改变其美好的本质。只要渡过难关,友谊便神圣如初。"北面之碑"中的《对那个人》(*A celui-là*)代表了谢氏对于理想的朋友的最高托付:

对那个历经歧路与坎坷终于来到此地的人;对于将目光投向我的旅伴——我将什么作为一路相随的回报?

(……)

对那个友好地注视并端详我的人;对那个洞穴般回荡着我的吠声的人,

我呈上怪异的生命:只有我的生命属于我。——让他走得更近。让他向最深处倾听:

那纵使父亲爱人君王御驾都永难到达的地方。(II, 68)

三、爱人和"异域"的追求

布伊埃在《维克多·谢阁兰》中指出,女人的形象在《碑》中

只是表达诗人思想的工具。① 这是有一定道理的。正如谢阁兰在《异域情调论》中提出的那样,存在一种性别的"异域情调",男人女人互为"异域",而我们通常所说的爱情和性欲就是一种"异域情调"的冲击(I, 753, 759)。简言之,在《碑》中,女人在绝大多数情况下就是"异域"的象征,而爱人关系(包括夫妇、恋人、情人等等)亦即"我"与"他者"之关系的模板。

在"东面之碑"的第一首诗《五种关系》(Les cinq relations)里,谢阁兰开宗明义地提出了夫妇关系的要义:

> 父亲对儿子,慈爱。君王对臣子,公正。弟弟对哥哥,服从。朋友对朋友,所有的托付,信任,相似。
>
> 而对她,——我对她,——我岂敢言说和观察! 她,在我身上激起比任何朋友都更响亮的回声;我称她为甜美的姐姐;我服侍她如同服侍公主,——哦,我灵魂中一切激情之母。
>
> 出于天性,也是命中注定,我应和她保持严格的关系:距离,极致和多样。(II, 73)

再清楚不过,如果说朋友关系的核心是"相似",爱人关系的核心便是"相异"。他一贯对"异域"采取一种保持距离、超然静观的态度。他在《异域情调论》中写道,真正的"异域情调"应该

---

① Henry Bouillier, *Victor Segalen*, p. 309.

是"强大的个体遭遇客体,感受到其间的距离,为之陶然,为之讶异,随而产生一种活泼的新鲜感"(I,750—751)。按照谢氏的观点,正因为爱人关系的双方是所有基本的人际关系中最"相异"的,所以能引起最响亮的回声,激发最炽热的情感。如果说朋友关系是持续性的,如同细水长流,那么爱人关系便是瞬时性的,如同流星相撞。朋友关系既然是相似者的关系,那么其要义便是理解和信托;爱人关系既然是相异者的关系,那么其精髓便是保持距离和尊重秘密。

"东面之碑"的第五首《我的爱人性如水》(*Mon amante a les vertus de l'eau*)即描绘了爱人心性的难以捉摸:

> 我的爱人性如水;澄澈的微笑,流动的身姿,纯洁的嗓音点点滴滴地歌唱。
>
> (……)
>
> 我那活泼的水,洒了出来,全到了地上!
>
> 她流淌,她溜走;——我焦渴,我跑着追赶。
>
> 我把双手拢作杯盏。我陶醉地掬起她,笼住她,送到唇边:
>
> 我吞下了一把泥浆。(II, 77)

这并不是指斥女人的"水性杨花"。相反,神秘和难以理解是"异域"的题中应有之义。而"自我"的实现,正须依靠强大的"他者"所造成的异域冲击。

在谢氏看来,灵魂,即自我的本质,隐藏在心灵的最深处:

> 另外,在我们每一个人的身上(……)总有一个坚固而排外的巢穴。凭着性情或蛮力,出于恨或爱,我们不把它向他人敞开。人们能交出自己,献出本人吗?(……)在那个小丑的面具后面,**本质的我只是蜷伏在其洞穴的最深处,而这巢穴始终无法到达**。(《两个兰波》,I, 491)

人不能向他人泄露自己的灵魂,甚至无法看到自己灵魂的真面目,至多只可能感受到它的存在而已。(《一条大江》,I, 831—837)而须是当灵魂本身足够强大,且受到强大的"他者"(比如爱人)撞击之时,感受灵魂的存在才成为可能。

因为谢阁兰是男人,所以女人为"异域";对于人生而言,死亡的神秘之境是"异域"。强大的"他者"出于极端的"异域",比如爱人,比如死亡。由于二者决定着灵魂的可感知与否,故而也常常以灵魂统治者的面目出现。在谢氏的作品中,"爱人"和"死亡"也因此往往密不可分:爱人在类似于死亡的神秘之境统治着"我"的灵魂。"井"的意象之所以常常和"爱人"一起出现,也正是这个原因。比如"东面之碑"第三首《眼中的面容》(*Visage dans les yeux*)的题辞,便是谢阁兰自造的"目井"一词,全诗将爱人的眼睛比作深井,蕴含着死亡和神秘。而长篇小说《天子》(*Le Fils du Ciel*)和"中央之碑"的《紫禁城》则改写珍妃井的故事,想象着将爱人推入自己内心皇城的深井,让她统摄自己的灵魂。①

既然爱人如同"我"灵魂的统治者,那么其重要性也一如灵魂本身:正因其神秘,故其本质不可知;正因其无比重要,故其本质不容知。在"东面之碑"的第七首《请求》(*Supplique*)中,"我"不容许爱人泄露自己的本质:"……然而,你的灵魂,在圣贤眼中更沉重万倍,/将它掩藏在惑人的深处吧。美丽的少女,不要出声。"(II,79)从这一点上说,爱人的尊贵堪比帝王。而中国帝王之所以蛰居禁城最深处而不容暴露,其姓名(在谢氏笔下同样是"本质"的象征)之所以不容被道出,正是其无与伦比的重要性所要求的。那么,把帝王享有的避讳制度移到神圣的爱人头上,也就名正言顺了。"东面之碑"的最末首《出于尊敬》(*Par respect*)即借避讳的形式②,表达了对爱人的最高敬意:

> 出于对不可名的尊敬,任何人都不许再泄露"荣"一词,也不许涉及"福"字样。
>
> 甚至该让它们从一切记忆中消失:它们已被君王选来命名他的统治。

---

① 见黄蓓,《从〈勒内·莱斯〉到〈碑〉——谢阁兰的紫禁城探险》,载于高旭东主编,《多元文化互动中的文学对话》,北京:北京大学出版社,2010年,第427页。

② 在中国文化中,所谓"避讳"者自然是针对名字,并非避年号。谢氏在此为了表达"秘密地统治"的意思,改为避年号。但是"让她的名字从此以往永不复从我的心底浮现"则显然是避名字。两者可视为互文。

让它们从此不复存在。

（……）

不！让她秘密地统治我。让她永不惊动我。甚至让我忘记：让她的名字从此以往永不复从我的心底浮现，

出于尊敬。（II,84）

一言以蔽之，托友人以生命，托爱人以灵魂，可谓谢阁兰作品中理想的友人和爱人的基本分工区别。在友人的陪同下，迈向爱情的终点。在这个过程中，友情是可以言说的，对于爱情则最好用沉默来致敬。①

四、友情抑或爱情？

谢阁兰写友情的作品中，最与众不同的可谓《吸血鬼》(*Vampire*)，"北面之碑"的末篇。

《吸血鬼》的题词"之死而致死之，不仁；之死而致生之，不知"，是出自《礼记·檀弓上》的："孔子曰：之死而致死之，不仁而不可为也；之死而致生之，不知而不可为也。"但是作者在诗中阐释这句话时做了手脚。他写道：

---

① 可参看梅特林克 *Le Silence*（论静默）一文，见 Maurice Maeterlinck, *Le Trésor des humbles*（凡人的宝藏），Bruxelles, Édition Labor, 1998。

但是我不应再照看你本人:"把生人当死人看待,多么缺乏人道!"

"把死人当生人看待,多么不谨慎!造就一个模糊的人,多么危险!"(II,71)

我们稍微仔细地分析一下就知道,孔子并未反对"把生人当作死人",而只是反对"把死人当作死人",即认为人虽已死,我们倘使曾经尊敬过、爱过他,那么他死后我们也不应完全忽视他曾经存在过的事实。又说不宜将死人当生人,则大约出于反对厚葬的目的,即认为死人毕竟不像生人那样活着,需要享乐,故丧仪亦应从简。如此,则推其本质,孔子所希望者正是我们把死去的亲友当作一个死生之间的"模糊的人"。如此看来,谢氏的本意与孔子是一致的,只是借用吸血鬼的形象将孔子的理念具象化了而已。谢阁兰当然知道这一点,因为他对所引中文题词的翻译是完全正确的。他之所以在诗中篡改原意,恐怕是故意摆出不臣服于经典的姿态,而这更符合他意在传达的一贯主张。

当然,谢阁兰并不因循古人。他以生动的吸血鬼形象来回应孔子。他想象自己对死去的朋友说:

朋友,朋友,哪怕有这些准则,我不能抛下你。我将造就一个模糊的人:既非神灵,亦非死人或生人。且听我说:
若你仍有意吮吸时而甜蜜,时而苦涩的生命;
若你有意眨动眼睛,吸气入胸,颤动肌肤,且听我说:

做我的吸血鬼吧,朋友,每个夜晚,请你从容不迫地饱饮我心中的热血。(II,71)

吸血鬼自然是西方文学传统中的形象。确切说来,吸血鬼形象之进入西欧文学,主要是 19 世纪的事,而于 19 世纪末渐成气候,谢阁兰并非独辟蹊径。吸血鬼的形象多半较为恐怖。戈蒂耶(Théophile Gautier)在中篇小说《多情鬼》(*La Morte amoureuse*)(1856 年)中创造性地赋予吸血鬼以大量的正面品质,将其作为美好与欢乐的象征,批判宗教之压抑人性(和我国冯梦龙的《白娘子永镇雷峰塔》颇有异曲同工之妙),然而其形象仍带有恐怖色彩,且正因其魅力的强大而更显无可抵御。"这女人完全占有了我,一个眼神便足以改变我;她将她的意愿加于我身;我不再活在自己体内,却在她体内,并且受她摆布。"[①]这个年轻教士在现实的快乐和天国的归宿间摇摆,纠结,最终想说而未及说出的话是:"喝吧!让我的爱随我的鲜血流入你的身体!"[②]他没有说,并终于为了永恒的天国而弃绝了人世的欢愉。谢阁兰却畅快地说了出来。

不过,这一切继承无损于这首诗的特殊性。首先,在其他作家笔下,吸血鬼倘不是魔鬼,则必是情人的象征,只有谢氏以之

---

① Théophile Gautier, *L'œuvre fantastique* (*I-Nouvelles*)(灵异作品集第一卷:中短篇小说), Paris, Bordas, 1992,第 81 页。
② 同上,第 100 页。

象征友人;其次,谢阁兰笔下的友人通常只是生时的伴侣,而基本不和魂灵相关,更不带血腥的场景,《吸血鬼》一诗可谓打破了诗人自己的惯例。这又是何故呢?

这首诗所处的地位又是特殊的:"北面之碑"的末首。友谊诗的总结,爱情诗的开始。那么《吸血鬼》中的友人又何尝不是如爱人般的友人呢?上一章已经提到,"托友人以生命,托爱人以灵魂",那么友人中包含爱人的因素,何尝不是如同生命中包含着死亡呢?从"异域情调"的角度来看,友人生时固然是伴侣,一旦入了死的境界,便是进入了"异域"。如果说"北面之碑"的倒数第二首《不要误会》象征着友谊和爱情的相辅相成,那么《吸血鬼》就暗示着友谊向爱情的转化。紧接着开始的便是《碑》的第三部分——以爱情为主题的"东面之碑"。"东面之碑"的第二首《为了她的欢心》(*Pour lui complaire*)中,诗人几乎"故伎重演":"为了她的欢心,我递上我陈旧的灵魂:将被撕碎,在她指间窸窣作响/我还将倾注我的血液,如同饮料倒入酒囊……"(II, 74)这正和《吸血鬼》遥相呼应——于是我们醒悟:早在《吸血鬼》中,便已经"换了人间"。

既然同者可以转化为异者,那么反之,异者之间就永远保持距离吗?在"东面之碑"的第八首《短暂之碑》(*Stèle provisoire*)中,诗人化身为他的诗歌,嵌入石碑,预备着给他的爱人以"异域"的冲击:

> 这诗并不乐意进入你冷漠的石质肌肤;这诗,既已自

由,并不愿意面朝那惨淡,丑陋,昏暗的黎明;

这诗之所以如此乐意被吟咏,并非为文学的读者,甚至不图书法家的荣宠:

而是为她。

O

有朝一日她途经此地。高大而直立地面向你,愿她来阅读这诗,那移动的活泼眼神藏在睫毛深处,我认识这荫翳;

愿她玩味这些词句,以腴润的双唇(我未尝忘却这滋味),以饱尝亲吻的舌尖,以在此留下了永久刻痕的皓齿,

愿她随呼吸而颤动——如暖风中摇曳的谷穗——她躯体特有的起伏从乳房绵延到膝弯——我熟知这节奏,

……(II, 81)

生死为"异域",男女为"异域",血肉之躯与冷漠的顽石亦为"异域"。当她直面逝者,直面爱人,直面石碑的冷峻,三重冲击将"异域情调"推向极致。那么冲击之后呢?

于是,这片情意,跨越虚空并赴节起舞;这诗,这礼物和这欲望,——

刹那间脱离了你死气沉沉的石面,哦! 那短暂而不可

靠,——为着投入她的生活,

　　为着离开你,倘徉在她身旁。(II, 81)

"跨越虚空",不是取消距离吗?"脱离石面"不是死而复生吗?"投入她的生活","倘徉在她身旁",不是将她当作人生的旅伴吗?刹那间"异者"化为"同者",爱人化为友人。

于是我们明白,友人和爱人之间本没有明确的界限,而是互相转化的,正如阴与阳,生与死,我与他。

结　语

谢阁兰在《居斯塔夫·莫罗:俄耳甫斯教的大画师》(*Gustave Moreau, maître imagier de l'orphisme*)中写道:

> 艺术家是否应当闭目无视,充耳不闻地穿越生活?不!让他看!让他听!如果他愿意,让他洞察一切,接受一切:希腊的岬角、海湾、尖峰邃谷,群山连绵的希腊,具有地域特色的希腊——让他畅饮那一洒碧空的地中海季风……让他如所有的征服者和所有的游客那样跟着向导游历印度(……)让他一劳永逸地知道这一切,拥有它们;让它们积存在他身体里。但是当他终于要提起笔来的瞬间,让这一切都消失,揉成一团,转化……让他将它们深深埋入心底,让他最终蔑视它们!(I, 714—715)

那么,所谓"异域情调"者,难道是为异而求异吗?显然,艺术家首先应当接受这些"异"的事物——并非仅仅当做抽象的"他者",而是"洞察"、"接受"其中的具体内容,"知道这一切,拥有它们"。然而当创作的时候,又不应将它们当做"他者"再度送还读者。这里的"转化"一词是最为关键的:所谓"转化",即将"他者"转变为自我的一部分。这转化的过程,并非如一些研究者所认为的那样,其自我因个性的强大而始终无动于衷;事实上,当自我拥抱"他者"的时候,"他者"亦撞击了自我。撞击而后,"我"便发现了我身上之"他"与"他者"身上之"他",亦发现了我身上之"我"与"他者"身上之"我",这种两相确认后的融合,是真正的合一。需要明确的是,这种"合一"是发生在一个人身上的,即"他者"的一部分被"我"所吸纳,而成了"我"的组成部分。反之也可行,正如人以人为镜,乃是互相映照。倘使"他"和"我"一样懂得"异域情调","我"的一部分也同样会被"他"所吸纳。互相吸纳的结果是共生共荣,而不是二人混同——谢氏屡屡申明,后者既不可取,亦不可能。程抱一曾评论:"……对'多异'的追求毫不阻碍他对统一的需要和怀念。"[1]说的也是这个意思。只不过,非但"不阻碍",而且追求"多异"正是为了更高级的统一:两相映照,两相吸纳的并行才是理想的人际关系。正如《忠

---

[1] François Cheng, *L'un vers l'autre, en voyage avec Victor Segalen*(此向彼:与谢阁兰同行), Paris, Albin Michel, 2008,第40页。

诚的背叛》中"我"到"别处"去寻找友人失落的回音,正如《短暂之碑》中"我"试图借绝对之"他者"的姿态重回"她"的身边,从"异"中谋求更深层次的"同",才是谢氏"异域情调"的精髓所在。

"马克斯-阿奈利",友人在前,爱人在后,中间的一横杠虽短,却无异漫长的人生旅途。"我"的姓名隐去了,但倘如没有"我",这又是谁的旅途?"马克斯"又何由指向"阿奈利"?出于"我"的意愿,"马克斯"指向"阿奈利"——"友好地指向正东"。"我"安然藏身于这一对互相转化的两极之间,让"他者"组成"我","我"的存在遂得以借"他者"的存在而得到确认。"马克斯-阿奈利",不是别人,正是维克多·谢阁兰。

邵南,巴黎第八大学法国文学系在读博士。研究方向为法国文学与中法文学关系。译有谢阁兰论述诗人兰波与画家莫罗的美学评论,收于谢阁兰著,邵南、孙敏译《诗画随笔》(上海书店出版社,2010)。另发表谢阁兰研究等论文数篇。

谢阁兰的"中国的幻象"的中国式解读

邵毅平

一

在谢阁兰(Victor Segalen,1878—1919)的作品中,"中国"是最为重要而独特的主题之一。其中的散文诗集《画》(*Peintures*,1916),以真实或虚构的中国画和中国文献为素材,完成了"一次穿越历史殿堂的漫步"(第129页)①,体现了作者对于中国历史的独特理解,是实践其"异域情调论"的代表作,也成为法国读者了解中国文化的窗口。

但正如他在给德彪西的信中所言:"实际上,我来这里寻找的既不是欧洲,也不是中国,而是中国的幻象。"(1911年1月6

---

① 本文所引《画》、《异域情调论:一种"多异"美学》,均据黄蓓中译本,上海:上海书店出版社,2010年合刊本,引文后括号中为该书页码。

日《致德彪西书》)也就是说,谢阁兰作品里的中国,并非是一个"真实的中国",而只是一种"中国的幻象"。他在笔记《异域情调论:一种"多异"美学》(*Essai sur l'exotisme. Une esthétique du Divers*,1978)中也说:"在强烈感受中国的同时,我从未有过想做中国人的欲望。"(第280页)

谢阁兰这么说,既反映了他头脑清醒,不以一己之念作为天下公理,认为自己能够把握"真实的中国";也表明了他对"异域情调"的一种独特追求,希望它能有助于使自己得到救赎,完成"从中华帝国到自我帝国的转移"(1911年9月23日《致孟瑟龙书》)。

谢阁兰的这种"中国的幻象",对于法国读者而言是有特殊意义的,因为其中借用了许多为他们所陌生的异域元素,提供了审视外部世界与内在人性的崭新视角。关于这个方面,已为诸多谢阁兰研究者所探索过了。

但与此同时,既然其"中国的幻象"并非真实的中国,也不是纯粹的虚构,那么它对于中国读者来说,就同样会产生一种类似"异域情调"的冲击,这种冲击,甚至不弱于其对于法国读者的冲击。这正如谢阁兰自己所揭示的:

> 从旅人到环境,或许还有一个反向的冲击,使他所见到的世界为之抖动?他的出现——有时不合时宜,有时十分冒险(尤其对于那些真正幽闭的地方)——难道就不会搅扰几个世纪以来形成的平衡?根据他的态度——敌对或者关

注——他的周围难道就不会有缺乏信任或者满怀好感的表示?……所有这些不再是环境给旅人的冲击,而是旅人对有生命的环境的冲击。(第227页)

"中国的幻象"在一般中国读者中所引发的,正是这种"旅人对有生命的环境的冲击"。有些读者困惑于其作品中的中国与自己熟悉的中国相距甚远,而对其作品中的中国的否定则导致了对于作者本人的否定。

不过,与这些武断拒绝谢阁兰作品的读者不同,我们却希望直面而不是回避这种"冲击",并尝试对其"中国的幻象"作中国式解读。因为我们以为,虽然中国文化为中国读者所熟悉,但这种来自法国作家的"异域情调"的"冲击",却促使中国读者用一种陌生的眼光去重新审视它,从"他者"的角度去更深入地理解它。就此而言,谢阁兰的"中国的幻象",不仅对于法国读者,而且对于中国读者,都有着重要的意义。谢阁兰说得对:"到处都有真正的养分,最缺少的是真正的胃口。"(第270页)

二

在《画》的《帝王图》中,谢阁兰一反常态,放弃了早先的儒家主题,决意反儒道而行之,一笔带过了"有道"的明君,"弃明投暗",明确表示要赞颂那些亡国之君、败国之帝、末代君主、无道天子,着重描写了中国历史上十六个臭名昭著的无道昏君。"画家一直力图表现的是陨落与败灭。"(第193页)这种极其"另类"的意图和选择,真是惊世骇俗,难免会让读者大吃一惊,尤其对中国读者产生强烈的冲击。

对这些无道昏君,谢阁兰并非一视同仁,个个赞赏;"但是他们中间的每一个,出于这样那样的特点,都在历史的某一页上盖下了大印,都彻底完成了对时间的祭献,并为新朝代的产生铺平了道路——告诉你们,这是必不可少的。他们应该值得人们崇拜,艳羡!他们的所作所为,难道不是功业赫赫?"(第128—129页)这是因为在谢阁兰看来,世界不是有序的;或者说,就像他所深受影响的尼采哲学所认为的,世界新旧秩序的更替,毋宁说是世界之生命力的一种体现:

> 你们会赞同我的:这些君王也一样值得我们凝神注目,因为历史也一样缺不了他们!对于历代的开国之君,人们总是百般颂扬……但是若无人把天下搞得大乱,他们哪有机会重整乾坤?若无邪恶不时地在世上舞蹈,他们哪能主持公道,为民除害?若无倒行逆施的先驱不惜一死乃至死后身败名裂,从而为他们铺平了道路,他们哪能成为膺命天子?
>
> 开国皇帝们打下了江山,铸就了绵延的朝代之链;——有时也该重铸链环。还是为那些亡国之君平反昭雪吧——若没有他们把江山葬送,历史哪能推陈出新?(第127页)

对其中表现出强烈个性的昏君,谢阁兰尤其赞赏有加。对此异想天开的举动,谢阁兰解释道:"这些君王并没有邯郸学步,上演些学来的道德剧;没有一本经书教导他们或诱使他们做出这些行为……这些天子都有种惊世之才,其变幻之多端即使是真龙降世也莫能企及:这便是与江山共陨的才华……逆行之德,比起庸碌的安分,岂非更为不易?"(第127—129页)也就是说,在他的心目中,有个性的昏君,远胜过庸碌的明君。

举例来说,在《帝王图》的"夏朝的危炱"中,他将"暴君"桀作为自由意志、张扬个性、放纵欲望的象征加以歌颂。他发现"桀"字在古汉语中可以通"杰",于是在提到"桀"这个称号时,他将其解释为"孔武无比、强悍绝顶的人上人"(第132页);在《异域情调论:一种"多异"美学》中,他还称桀为"他们(中国)历史上最有个性的人物之一"(第297页)。而在《画》之前的诗集《碑》(Stèles,1912)中,谢阁兰就已经以桀的口吻写道:"我有帝国就像太阳有天空。谁能去摘太阳呢?它落了,我也落。""我的王位比护卫帝国的五岳还重:它横卧在七情六欲之上。让那些游牧部落来吧:我们将使他们高兴。""纵乐的帝国不会陨落。"(《纵乐的君王》)可见"桀"的形象在他的作品中是一以贯之的。

总之,谢阁兰所塑造的桀的形象,绝非我们所熟悉的那种传统的"暴君"形象,而是另类得让人透不过气来。《纵乐的君王》的中译者注说:"他并不是评说历史,而是表现自己蔑视道德规范、追求自由意志的思想。"黄蓓也说:"这种对自由意志与独立精神的追求,在谢阁兰的世界里,实际上是出于对生命的渴望。

他赋予夏桀对政治宗教道德的蔑视以积极的意义,是通过对原始生命力的张扬向萎靡的时代提出挑战。"[1]由此可见,谢阁兰名为赞颂暴君,实际上并非真的欣赏他们的暴政,而是要借以表达自己对道德束缚的蔑视,对自由意志的追求,对原始生命力的张扬。这正是《画》对多彩人生的热爱、对生命激情的张扬的精神基调的体现。而当谢阁兰这么做的时候,他事实上已经超越了对桀的"暴君"形象的简单颠覆,而是具有了追求"个人"的自我救赎的更深层次的意义。而在这背后起作用的,正是尼采哲学的刺激;与此同时,它也成为其"中国的幻象"的绝好例证。

谢阁兰在写作《画》时,遍览了当时所有的法译汉学文献,使它们成为《画》的最重要的材源。那么,他在《画》中所表达的对中国历史的另类看法,是否也与他所依据的史料,如戴遂良神父(Léon Wieger, 1856—1933)编译的《历史文选》(*Textes historiques*, 1903—1905)、《哲学文选》(*Textes philosophiques*, 1906)、《现代中国风俗志》(*Folk-lore chinois moderne*, 1909)、《道教》(*Taoïsme*, 1911, 1913)等,已因种种筛选、移译等方面的原因,而呈现出不同于中国史料的本来面目有关呢(比如,《碑》的中译者就没有找到《纵乐的君王》一诗所据《历史文选》的原始中文出处)? 我不禁私下里猜测。这是个饶有意思的问题,希望听到专家学者的解答。

---

[1] 黄蓓,《法国作家谢阁兰笔下夏桀形象之重塑》,载《中国比较文学》2007年第3期。

而在此基础上,谢阁兰对中国史料有意无意的改写,更是一个可以预想的结果。比如《玄幻图》最后的"四季透景画",就是对顾赛芬神父(Séraphin Couvreur, 1835—1919)所译《礼记》(*Liji ou Mémoires sur les bienséances et les cérémonies*, 1899)中《月令》的改写;再如《帝王图》开头孟子讲述的孔子率弟子观画的故事,就是对《孔子家语·观周》中孔子瞻仰尧舜画像之故事的改写,而该故事又引自考古学家沙畹(Édouard Chavannes, 1865—1918)的《中国北部考古》(*Mission archéologique dans la Chine septentrionale*, 1913)第一卷。我想,正是这种有意无意的改写,在其构造"中国的幻象"时起了最直接、最有效的催化作用。

三

谢阁兰在《画》中对儒家"正统"历史观发起挑战,表达了一种"离经叛道"的历史观,即重"无道昏君"、轻"有道明君"的历史观。这种"离经叛道"的历史观在使我们大吃一惊的同时,也促使我们重新认识中国历史上一些声音微弱的"异端"意见,促使我们认识中国历史上非主流历史观的存在价值。

在津津乐道于那些昏君时,谢阁兰知道自己是"弃明投暗",所以一开始就预先声明:"诸位尽可以相信,孔老夫子决不屑于与我们为伍,他的弟子们就更不消说了。我说这场戏定会让你们大饱眼福,而他们却只会鄙夷之极。"(第126页)"这里是历史上第一个时代的结束,把孔老夫子和他的弟子们吓跑了的正是

这幅画像!"(第129页)

不过有趣的是,谢阁兰也许并不知道,正是子贡(约前5世纪初)——孔子门下最优秀也最富有的弟子之一——却对认为桀、纣是邪恶之化身的主流观点提出过异议:"纣之不善,不如是之甚也。是以君子恶居下流,天下之恶皆归焉。"(《论语·子张》)——子贡是个成功的大商人,商人在中国社会里一向地位不高,难以进入"上流社会",即在先秦时期已是如此,子贡的"不同政见",不知是否与此有关?

而在《帝王图》开头讲述了孔子率弟子观画故事的孟子(约前390—前305),在汉代应劭(约2世纪后半叶)的《风俗通义》(约190—约195)中,却也记载了他曾说过与子贡类似的话:"尧、舜不胜其美,桀、纣不胜其恶。"(《正失篇》)此话虽不见于今本《孟子》,但应该是可信的,因为《孟子·尽心下》载"孟子曰"的内在精神与此仿佛:"尽信《书》,则不如无《书》。吾于《武成》,取二三策而已矣。"《书》指《尚书》,《武成》是其中的一篇,记载的就是武王伐纣之事。孟子认为"血流漂杵"之类描写过甚其辞,所以表示只愿意相信该篇中的不多几句话。

汉代著名的"异端"思想家王充(27—约97),在其名著《论衡》中,批评了儒书中对桀、纣事迹的夸张、虚构或自相矛盾的表述,认为它们都是对桀、纣形象的故意歪曲,"一圣一贤,共论一纣,轻重殊称,多少异实","传书家欲恶纣……增其实也"(《语增篇》);同时,他也批评了儒书中对尧、舜事迹的夸大、美化的表述,认为它们都是对尧、舜形象的神化(《儒增篇》)——王充本人虽然是个文人,但出身于商人世家,祖、父辈因与人纷争而被迫四处迁徙。他与子贡的同样背景和观点让人惊讶。

追随王充的"异端"历史观的学者很少,唐代史学理论家刘知幾(661—721)是其中一个。在其史学理论名著《史通》中,刘知幾表示要继承和发扬《论衡》的怀疑精神。他不仅对《论衡·问孔篇》的"指摘""《论语》群言"表示赞同,还对王充没有"发明""《春秋》杂义"表示遗憾。所以,他以《疑古篇》、《惑经篇》等,探讨《尚书》、《春秋》中的谬误,继续对历史真相提出质疑。他为桀、纣辩护说:"欲加之罪,能无辞乎?而后来诸子,承其伪说,竞列纣罪,有倍五经……自古言辛(纣)、癸(桀)之罪,将非厚诬者乎?"(《疑古篇》)

在中国历史上,甚至还出现过羡慕桀、纣的声音。魏晋时期出现的伪书《列子》(约4世纪),借与孟子时代接近的杨朱之口,说出了一番惊世骇俗的话。虽然"天下之美,归之舜、禹、周、孔,天下之恶,归之桀、纣",前者"死有万世之名",后者"死被愚暴之名",但这种云泥之别,却被死亡所抹平。纵使是万世之美名,"虽称之弗知,虽赏之不知,与株块无以异矣";纵使是愚暴之恶名,"虽毁之不知,虽罚之弗知,此与株块奚以异矣"。而在他们生前,却是前者"生无一日之欢",后者"生有纵欲之欢"。两相权衡,死后的名声是虚幻的,生前的欢乐却是实在的。"彼四圣虽美之所归,苦以至终,同归于死矣;彼二凶虽恶之所归,乐以至终,亦同归于死矣。"(《杨朱》)这可能是中国历史上与谢阁兰的《画》最接近的观点了(谢阁兰应该知道《列子》,在《碑》里,他曾两次引用《列子》,以为汉语题词,一见《向理性致敬》,一见《智慧碑》)。

其实,就历史真相而言,桀、纣或许确非如此邪恶,尧、舜也未必如此圣贤。中国上古史书《竹书纪年》(其记载结束于前299年)里,本有"舜囚尧"、"舜放尧"之记载。然而,后世史家对此却视而不见,不予采信:"凡此数事,语异正经,其书近出,世人多不之信也。"(《史通·疑古篇》)设想一下,倘使谢阁兰读到了这些有损尧、舜"光辉形象"的记载,他或许会将尧写入《帝王图》,并尊之为"亡国之君"之首吧?(在《帝王图》的"西汉的禅让"中,谢阁兰仍沿袭了尧禅位于舜的传统说法。)

像子贡、孟子、王充、刘知幾、"杨朱"这样的中国先贤对于历史真相的质疑,现在由于谢阁兰的《画》而更让人刮目相看。谢阁兰的《画》中所表现的"离经叛道"的历史观,在挑战在中国几乎一向占据主导地位的主流历史观的同时,事实上也成为对于那些长期被忽视的非主流历史观的一个来自西方的有力支持。如果把那些不同于主流历史观的史料重新整理一下,也许我们有望得到对于中国历史的完全不同的认识。

但让我们感到难堪的是,一部中国历史,像子贡、孟子、王充、刘知幾、"杨朱"这样的质疑的声音竟如此稀少,中国几乎所有的文人都自觉遵守主流历史观唯谨;而即使像子贡、孟子、王充、刘知幾、"杨朱"这样的质疑的声音,也只是怀疑历史记载的可信度有所失真,却并不曾试图彻底翻案或改写历史本身。

四

当然,谢阁兰发出这种另类的声音,表现"离经叛道"的历史观,并非只是为了"我注六经",翻案与改写中国的历史,而更是为了"六经注我",以其构造的"中国的幻象",别展自我救赎的个人怀抱。在这一点上,上述中国先贤除"杨朱"外,与他并无共同之处。

不过,如果把时空切换到现代,则谢阁兰这种另类的声音,在与他同时代的中国人中,却并不显得孤立。在19、20世纪之交的法国,尼采的著作开始被大量翻译成法语;而几乎是与此同时,一大批追求新知的中国知识分子,如王国维、鲁迅等人,已通过德语、日语、英语等外语,率先接触到了尼采的著作。他们不约而同地倾倒于尼采哲学的魅力,在他们的作品中,随处可见对于尼采哲学的痴迷。可以说,正是基于这种共同的思想历史背景,谢阁兰在现代中国并不缺少同调者。

比谢阁兰年长一岁的王国维(1877—1927),虽然后来以考据学出名,成为中国著名的国学大家,但他在三十岁以前,曾精研西方哲学,尤醉心于叔本华和尼采,撰有多文推介两人的学说。比如,他以《叔本华与尼采》一文,揭示两人思想的渊源传承关系,以及尼采"超人"哲学之来历,从中可见其对两位西哲的理解和洞察。

比谢阁兰年轻三岁的鲁迅(1881—1936),差不多与王国维同时,1907年在日本的东京,写出了他最初的一批论文,其中的《文化偏至论》、《摩罗诗力说》等,都深受尼采"超人"哲学的影响。在这些论文中,鲁迅大力提倡尼采的"超人"哲学,提出了"重个人"、"任个人而排众数"(《文化偏至论》)的主张,强调个性、意志和生命力的张扬,与谢阁兰的主张极为相似。如鲁迅"排众数"云:

> 见异己者兴,必借众以陵寡,托言众治,压制乃尤烈于暴君……呜呼,古之临民者,一独夫也;由今之道,且顿变而为千万无赖之尤,民不堪命矣,于兴国究何与焉……同是者是,独是者非,以多数临天下而暴独特……理若极于众庶矣,而众庶果足以极是非之端也耶……况人群之内,明哲非多,伧俗横行,浩不可御,风潮剥蚀,全体以沦于凡庸。(《文化偏至论》)

"众数"既然靠不住,所可靠者只有"个人"——却非一般凡庸的个人,而是尼采所主张的"超人":

> 若夫尼佉(尼采),斯个人主义之至雄桀者矣,希望所寄,惟在大士天才;而以愚民为本位,则恶之不殊蛇蝎。意盖谓治任多数,则社会元气,一旦可隳,不若用庸众为牺牲,以冀一二天才之出世,递天才出而社会之活动亦以萌,即所谓超人之说,尝震惊欧洲之思想界者也……惟超人出,世乃

太平。苟不能然,则在英哲……与其抑英哲以就凡庸,曷若置众人而希英哲?则多数之说,缪不中经,个性之尊,所当张大……而张大个人之人格,又人生之第一义也。(《文化偏至论》)

在文学上"别求新声于异邦"的鲁迅,也像谢阁兰那样一反常态,避开主流的"桂冠"诗人,赞美"力足以振人,且语之较有深趣"的"摩罗诗派"。所谓"摩罗"者,也就是魔鬼、撒旦;"摩罗诗派"者,也就是"魔鬼诗派"、"撒旦诗派"。"举一切诗人中,凡立意在反抗,指归在动作,而为世所不甚愉悦者",如拜伦、雪莱、普希金、莱蒙托夫、裴多菲等,皆入其眼帘,得其青目。这些"摩罗"诗人,"无不刚健不挠,抱诚守真;不取媚于群,以随顺旧俗;发为雄声,以起其国人之新生,而大其国于天下"。鲁迅视他们为文学发展之原动力,也为中国"精神界之战士"的范本,而"为传其言行思惟,流别影响"(《摩罗诗力说》)。其意图与选择之另类,一如在解读中国历史时"弃明投暗"的谢阁兰。

虽然鲁迅对世界文化和文学所作的解读,并不完全等同于谢阁兰对中国历史的解读,但他们不约而同地赞颂有个性者与反叛者,却具有极为相似的时代背景和精神意义。两相对照,既可见中国现代文人并不置身于同时代的世界潮流之外,也更可以看出谢阁兰"中国的幻象"对于中国读者的启示意义。

五

其实,除了想要张扬个性、意志和原始生命力以外,鲁迅和谢阁兰都是"醉翁之意不在酒",都是在对萎靡不振的时代发起挑战。《摩罗诗力说》的开头是这样的:"人有读古国文化史者,循代而下,至于卷末,必凄以有所觉,如脱春温而入于秋肃,勾萌绝朕,枯槁在前,吾无以名,姑谓之萧条而止。"结尾又是这样的:"今索诸中国,为精神界之战士者安在?有作至诚之声,致吾人于善美刚健者乎?有作温煦之声,援吾人出于荒寒者乎?家国荒矣,而赋最末哀歌,以诉天下贻后人之耶利米,且未之有也。"这让我们想起了《画》中的一些文字:"江山沦亡的好戏本身也正走向落幕"(第186页),而清末的了无生气则沦落到了这样的地步,"说到底没有一个'人'能够挺身而出,为这个平静得如死水一般的皇朝与时代助上一臂之力,或者敲响丧钟"(第193页)。他们真是同气相求,同声相应。

但是在挑战的目的上,鲁迅和谢阁兰却显示了差异。对谢阁兰来说,正如黄蓓《关于〈异域情调论:一种"多异"美学〉的几点说明》所云,挑战的目的是为了实现自我救赎:

> 在20世纪刚刚起步的时候,诗人已经预感到世界正在变小,正在趋向同一。而在他眼里,这种趋同正在造成人类精神热量的衰减,因为只有差异与多元才是世界不竭的活

力之源……随着时间的推移,最初被作为个人审美论述的"异域情调"渐渐在作者笔下成为一种普适的人生美学。在1916年到1918年的笔记中,这一信念发展到最高峰,文字中处处洋溢着尼采式的拯救激情。不能忘记,这种激情的背后是欧洲整个世纪末的虚无厌世的情绪。踏着尼采的足迹,谢阁兰投身于一场悲壮的事业:"上帝死了"之后,要么葬身于虚无,要么与虚无战斗,树立起一种新的生命信念。这一信念,他称之为"exotisme"("异域情调"),或者"Divers"("多异")。(第215—217页)

而谢阁兰所构造的"中国的幻象",正是这种"异域情调论"的实践之一。在"异域情调"人生的巅峰,桀这样的英雄也终将被超越。在《碑》与《画》中,谢氏对桀不吝赞美之辞;而在《异域情调论》1916年6月3日的笔记中,他却笔锋一转,劝读者"不要模仿中国人",给夏桀这个"孔武无比、强悍绝顶的人上人'桀'的称号"(第297页)。此话表面看来与《画》中为桀正名的立场矛盾,实则是尼采精神的进一步发挥:夏桀表现了人性本能的充溢,但还没有达到对自身的超越;而真正的超越离不开精神的创造力。每个人都有自己的超越方式,对谢氏而言,真正超凡脱俗的境界,是在对"多异"美的体验达到登峰造极之时,人感到不可思议的神性的那一刻。这种超越,归根结底不是来自于外在的神,而是来自于自我意志。"渴望神、通向神的道路拐了个弯,便伸展向神性化了的'多异',奇妙、有力、给人以灵感的'多异'"

(第296页)。尼采式的艺术救赎观在此被发挥得淋漓尽致。

而对于鲁迅来说,挑战的目的却是为了复兴中国。在《文化偏至论》里,鲁迅提出了"人国"的理想:

> 人既发扬踔厉矣,则邦国亦以兴起……外之既不后于世界之思潮,内之仍弗失固有之血脉,取今复古,别立新宗,人生意义,致之深邃,则国人之自觉至,个性张,沙聚之邦,由是转为人国。人国既建,乃始雄厉无前,屹然独见于天下,更何有于肤浅凡庸之事物哉?……是故将生存两间,角逐列国是务,其首在立人,人立而后凡事举;若其道术,乃必尊个性而张精神。假不如是,槁丧且不俟夫一世。

由此可见,虽说同样接受了尼采哲学的影响,两人的主张十分相近,但谢阁兰侧重于通过"从中华帝国到自我帝国的转移",来实现自我救赎,鲁迅则指望通过"尊个性而张精神"的"立人",来复兴积弱的中国。

这种差异是时代与国情的不同造成的。谢阁兰时代的欧洲处于世界的巅峰,"个人"的命题大于一切;但对于鲁迅来说,"国将不国"的现实是压倒性的,所以他的理想是建设"人国",而"任个人"则是实现目标的手段。

然而,中国历史后来的实际走势,却与鲁迅的设想大相径庭。正是鲁迅所欲排击的"众数",成为创造现代中国的动力,挽救中国于"亡国灭种"之危机,而付出的代价则是"救国是图,不惜以个人为供献"(《文化偏至论》)。就此而言,不能不既为鲁迅高兴,又为鲁迅悲哀。

鲁迅似乎处于谢阁兰与现代中国之间:就"任个人"而言,他与谢阁兰站在一起;就救国救民而言,他呼应着现代中国的脉搏。

因为中国一个世纪的历史走向有此"偏至",所以今天的人们已经很难理解鲁迅(尤其是他早年的那些主张),相应地也就很难理解谢阁兰。也正因此,如果我们能够理解谢阁兰,我们也就能够更好地理解鲁迅;如果我们能够理解鲁迅,我们也就能够更好地理解谢阁兰。中国"任个人"的任务远未完成,"人国"的理想更是遥不可及,所以,对鲁迅和谢阁兰的理解也才刚刚开始。我们不禁希冀,也许正是在谢阁兰的"中国的幻象"中,潜藏着对于中国未来的发展有用的东西。

六

时隔将近一个世纪,当我们今天再来回顾谢阁兰时,总会不由自主地联想到他的那位乡前辈,同样因替法国海军服务而获得"异域"经验,写出了许多富于"异域情调"的文学作品,那就是曾在法国文坛风靡一时的洛蒂(Pierre Loti,1850—1923)。

谢阁兰以"平视"的"他者"眼光看待中国,明确意识到自己所见并非真实的中国,而只是一种高度自我化的"中国的幻象";洛蒂则以居高临下的殖民者眼光看待东方,以为自己所见就是真实的中国和日本,字里行间充满着猎奇与自恋,却基本上没有自我反省的意识。洛蒂的中国和日本题材的作品中,充溢着鲁迅所憎恶的那种心理:"愿世间人各不相同以增自己旅行的兴趣,到中国看辫子,到日本看木屐,到高丽看笠子,倘若服饰一样,便索然无味了。"(《坟·灯下漫笔》)洛蒂的代表作《菊子夫人》(*Madame Chrysanthème*, 1887),虽然文笔优美,情节动人,但其中弥漫着的便正是这样一种心理,会让东方读者起鸡皮疙瘩的。

谢阁兰则正好相反,他决绝地宣布:"首先,清扫道路。把'异域情调'所含的一切陈词滥调、油腻哈喇的东西统统扔掉,剥去它那身艳俗的旧衣裳:棕榈与骆驼,太阳帽,黑皮肤与黄太阳;这也就赶走了那些滥用此词的蠢家伙们……好家伙,真是场令人捂鼻的大扫除!"(第234页)这样,也就不难理解,在《异域情调论:一种"多异"美学》中,谢阁兰为何要处处以洛蒂为对立面,将洛蒂作为"劣质异域情调论"的标本,一再加以冷嘲热讽,由此来展开自己的"异域情调论":

> 什么?不就是些旅行"印象"吗?不然!这种玩意儿洛蒂已经制造得够多的了。(第226页)
>
> 其他人是假"异乡人"(洛蒂们,游客们,也都一样糟。我把这些人称作给异域情调"拉皮条"的人)。(第249页)
>
> 洛蒂之流则不然:对于他们的对象,他们充满了一种神秘主义的陶醉,没有清醒的意识,而是使自己与之缠绕;这

些人互相之间也难分彼此,统统"为上帝沉醉"!(第257—258页)

而且,谢阁兰一针见血地指出,这种"劣质异域情调论",与"殖民文学"息息相通,他在1909年1月13日写道:

> 扫地出门:殖民者,殖民官。
> 这些人根本算不上"异乡人"!前者出现是为了做当地生意,其目的再商业不过。对这种人来说,世界的"多异"只作为一种盈利手段存在。至于后者,那种中央行政的概念,以及适用于一切人、并且一切人也必须遵守的法律概念,从一开始就左右了他的判断,使他对世界的不合之音(或者说多音之和)充耳不闻。这两种人都无法声称自己对世界有审美的眼光。
> 因此,"殖民"文学与我们无关。(第258—259页)

写得真是痛快呵!对中国乃至东亚读者来说,洛蒂基于其"劣质异域情调论"所塑造的东方形象,仅仅反映了殖民者的傲慢与偏见,令人生厌,并无什么启示意义;而相比之下,谢阁兰的"中国的幻想",以其"异域情调论"为基础,却穿越了历史的时空,仍给人以无穷的启示。

正因如此,在他们那个时代,洛蒂可谓红极一时,谢阁兰却还不为人所知;但1970年代以后,后者的地位已大大上升,前者的地位则相对下降；而到了今天，虽然在一般大众读者中洛蒂的知名度仍高于谢阁兰，但文学史给谢阁兰的地位已经超过了洛蒂。这一切，其实是在他们当初思考、动笔的时候就已经决定了的，时间则只不过把它显示了出来而已。媚俗者以媚俗取悦当世，却见弃于未来；特立独行者以反叛得罪当世，但将从未来得到补偿。

七

我知道"谢阁兰"这个名字，可能早在1980年代，但真正开始读他的作品，却只是最近几年的事情，主要是由于黄蓓博士的诱导。我不敢说已经读懂了他的作品，但我知道自己着迷于他的"另类"，一如当年我倾倒于王充和鲁迅一样。试想一下，即使在"戏说"成风的现在，又有几个人敢公开赞美桀、纣呢？哪怕已过了一个世纪，谢阁兰还是那么"先锋"，这正是他的可爱之处。

谢阁兰一再强调，他的"异域情调论"所要表现的，"是环境对旅人开口，是异域对异乡人开口。后者闯入前者，惊扰它，唤醒它，令它不安"（第233页）。是的，我被他的"中国的幻象"惊扰和唤醒，它让我感觉到了不安；我现在对他们开口，说出我对他们的看法。"我不希望这些文字写出来如同石沉大海。哪怕只是一个手势，哪怕只是一个声音，只要它们能给人们带来什么，都会让我由衷地感到欣慰。"（第307页）那么现在他完全有理由感到欣慰，因为他的作品所激起的回声已越来越大，甚至连我这么一个远在中国的门外汉,也加入到他的读者行列中来了。

而且,作为同样"天生喜爱云游四方,天生就是'异乡人'"(第237页)的人,我也期盼着有朝一日造访谢阁兰的故乡,感受他当年在中国所感受过的一切,"给自己一个有别于真实自我的定义、感觉到'多异'之存在时的陶然感觉"(第237页),并营造一个我自己的"法国的幻象",回馈给这个营造了"中国的幻象"的智者,也继续完成我那自我救赎的漫漫旅程。

本文收入谢阁兰著,黄蓓译《画&异域情调论》,上海书店出版社,2010年;又收入邵毅平《东洋的幻象:中日法文学中的中国与日本》,上海锦绣文章出版社,2010年;载于《东疆学刊》第27卷第3期,2010年7月;又载于 Cahiers Victor Segalen, n°1, Le Mythe de la Chine impériale(《谢阁兰研究》第1期《中华帝国的神话》,Honoré Champion,2013)。

邵毅平,复旦大学中文系教授,专攻中国古典文学、东亚文学关系。著有《中国文学中的商人世界》(复旦大学出版社,2005年)、《论衡研究》(复旦大学出版社,2009年修订版)、《中日文学关系论集》(上海古籍出版社,2011年修订版)、《中国古典文学论集》(上海古籍出版社,2013年合集版)等十余部著作。

出征与回归
——谢阁兰异域写作中的"真实"与"想象"

孙　敏

威廉·施瓦兹(William Leonard Schwartz)在总结 20 世纪初法国文学对异域的表现时指出:20 世纪前十五年,一些作家开始使用新的方法表现异域。他们试图把戈蒂耶父女(Théophile Gautier, Judith Gautier)的文学想象、龚古尔兄弟的文化研究和洛蒂的异域旅行结合起来,进行异域写作。[①] 在这一批作家中,谢阁兰无疑是最富特色的。正是在中国,他找到了回应自身诗学追求的主题与形式,创造出一系列层次丰富、体式多样的"中国文本"。可以说,在试验中国的可创造性方面,他无人能及。

---

　① William Leonard Schwartz, *The Imaginative Interpretation of the Far East in Modern French Literature*: 1800—1925, Librairie Ancienne Honoré Champion, 1927, p.185.

对中国读者来说,理解谢阁兰却并不容易。谢阁兰曾游历大半个中国,然而在他的笔下,我们找不到20世纪初中国风云动荡的政治、历史变迁,找不到在半殖民化、现代化焦虑中苦苦挣扎的社会各阶层,甚至找不到一个活生生的富有个性的中国人。他一意塑造的是超越纷繁现象的文化、精神意义上的中国。基于这一立场,他亦不可避免地表现对现代中国的失望。因此,他很容易被归为鲁迅先生所嘲讽的"站在西方的立场上反对中国现代化"、"最可憎恶"的人,其创作的意义也随之被否定。时至今日,当我们重新反思中国文化身份重建、反思传统文化之于现代的价值、反思中国文化之于自我的意义诸问题时,谢阁兰的价值日益凸显:他提供了一种新的观看中国的眼光,确立了一种新的认知自我的方式,并成功地将中国与自我联系起来,在与中国的碰撞中重塑自我,在对"中国"的言说中完成对"自我"的言说,从而实现了"中华帝国"向"自我帝国"的转移。在这一转移中我们可以提炼出两大重要命题:自我与他者;真实与想象。这两大命题常常是融合的。从真实与想象出发,我们最终要探讨的是中国以怎样的方式进入他的创作视野,他想象中国的方式独特性何在,而他所想象的中国是否具有特殊的价值。理解了这些,我们才能更好地理解谢阁兰笔下的中国。

从《出征》一书看来,谢阁兰所指的"真实"(réel)是经验的世界,是对世界感官的、具体的和物质上的参与。"想象"(imaginaire)则指向精神的世界,是对世界想象性变形的寻求。两种方式共同构成对世界的认知。两者是各具独立价值的领域,试图以一方贬抑或替代另一方,都将造成艺术创造力的衰竭。兰波就是最典型的例子。谢阁兰在《两个兰波》中提及一个兰波表现出超凡的想象力,他的《醉舟》在未见过大海之前就创造出了令真实的大海暗淡失色的美。然而,这种想象力最终萎缩。另一个兰波陷在现实的生活中不可自拔,在漫长的游历中,再也没有创作出一首诗。在谢阁兰看来,兰波令人扼腕之处就在于他将真实与想象绝对隔离开来,将两者视作泾渭分明的两个世界,择其一而守之,最终扼杀了自身伟大的创造力。"两个兰波"正是真实与想象分裂的兰波。①

显然,谢阁兰对这一问题的思考源于对19世纪末以来法国文学思潮的反思。他一方面反对自然主义。自然主义将文学对现实的描摹发挥到极致,追求绝对的真实,在详尽占有资料和精细观察现实生活的基础上,对现实作记录式的写照,并企图以自然规律特别是生物学规律解释人和人类社会。这样一来,作家变成了科学家和社会的观察员。自然主义的观念无形之中压抑了作家的想象力、创造力和个性精神。因此,谢阁兰提出"想象"反对文学创作对现实作如实的描摹,强调艺术作品的独立性。早在发表于1902年的第一篇论文《通感与象征派》(*Les Synesthésies et l'école symboliste*)中,他就指出,通感从来都不是客观的或者说是可客观化的,它来自于天才思想

---

① 参见谢阁兰评论《两个兰波》,收于[法]谢阁兰著,《诗画随笔》,邵南、孙敏译,上海:上海书店出版社,2010年。

的最深处。诗人最大限度地利用了通感来揭示超越事物表象的内在本质。

事实上,这种对"内在本质"的认知与呈现贯穿于谢阁兰的创作始终。这也是为什么谢阁兰从不对中国做"客观化"的描述,因为他毕生以求的是挖掘出"本质的中国"。这一本质经过了他本人的内化,承载了他自身的精神世界。中国,对他来说不仅是地理上带有神秘感的空间,更是自身"内心空间"的隐喻。正如他所言:"重要的不是我对中国有什么想法,(事实上,我什么想法也没有)而是我对它的想象……以超越现实的真正的、生动的形式,创造出的艺术作品。"[①]因此,他始终带着冷静的目光在中国大地上搜寻,搜寻这个古老的文明所蕴含的创作主题与形式,试图创造出一种超越东、西方文化视域局限的精神境界。

另一方面他又反对象征主义。象征主义以"想象"对抗"现实的摹写",以想象力的真理性对抗所谓的"客观真实"。我们知道,"美学"一词源于古希腊文 aisthetikos,最宽泛的理解是感知能力。因此,最初的美学经验与对外在世界的感知紧密相连。然而,自18世纪以来,美学仅与艺术相关,由此产生的审美思想主张艺术家的直觉知识可以取代由感知经验获得的知识。这在19世纪末发展到极致。象征主义以内在的想象张力取代对外

---

① Victor Segalen, *Briques et tuiles*(砖与瓦), in *Œuvres complètes*(谢阁兰全集), Paris, Robert Lafont, tome I, 1995, 第942页。

部世界的感知经验,诗人凭借其非凡的感受力,通过想象性的作品呈现绝对真理,传递出更具价值的事物的本质,即马拉美所说之不可见而最美的"众花之花(l'absente de tout bouquet)"。在象征主义者那里,一个艺术家可以完全与外部世界分离。谢阁兰在《居斯塔夫·莫罗:俄耳甫斯教的大画师》中称莫罗的画折射出的正是"纯粹理念的贫乏",并断言:"他相信在他的作品中掌握了一切存在和应当存在的事物。——作为遗产的过去、可悲的现在、镀金的未来——这,也许永远不会来临。"[1]显然,在谢阁兰那里,丧失对外部世界的感知,凭借虚妄的想象,创造出所谓"象征"的符号组合在一起,其艺术性是平庸的。在他看来,真实与想象既不能彼此取消,也不能彼此替代。经验主体只有不断经受真实与想象之碰撞,才能获取真正的艺术创造力。他所推崇的高更正是由于逃离了巴黎,走向塔希提,感受那片异域大地的色彩与土著人的状态,才创造出绚烂的形式、生动的图案与独特的态度。在高更笔下,毛利人遵循"想象世界的构图"(le plan imaginaire),不是现实毛利人的翻版,而是经画家之眼变形过的"毛利人"。这一变形的形象恰好传达出毛利人的本质:"要等到高更来到这些岛国,毛利人的神秘特征,或者说一个种族的神秘才被勾画出来。……他要透过鲜活多变的外表,画出一张'本质'的脸。为了达到目标,他往往要有意识地、巧妙地令一切

---

[1] [法]谢阁兰,《居斯塔夫·莫罗:俄耳甫斯教的大画师》,收于《诗画随笔》,邵南、孙敏译,上海:上海书店出版社,2010年,第110、115页。

变形。这种高明的变形,令画中呈现的姿态比现实的姿态更真实。"[1]可以说,高更身上体现了谢阁兰梦寐以求的真实与想象碰撞而生的艺术生命。所不同在于,高更选择了塔希提,而谢阁兰选择了中国。中国,对他而言,是真实的国度,亦是想象的对象;他在中国寻找的不是汉学家式的知识解读,不是走马观花式的异域风情,而是经由自我之眼变形的"中国"。这个中国是自我影像的投射,亦带有原来真实世界的些许影子,所以变得暧昧不明,似是而非。

选择中国则源自他一直以来所秉持的"多异"(Divers)美学。他的《异域情调论》(*Essai sur l'exotisme*)的小标题即为"一种多异美学"(une esthétique du Divers)。在法语中,"divers"兼有差异和多样之意。谢阁兰将形容词作为名词,并改成大写,无疑是将"divers"的含义抽象化,上升至哲学层面。[2] 在他看来,世界的多样之美来自"异"的体验。而中国这个地域广阔、历史悠久、文化丰富、内部千差万别且与西方迥然相异的国度,涵容了最丰富的"多"与最新鲜的"异",正如谢阁兰在《出征》中所言:"普天下所有国家当中只有一个,同时满足这些彼此矛盾、又以各自的极端互相均衡、谐调着的命题,这个国家毫无疑问就是:中国。"[3]于

---

[1] [法]谢阁兰,《居斯塔夫·莫罗:俄耳甫斯教的大画师》,收于《诗画随笔》,邵南、孙敏译,上海:上海书店出版社,2010年,第168页。

[2] 参见黄蓓为《异域情调论:一种"多异"美学》撰写的序言。[法]谢阁兰,《画&异域情调论》,黄蓓译,上海:上海书店出版社,2010年,第218页。

[3] [法]谢阁兰,《出征》,李金佳译,上海:上海书店出版社,2010年,第8页。

是,他纵身投入其中,品鉴这个万象的世界,在与世界的碰撞中找寻"自我"之精神。《出征》本身就是对这一旅行诗学(亦即创作诗学)最好的阐释。写作取材于谢阁兰1914年穿越中国的旅行。《出征》的小标题也名为"真实国度的旅行"(un voyage au pays du réel)。然而,在他笔下,我们找不到传统游记里应有的各地风物、掌故、奇闻、趣事,看不到我们所熟悉的城市里具体、鲜活的世态画卷,甚至勾勒不出作家行走的真实路线(那类文章被作家称作"可疑而又虚妄")。河流、道路、高山、城与人都幻化成符号,失去了具体的指实能力。在这似真似幻的背景里,"我"凸显出来,不断反思自我的旅行计划、预期及诗意想象所遭遇的挑战,记录身在的世界于内心深处留下的震撼。比如旅行开始后,作家终于来到了"化境之端",开始攀爬这座梦想的高山。在山脚下,作家以诗意的文字描述即将到来的登山体验。然而在上山的过程中,作家的想象不断遭遇挫折,他一面叙述真实的情况,一面调整他对爬山的想象性叙述。类似的碰撞在《出征》中比比皆是,它指向谢阁兰一以贯之的思考与追求:"当你把想象对质于真实,它是会衰退还是会加强?"[1]需要强调的是,在《出征》的语境中,"真实"往往是指现实世界。《出征》开篇就为这次长途跋涉指明了方向:居于"瓷室"的"我",本自足于这座想象的宫殿。然而,种种疑虑渗透进来,"我"试图走出"瓷室",面对真

---

[1] [法]谢阁兰,《出征》,李金佳译,上海:上海书店出版社,2010年,第8页。

实。因此,《出征》的旨趣不在于记录外在世界,不在于给予读者大量实际的信息,而是寻求"真实本身,是否也拥有它形诸言语的价值、它的味道?"①作家的整个旅行因之变成一场丰富而华丽的精神冒险,涉及内与外、词与物、精神与肉体等诸多问题的探讨,充满了谢阁兰创作中独有的思辨与幻想相融合,真实与想象相映射,虚实相间、真假难辨的文体风格。

这种风格在他早期的小说《勒内·莱斯》中已有体现。小说以1911年中华帝国的覆灭为历史背景,以日志写作的方式展开叙事,着重描述了日志的写作者"我"(与谢阁兰同名)对皇帝和紫禁城近乎偏执的探谜。"我"曾潜心尽力地搜集皇帝露面的情景,寻找一切可能的途径将内廷泄露出来的零散消息串联起来,试图深入神秘的宫禁内部,构筑对紫禁城的整体认识。意图屡屡受挫后,"我"意外地从汉语老师勒内·莱斯那儿找到了进入内宫的途径,莱斯称自己是已故光绪帝的好友,摄政王的朋友,是宫廷秘密警察的头目,更是隆裕皇太后的秘密情人,可以自由地出入宫廷。在读者以为这不过又是一次关于"紫禁城"俗套而荒诞的臆想时,小说整个叙事指向"我"的不断反思和质疑。真实与想象在这里化为两条叙事线索,一是我在紫禁城外的见闻;一是莱斯讲述的紫禁城内的秘闻(它代表了西方长久以来对于紫禁城的猎奇式想象)。两条线索交织在一起,我的所见冲击着

---

① [法]谢阁兰,《出征》,李金佳译,上海:上海书店出版社,2010年,第10页。

我的所闻,不断挑战着"我"对紫禁城的建构。最终,"我"只能给出"是或否"这一似是而非的答案。

对谢阁兰来说,真实与想象永恒的博弈,正是创作与自我精神历险的源泉。就像《出征》最后那幅"龙虎斗"的图案:"两只对立的兽,吻冲着吻,争夺着一枚年号不可辨识的钱币。左边是一条战栗的龙……这是想象,在其犷直的风格中。——右边是一头长身的虎,脊背柔韧、弯成弓形、肌肉强健、紧绷着,阳物勃勃于旺盛的性力中:真实,总是充满自信。……两只兽争夺着的东西,——一句话,存在——,总骄傲地未知着。"[①]中国之于他的意义与价值也在此。他如出征的旅人,在中国大地上行走,以"我"之想象对质脚下的大地,将对质留下的痕迹化作文字,造就自我的世界。每一次出征就是一次真实与想象的较量,而他那被唤作"瓷室"的北京寓所,一次次等待着他出征后的回归,这回归最终指向精神世界的沉淀与创作力的喷薄。因此,他呈现给我们的世界有极先锋的叙事方式,亦有极深刻的精神冲击。他避开繁华的大道,执着地在各种偏僻的、人烟稀少的小路上寻觅和思考,沉迷于研究中国的古物。在他看来,这些固化的文物,亘古不变,见证并讲述着业已消逝的历史。每一种文物具体的实体下,都可能寄寓着某种难以触及的历史神秘,包容无穷的可能性,从而为个人的想象撑开广阔的空间。《碑》与《画》便是这

---

① [法]谢阁兰,《出征》,李金佳译,上海:上海书店出版社,2010年,第126—127页。

种想象无限延展的产物。

《碑》全64首诗都以汉字题诗对照原文诗题,诗中涉及到中国文史典籍中记载的许多神话、传说、史实、人物、礼仪、习俗。但是,诗集既不是故作神秘,也不是炫耀其渊博的汉学知识,而是将中国典故从原来的语境中独立出来,加以诗学想象,或反其意而用之,或补充说明之,或重新阐释之,形成新的意义。在中国典故与诗歌主题的对撞中生发出一种新鲜的阅读体验。如,后稷的出生变作嘲讽宗教神迹的参照物(《碑·赞一个西方贞女》)。"大渊之乐"中的"大渊"成为思想意识里不可触碰的黑色地带(《碑·三曲远古颂歌》)。种种重构,对熟悉中国典故的读者来说,阅读之震撼尤甚。

事实上,《碑》的创作灵感正来自于谢阁兰对中国碑的想象。碑在中国,首要的功能是记述,述先人功绩、记生平事迹或个人意愿。谢阁兰敏锐地意识到这一点,对他来说,碑本身的内容并不重要,那些刻在石头上的文字是一种"沉默"的言说,是可供诗人自由想象与体验的符号空间。因此,他的《碑》黑框白底,形式上类似中国的碑,而且一页一诗,翻阅的过程仿如驻足品读一篇篇碑文。中国的碑亦是书法艺术,我们可略过书写内容,聚焦于书写形式本身。《碑》上的汉字,对不识汉语的法语读者来说亦有同样的效果。汉语以其书写与间架结构为法语读者提供了意义之外的自由想象空间。

《碑》的整体结构亦极为讲究,按中国古代碑的坐向分为"南面"、"北面"、"东面"、"西面"、"曲直"、"中"六个部分,不同方位代表不同的含义:东向之碑是爱;北向之碑是友谊;南向之碑是帝王的敕令;西向之碑是战争与死亡;中央之碑则是心灵与意志的象征,是精神世界的"紫禁城"。五方又通过曲直之碑(即路边之碑)连接与融通。这一结构来自中国阴阳五行思想的启发。中国哲学里独有的空间意识,在《碑》中转化为一个不停运转的内在空间,是开始,也是结束;是形成,也是完成。在这动态的循环中,中华帝国不断转换为自我帝国,而自我亦在多样的精神世界里不断追问世界的诗意与自我的存在。

《画》名为"画",但谢阁兰写的是不存在的画,即不以现实的绘画作品为摹本。《画》的创作灵感始于谢阁兰对中国绘画之本质的解读。他认为,中国绘画是想象性的,是独立于现实之外的。由此出发,他考察了中国绘画与文字、文学的关系,打破绘画与文字的亲缘关系,并向上回溯,追问"纯粹"的中国绘画(即脱离了任何外来影响,完美地传达中国精神的画)。在这里,他找到了创作的基点:创造从未存在但可能存在之画。从这个角度来说,《画》正是谢阁兰本人对"中国绘画"的想象。谢阁兰在创作中非常注意这一点:所有能令读者产生幻觉,以为《画》描述的正是现实画作的手法;所有会显示画作出处,表示画作可能存在的描述,他全弃之不用,有意识地将自己创作的画与"现实"存在的画拉开距离,营造出"想象"的氛围。

有意思的是,在为《画》撰写的推荐性文字中,谢阁兰抛出了"真实性程度"(degré de véracité)这一命题,并宣称他的《画》很

"真",《画》中的场景在中国的历史中确实存在或理应存在[①]。这意味着,《画》虽弃绝了文学的摹仿,但其想象并非虚妄的个人臆造,它来自于谢阁兰专业的汉学知识。正是在这一点上,《画》远远超出那些以"中国"为题却流于程式化异域情调之渲染的作品,并显示出谢阁兰独特的文学创造力:他善于超越科学化的知识,将纯粹的关于中国历史、文化的阐释,内化为文学想象的资源。

《画》的创作来源于三个方面:一是谢阁兰对中国绘画的观察与认识(包括对中国绘画的形式、材料、题材等的观察,以及当时一部分关于中国绘画的著作所提供的知识)。它突出地体现在《画》的形式创造中。《画》力图在文本形式上与中国绘画接近。《画》的开篇有题献,题献之后是一篇"说画戏子"的开场白。《画》的末尾有落款:"清朝大公",北京,宣统三年,并盖有"清朝大公"的印章。这样,整部作品可看作是一幅极具中国特色的横幅长卷。前为引首,中间是画心,最后是落款。中国绘画的画卷形式也出现在《画》中,如《大明皇子宴戏图》和《朝贡图》是横卷、《天外飞仙》是立轴、《翻飞的扇》是扇画。此外,《画》中出现的一些意象往往是中国绘画中常见的,不过是以新的方式组合、拼贴在一起,产生出新的意义。二是谢阁兰自身在中国的考古经历。比如《帝王图·东汉的狂奔》就是他为期两个月的中国西部考古

[①] Victor Segalen,《Prière d'insérer pour *Peintures*》, *Cahier de l'Herne*, n° 71,《Victor Segalen》, sous la direction de Marie Dollé et Christian Doumet, 1998, p. 64.

的产物。三是关于中国的文献资料。《帝王图》的大部分篇章出自戴遂良(Léon Wieger)翻译的《历史文献》(*Textes Historiques*),谢阁兰以自己的方式重新改写了其中的历史故事。《玄幻图》中的某些故事则出自戴遂良的《现代中国风俗志》(*Fork-lore chinois moderne*)(唐以来中国历代志怪故事选译)。

谢阁兰借由这些丰富的中国资源,重新构建了一个新的绘画世界。这个世界里渗透的不是中国绘画的"儒、释、道"精神,而是谢阁兰式的尼采哲学。谢阁兰从尼采那里得到的最重要的观念就是肯定生活的价值,找寻生活的快乐。在他看来,带有冲击力的原始欲望和各种极端、离奇的行为更能带来快乐。这也是为什么他的《帝王图》反儒家思想而行之,以亡国之君作为"主角"。在他笔下,亡国之君们禀赋各异(对快乐和性欲的追求;对禁欲和无为的追求,对忘我和自我堕落的追求等),每一种禀赋又是极端的。《帝王图》甚至展现出一种邪恶的诱惑力。如《夏朝的危殆》中作家将交欢与酷刑结合在一起。从这里,我们可以见到尼采的影子。尼采称"艺术叫我们想起了兽性的生命力的状态;艺术一下子成了形象和意愿世界中旺盛的肉体,性的涌流和漫溢;另一方面,通过拔高了的生命形象和意愿,也刺激了兽性的功能——增强了生命感,成了兴奋感的兴奋剂"[①]。他将"性欲、醉意和残暴"视作最古老的快乐,也就是说最原始、最本

---

① [德]尼采著,《权力意志:重估一切价值》,张念东、凌素心译,北京:商务印书馆,1991年,第253—254页。

能的快乐不是温和的而是残酷的。也因此,谢阁兰从纯粹的审美角度出发,对夏桀并未作任何道德评判,反而将这个中国历史上有名的暴君改写为原始野性生命力的代表。

此外,谢阁兰在《帝王图》中塑造了不同形态的"虚无主义者"。如《东晋的禅坐》中晋恭帝的"静止不动"与敌军逼近的骚乱形成鲜明的对比。面对迫在眉睫的危机,皇帝一直保持思考的态势,最终一动不动,笔始终悬在空中。这无疑是对佛教思想的揶揄。在谢阁兰看来,佛教将世界看作虚妄,以一个绝对的世界否定现实生活的价值,其结果必然是精神的空洞与行动的无力。这正好与尼采对宗教虚无主义的批判类似。

与《东晋的禅坐》类似的画面还有《宋朝的理学》。这一次,作家将嘲讽的目光投向了"形而上学的虚无主义者"。宋理宗半卧半坐于御床之上,滔滔不绝地向太子传授理学。与此同时,百万敌军正在逼近宋朝的城池。在这强烈的对比之下,我们可以见到谢阁兰对"绝对理性"的批判。这也是为什么,他在《异域情调论》中强调"万物之上,别无其他"。他反对以形而上的理念否定人所生存的世界,抹杀人的激情与快乐。

整个《帝王图》构成了一个生命力不断衰落的谱系。自秦始皇之后,各朝的皇帝或耽于玄想,或沉迷宗教,或无所作为。发展至清朝,则堕落为千人一面、庸庸碌碌。最后,一切个性消失殆尽。这令我们想到了尼采笔下"最后的人"。"最后的人"所体现的正是人的生存危机。应对这一危机,尼采提出了"超人",而谢阁兰则提出了"非人",即"异"的体验。在他"异"的体验中,真实与想象的碰撞是重要的"异"的来源。谢阁兰并不向彼岸的世界寻找最高的意义,他反对以一种超越性的绝对或理念将世界降格为"现象"。他要做的就是观看世界,然后,说出他眼中的世界。

谢阁兰的所有作品,就是关于"眼中的世界"的言说。面对这既陌生又熟悉的世界,我们是否能以"明澈之洞观"来观看?

孙敏,执教于南京大学海外教育学院,主要从事中法文学与文化交流研究。译有谢阁兰有关画家高更的美学评论,收于谢阁兰著,邵南、孙敏译《诗画随笔》(上海书店出版社,2010)。另发表谢阁兰研究等论文数篇。

《碑》诗品析

编 者 按

谢阁兰诗集《碑》(1912年1版,1914年2版)以中国传统碑文化为形制,以自我精神世界为灵魂,以"大秦景教流行中国碑"为长宽比例,于方寸间,并置两种文字,交汇两种传统,彼此映照、彼此塑造,创造每一个"自我帝国"的瞬间。来自于中法两国的学者从不同角度选择了八首《碑》诗,细读慢吟,缓缓释放文字中隐匿的光芒。该组诗歌的中译文出自车槿山、秦海鹰译本。

《碑》序

谢阁兰

　　这是一些局限在石板上的纪念碑,它们刻着铭文,高高地耸立着,把平展的额头嵌入中国的天空。人们会在道路旁、寺院里、陵墓前突然撞上它们。它们记载着一件事情、一个愿望、一种存在,迫使人们止步伫立,面对它们。在这个破烂不堪、摇摇欲坠的帝国中,只有它们意味着稳定。

　　铭文和方石,这就是整个的碑——灵魂和躯体,完整的生命。碑下和碑上的东西不过是纯粹的装饰,有时是表面的华丽。

　　碑座只是一个平台或一个低矮的棱柱体。最常见的是一只巨大的乌龟,它伸着脖子,长着凶恶的下巴,在重负下收拢了弯曲的爪子。这种动物确实富有象征性,姿态坚定,举止值得称道。人们赞叹它的长寿:它从容不迫地行走,越过了上千年的存在。我们不要忘记它用甲壳预言未来的能力,它那酷似苍穹的圆拱能显示一切变化:甲壳涂上墨再用火烘干,人们便可以在上面认出未来天空或晴或阴的景象,如同白天看到的一样清晰。

棱柱形碑座也很典雅。它表现了各种巧妙地重叠在一起的自然力:下面是爪形的波浪,上面是成排的尖锐山峰,再上面是云层,最上面是蛟龙闪耀的地方,是帝王圣贤的住所——碑身就从那儿站立起来。

碑首则由绞成双股螺旋的怪兽组成,它们奋力地扭曲着,在冷漠的碑额上鼓起了互相纠缠的躯体,留出了一个题字的位置。如果是古典式石碑,在怪兽鳞片状的腹部下面,在足、爪、刺、尾的拥挤中往往还有一个边缘磨钝了的圆孔穿透石碑,遥远的天空碧蓝的眼睛就从那儿窥视来人。

O

在距今两千年的汉代,人们为了埋放棺材而在墓穴的两端竖起粗大的木桩,木桩正中打一个圆孔,用来安装绞盘,躺在沉重的彩绘棺材中的死人就从那儿垂放下来。如果死者是不讲排场的穷人,那么用两根绳子穿过圆孔就可以草草了事。但如果是皇帝或亲王的棺材,重量和礼仪都要求使用两个绞盘,因此需要四根支柱。

然而,这些穿了一个洞的木支柱从那时起就被称作"碑"。人们用叙述死者生前德行和职位的铭文来装饰这些碑。后来,它们终于从唯一的丧葬用途中解放出来,承受的不再是尸体,而是一切:胜利、法令、虔诚的决心,以及对奉献、爱情或高尚友谊的赞美。但绞盘的痕迹却留下了。

〇

汉代之前一千年,在礼仪之邦的周期,人们已经使用"碑"字了,但含义有所不同,那也许是"碑"字最初的含义。它指的是一种石桩,有一定的形状,只是已被遗忘了。这种石桩立在寺庙的大殿中或者立在一个重要的露天广场上。据《礼记》记载,它的作用是:

"祭祀的那一天,君王牵着献祭用的牲畜。当随行的队列走进大门,君王便把牲畜系在碑上(以便它安静地等待屠宰)。"①

所以,碑在当时是祭祀礼仪的第一站,行进的人群全都要在那儿止步。如今,所有人的脚步仍然要在碑前停留,它在那屋顶起伏不定的宫殿率领的连绵不断的行列中是唯一静止不动的。

注释还写道:"每个寺庙都有自己的碑。人们借助它投下的阴影来测量太阳的时刻。"②

一切都依然如故,祖先的功能无一丧失:石碑就像它保留了木碑上的圆孔一样,也保留了祭祀石柱的用途,并且仍然测量一个时刻,但不再是白昼的太阳伸出阴影的手指指示的那个时刻。

---

① 原文见《礼记·祭仪》:"祭之日,君牵牲,穆答君,卿大夫序从。既入庙门,丽于碑。"
② 原文见《仪礼·聘礼》:"上当碑。"郑玄注:"宫必有碑,所以识日景,引阴阳也。"

标志时刻的光芒不再来自那颗"残酷的卫星",也不随它转动。这是自我深处的认知的光辉:星球是内在的,瞬间是永恒的。

O

碑的文体是文言,它不应该被称作语言,因为它在其他语言中找不到回响,而且也不能用于日常交流。它是象征的游戏,每个成分都能起各种作用,但每个成分的功能只取决于当时占据的位置,价值只取决于在此处而不在彼处这一事实。这些文字由古代思想般清晰、音阶般简明的法则连接在一起,互相牵扯,互相依存,互相啮合在一个不可逆的网络中,甚至抗拒织网人。它们一经嵌入石碑,就用它们的智慧渗透了石碑,就脱离了人类那动荡不定的理性形态,变成了石头的思想,具有了石头的质地。所以才有这种坚实的结构、这种密度、这种内在的平衡和这些棱角,这是仿佛晶体具有几何形一样必不可少的属性。所以才有这种蔑视,蔑视任何想让它们说出所保守的秘密的人。它们不屑于被诵读。它们不需要嗓音或音乐。它们看不起那些多变的声调和那些随处丑化它们的各省口音。它们不表达,它们示意,它们存在。

O

这些汉字的书写只可能是美的。它们如此接近事物原形

（人处在天下，矢射向天空，马迎风舞动长鬃，蜷起四蹄，山有三个尖峰，心有心室和主动脉），容不得无知和笨拙。然而，它们是透过人的眼睛，通过人的肌肉、手指以及所有那些刚劲有力的工具而呈现出的万物景象，所以它们得到一种变形，艺术正是通过这种变形进入了文字的科学。——它们今天只是正确而已，雍正年间则极为雅致，明代时像优美的蒜瓣般修长，唐代时典范，汉代时浑厚有力。它们还可以上溯到更久远的年代，一直上溯到那些随着事物的曲线而弯曲的赤裸的象征符号，但是，碑的源流就上止于汉代。

因为，盲目刻字的石板等于不存在，或者说像没有表情的面孔一样可憎。不论是那些刻字的石鼓还是那些无定形的石柱都不配称之为碑，更不用说那种没有基座、没有空间、没有周围四边形气氛的偶然题字了，那只不过是游人记录逸事的游戏：得胜的战役、委身的情妇，还有整套虚文。

O

碑的坐向不是任意的。如果碑文记载的是政令、皇帝对某个圣贤的敬意、对某种学说的赞词、朝代的颂歌、皇帝对民众的告示、南面的天子颁布的一切，那么碑就面向南方。

出于敬重，友谊之碑将面向正北方——美德那黑色的极点而立。爱情之碑将面向东方而立，以便黎明美化它们最柔和的轮廓，也使凶恶的轮廓变得柔和。武士英雄之碑将面向血染的西方——红色的宫殿而立。其他的碑——路边之碑,将依照道路的随意走向而立,一座座都毫无保留地把自己献给行人、骡夫、车手、太监、盗贼、商人、托钵僧侣、风尘仆仆的凡人。它们用闪烁着符号的正面对着这些人,而这些人或者在重负下弯着腰或者忍受着没有米饭和辣椒的饥饿,经过时把它们当成了界石。因此,它们虽然能让所有人接近,但精华只留给了少数人。

还有一些碑不朝南也不朝北,不朝东也不朝西,不面对任何可疑的方向,它们指示着最杰出的位置——中央。如同那些倒置的石板或者那些看不见的一面刻有文字的拱顶,这些中央之碑把自己的符号献给了大地,给大地打上了印记。它们是另一个独特的帝国颁布的法令。人们或者接受,或者拒绝,不必徒劳无益地评论、注释,而且永远不必对照真本:这儿只有从真本窃来的痕迹。

AUX DIX MILLE ANNÉES

Ces barbares, écartant le bois, et la brique et la terre, bâtissent dans le roc afin de bâtir éternel !
Ils vénèrent des tombeaux dont la gloire est d'exister encore ; des ponts renommés d'être vieux et des temples de pierre trop dure dont pas une assise ne joue.
Ils vantent que leur ciment durcit avec les soleils ; les lunes meurent en polissant leurs dalles ; rien ne disjoint la durée dont ils s'affublent ces ignorants, ces barbares !

O

Vous ! fils de Han, dont la sagesse atteint dix mille années et dix mille dix milliers d'années, gardez-vous de cette méprise.
Rien d'immobile n'échappe aux dents affamées des âges. La durée n'est point le sort du solide. L'immuable n'habite pas vos murs, mais en vous, hommes lents, hommes continuels.
Si le temps ne s'attaque à l'oeuvre, c'est l'ouvrier qu'il mord. Qu'on le rassasie: ces troncs pleins de sève, ces couleurs vivantes, ces ors que la pluie lave et que le soleil éteint.
Fondez sur le sable. Mouillez copieusement votre argile. Montez les bois pour le sacrifice; bientôt le sable cédera, l'argile gonflera, le double toit criblera le sol de ses écailles :
Toute l'offrande est agréée !

O

Or, si vous devez subir la pierre insolente et le bronze orgueilleux, que la pierre et que le bronze subissent les contours du bois périssable et simulent son effort caduc :
Point de révolte; honorons les âges dans leurs chutes successives et le temps dans sa voracité.

一万年

那些野蛮人,丢开木料、砖瓦和泥土,为了建筑永恒而在岩石中建筑!
他们崇拜那些因至今存在而光荣的陵墓、那些因古老而闻名的桥梁以及那些基石无一松动的庙宇。
他们夸口说,他们的水泥随着太阳的移动而变得坚固,他们的石板在月亮的消失中变得平整,什么都不能扯破他们穿戴的持久,这些无知者,这些野蛮人!

○

你们,汉族子孙!你们的智慧已达万年,万万年,你们要避免这种错误。
任何静止的物体都逃不过岁月的贪婪利齿。持久不属于坚固。永恒不住在你们的墙中,而在你们身上,你们这样缓慢的人,你们这些持久的人。
如果时光不侵蚀建筑,那它就会吞噬建筑者。让时光饱餐吧:这些充满汁液的木柱,这些鲜艳的色彩,这些雨淋日晒的黄金。
在沙地上建筑吧。给黏土掺上大量的水,竖起作为贡品的梁木;很快,沙地就会塌陷,黏土就会膨胀,双层屋顶就会在大地上撒满鳞片:全部祭品都被接纳!

○

然而,如果你们不得不承受蛮横的石块和傲慢的青铜,那就让石块和青铜也承受朽木的外形,仿效朽木的徒劳吧!
不必反抗:让我们尊重逐渐消逝的岁月和贪婪的时光吧。

一 万 年

邵毅平

　　西洋人跑到东亚来看寺庙,东洋人跑到欧洲去看教堂。大家都觉得好看,因为本地没有,至少也是罕见。

　　我是东洋人当中的一个。我在东亚看过无数的寺庙,去欧洲看过无数的教堂。看着看着,就自惭形秽起来:寺庙与教堂,岂可同日而语?再"雄伟"的寺庙,在直指苍穹的大教堂面前,也只是"侏儒"一个;木结构的寺庙"易朽",或迟或早,总会有回禄之灾,被付之一炬,不得不重新再造,哪像石砌的大教堂"不朽",屹立千年是常有之事。何况在欧洲,教堂们只算是晚近之物,更早的古罗马、古希腊乃至史前建筑,早已都是庞然大物了。

　　有这种感觉的不光是我。西洋人对于自己的建筑,向来也是很景仰的。"我所以这样比较详细地写到萨摩司人,是因为他们是希腊全土三项最伟大的工程的缔造者。其中的第一项是一条有两个口的隧道……第二项是在海中围绕着港湾的堤岸……

第三项工程是一座神殿,这是我所见到的神殿中最大的……正是由于这个原因,我才比对一般人更加详细地来写萨摩司人的事情。"(希罗多德《历史》)希氏之津津乐道于萨摩司人的故事,正是由于瞻仰其建筑,而对其建筑者心生崇敬的缘故。反之,他们想象,当今日的繁华成为遗迹,未来的人也会依据建筑的留存,来评判今人的文化程度:"假如斯巴达城将来变为荒废了,只有神庙和建筑的地基保留下来了的话,过了一些时候之后,我想后代的人很难相信这个地方曾经有过像它的名声那么大的势力……在另一方面,如果雅典有同样的遭遇的话,一个普通人从亲眼所看见它的外表来推测,会认为这个城市的势力两倍于它的实际情况。"(修昔底德《伯罗奔尼撒战争史》)修氏果然言中,雅典、斯巴达的建筑和地基,乃至希氏所见萨摩斯的隧道、堤岸和神殿,如今的确保存完好,令人驰心于古希腊文化的辉煌。

而我们的祖先所描写的,则是我们的建筑是如何的易朽。以阿房宫之宏伟,而"楚人一炬,可怜焦土"(杜牧《阿房宫赋》);以扬州城之富丽,两经战乱,而"通池既已夷,峻隅又已颓"(鲍照《芜城赋》);以洛阳佛教之全盛,遭永熙多难,而"城郭崩毁,宫室倾覆,寺观灰烬,庙塔丘墟……京城表里,凡有一千余寺,今日寥廓,钟声罕闻"(杨衒之《洛阳伽蓝记》)。时间久远一些的,则更是湮灭无存,连地点都无从知晓了:"最是楚宫俱泯灭,舟人指点到今疑。"(杜甫《咏怀古迹》)倘若如今去访古,休说与古希腊同期的文明遗迹,即便是大教堂时代的"晚近"之物,还能找到几处呢?而今的考古界,每当发现一个大型遗址,明知其相比庞贝古城之完好不啻碧落黄泉,却仍汲汲名之曰"东方庞贝"以自慰。中华文明,比之西洋文明,莫非从来就难望其项背?

芸芸众生,作如此考虑者,想必为数不少。

谢阁兰是西洋人当中的一个。他在欧洲看过了无数的教堂,又到东亚来看了无数的寺庙。看着看着,他也自惭形秽起来:教堂与寺庙,岂可同日而语?前者(教堂)是野蛮人无知的妄作:"那些野蛮人,丢开木料、砖瓦和泥土,为了建筑永恒而在岩石中建筑!/他们崇拜那些因至今存在而光荣的陵墓、那些因古老而闻名的桥梁以及那些基石无一松动的庙宇。/……这些无知者,这些野蛮人!"为什么这么说呢?那是因为:"任何静止的物体都逃不过岁月的贪婪利齿。持久不属于坚固。""如果时光不侵蚀建筑,那它就会吞噬建筑者。"也就是说,因为时光难以侵蚀教堂,于是就吞噬了教堂的建筑者——"不朽"的教堂见证的,恰恰是欧洲文明走马灯般的换季!而后者(寺庙)则是文明人智慧的象征:"在沙地上建筑吧。给黏土掺上大量的水,竖起作为供品的梁木;很快,沙地就会塌陷,黏土就会膨胀,双层屋顶就会在大地上撒满鳞片……"这些"易朽"的建筑,却是人类贡献给时光的祭品:"让时光饱餐吧……/不必反抗:让我们尊重逐渐消逝的岁月和贪婪的时光吧。"而当"全部祭品都被接纳",换来的就是人文的持久,"永恒不住在你们的墙中,而在你们身上,你们这些缓慢的人,你们这些持久的人"(《碑·一万年》)。也就是说,因为时光容易侵蚀寺庙,于是它就放过了寺庙的建筑者——"易朽"的寺庙见证的,恰恰是中华文明的一脉长传!西洋文明,比之中华文明,原来竟是如此的望尘莫及!

芸芸众生,做如此考虑者,大约只有谢氏一个?

但真理常常掌握在少数人手里。想想吧,从古希腊文,到拉丁文,到近代欧洲各国语文,神庙和教堂依旧耸立着,但进出神庙和教堂的人,却写着不同的文字,说着不同的语言;而寺庙尽管易朽,从文言文到白话文,上下五千年,整个大中华,却写着同样的文字,说着同样的语言。于是,欧洲文学被时间和语言的利刃切割得支离破碎,而只要稍受训练,中国人却可以尽享古往今来的文学!

这只是一个例子,此外的例子尽多。

也许,当欧洲人感慨于时间和语言利刃的切割时,他们仰望着神庙和教堂,找到了沧海横流里砥柱中流般的心理安慰。神庙和教堂似乎是文艺的模范,灵感的来源,一切创作的终极理想。夏多布里昂自称《墓畔回忆录》就是一座大教堂;普鲁斯特受亚眠大教堂的启示,而有了巨著《追忆逝水年华》,动笔之初,甚至以"大门"、"彩绘玻璃窗"等为各部分的标题,并对别人指出该书像大教堂的说法大为感动,视为知己之妙语;而拉克洛的《危险的关系》仅像城堡,则又等而下之了。

反之,当中国人感慨于寺庙的易朽时,他们求救于人文,在文章是"经国之大业,不朽之盛事"(曹丕《典论·论文》)的信念里安身立命。建筑不能永恒,那么就让文章来"恢万里而无阂,通亿载而为津"(陆机《文赋》)吧!杜甫慨叹楚宫之泯灭无痕,不因别的,只因读了宋玉的文章,"摇落深知宋玉悲",于是爱宋玉而及楚宫;而这由衷的"怅望千秋一洒泪",不正是文章之力的最好证明吗?黄鹤楼、鹳雀楼、岳阳楼屡毁屡建,全赖《黄鹤楼》、《登鹳雀楼》、《岳阳楼记》等诗文之力而维持其一线不绝之命脉;而没有《阅江楼记》,甚至根本就不会有阅江楼!

当然,事情总有两面。也许,寺庙的"易朽",让中国人更重视固守传统;而神庙和教堂的"不朽",则让欧洲人勇于变革和创新。后者就如有些君主立宪制国家,政府尽管走马灯般地更迭,王室则成为国民凝聚力的象征;前者犹如朝代尽管改换,主人尽管变迁,文明的传统却始终不变。孰优孰劣自难评判,重要的是拥有如谢阁兰那般洞察、接纳他者的眼光,取他者之长处为我借鉴。

原载 2012 年 9 月 9 日《新民晚报》"国学论谭"

(作者简介见本书第 153 页)

DÉPART

Ici, l'Empire au centre du monde. La terre ouverte au labeur des vivants. Le continent milieu des Quatre-mers. La vie enclose, propice au juste, au bonheur, à la conformité.

Où les hommes se lèvent, se courbent, se saluent à la mesure de leurs rangs. Où les frères connaissent leurs catégories: et tout s'ordonne sous l'influx clarificateur du Ciel.

○

Là, l'Occident miraculeux, plein de montagnes au-dessus des nuages ; avec ses palais volants, ses temples légers, ses tours que le vent promène.

Tout est prodige et tout inattendu: le confus s'agite: la Reine aux désirs changeants tient sa cour. Nul être de raison jamais ne s'y aventure.

○

Son âme, c'est vers Là que, par magie, Mou-wang l'a projetée en rêve. C'est vers là qu'il veut porter ses pas.

Avant que de quitter l'Empire pour rejoindre son âme, il en a fixé, d'Ici, le départ.

西征 於王 青鳥 之所憩

出发

这里是位于世界中心的帝国,向生者的耕耘开放的土地,四海之间的大陆,利于公正、幸福和传统的封闭生活。

人们根据各自的地位起身,弯腰,相互致敬。兄弟之间等级分明:一切都在上天那净化的气息下显示着秩序。

○

那边是神奇的西方,山峦遍布云端之上,飞舞的宫殿,轻盈的庙宇,随风摇荡的楼台。

一切都是奇观,一切都是意外:混乱在翻腾;欲望无常的女王正在掌朝。从来没有一个明智的人去那儿冒险。

○

穆王在梦中用魔法把自己的灵魂抛向了那边。他的脚步也要走向那边。他在离开帝国去与他的灵魂相聚之前,把这里定为西行的起点。

出 发

马诸又（Rémi Mathieu）

保尔·克洛岱尔曾在其对话体作品《儒勒或戴两根领带的人》(*Jules ou l'homme-aux-deux-cravates*)中写道："出发……却一定要到达,多么令人沮丧!"出发,远远地离开这个中央帝国。穆王曾于公元前十世纪统领过中国,在遇到仙人之前他一直梦想着离开他的现实国度。仙人指路,从此穆天子的命运发生了微妙变化。周穆王遵循命运安排,遨游于四海之上。为什么要离开自己和平、公允、幸福的国度呢？或许因为百无聊赖,仓廪虽实,然精神空虚,而睿智的人要寻求精神上的超度。何去何从穆王别无选择:东海对中国人来说一望无际,朔土寒冷刺骨,又有异族侵扰,南国潮热异常,对一个渴望寻幽探秘的游子来讲没有什么吸引力,那么西方是唯一的选择！据说那里住着各路冥神,那里的沙漠可以置人于死地,那里的民族鲜为人知,而那里的女人比贤惠的女人更加迷人。穆王决心已定,他抓住命运之袖,乘着梦的翅膀,凭借道家信徒才有的功成身退的念想,飞离地面。中国广袤千里、渺无人烟的凄凉沙漠给众多西方诗人以灵感,圣-琼·佩斯的《阿纳巴斯》(*Anabase*)就是很好的典范,在那里女王的身影也曾倒映在沙丘之上。

道成者有御风而行、金遁、木遁、火遁不烧身、水遁不湿衫的本领,因为他们与万物为一。谢阁兰在这首诗中讲到的仙遇故事,列子曾用富有诗意的笔调讲述过。据《列子》一书(第三篇之始),穆王很快就为这个无名仙人所倾倒,赠给他细衣佳肴,美女丽宫。可是,仙人很快也对这种物质上的饱暖丰足感到厌倦,于是就带着他的主人前往仙境,使穆王不知自己是在现实世界还是梦幻王国。仙人让穆王参观了自己建构于云海之中美轮美奂的宫殿,"飞舞的宫殿,轻盈的庙宇,随风摇荡的楼台"。据传穆王在这里流连忘返,一住数十载。等他在宫里醒来时,发现原来这不过是一个短暂的梦,身边的酒还没有凉。他由此意识到帝王生活的空虚,于是驾八匹宝马良驹去吸引他的西方探胜。在那里他见到了统管西方胜地的西王母。据说西王母是众仙之首,她吃仙桃饮琼浆,在青鸟的服侍下得以长生不老。《山海经》和《穆天子传》这两本古书都首次提到过西王母这个西方怪神,同时列子和谢阁兰也分别直接或者间接从中得到灵感。有关西王母的故事虽然简短,然深得道家传人的青睐,他们把西王母塑造成西方重仙之首,不仅可以夺取人类的生命也可以赋予人长生不老,他们让穆王拜一位无名仙道方士为师。

对谢阁兰而言,出发本身就已经达到了目的,正如道家所强调的,知道去哪儿和希望在那个未知地找到什么不重要,重要的是顺风就势而化。得道者说,尽善尽美的旅行本应无目的,无所求,听从自然和呼吸的引领。不刻意掠奇,奇遇自然带来意想不到的美不胜收:"那边……一切都是奇观,一切都是意外。"此地和彼地,两个世界既对立又互补,有如阴和阳。旅行将此地和彼地奇妙地连接起来,仿佛梦醒时飘飞走的魂又返回躯体。此地乃人与天所立的秩序,而彼地则是神鬼营造的幻境。谢阁兰仅用了三节六句就勾勒出梦幻世界:它是一个让我们忘却现实、一个"从来没有一个明智的人去那儿冒险"的世界。但愿我们永远无需到达!

(李玫 译)

马诸又(Rémi Mathieu),汉学家,法国社会科学院研究员。译有《楚辞》、《列子》等十余种中国古代文学思想典籍,包括收录于伽利玛出版社"七星书库"的《道家经典(二)·淮南子》(2003)与《儒家经典:孔子,孟子,荀子,曾子,子思》(2009)。主要著作有《山海经的神话学与人类学研究》(*Étude sur la mythologie et l'ethnologie de la Chine ancienne. Le Shanhai jing*, Paris, Institut des Hautes Études Chinoises, 1983),《牡丹鲜:西方人如何理解中国》(*L'Éclat de la pivoine. Comment entendre la Chine*, Paris, JC Lattès, 2012)等。

ÉDIT FUNÉRAIRE

Moi l'Empereur ordonne ma sépulture: cette montagne hospitalière, le champ qu'elle entoure est heureux. Le vent et l'eau dans les veines de la terre et les plaines du vent sont propices ici. Ce tombeau agréable sera le mien.

O

Barrez donc la vallée entière d'une arche quintuple: tout ce qui passe est ennobli.
Étendez la longue allée honorifique:— des bêtes ; des monstres ; des hommes.
Levez là-bas le haut fort crénelé. Percez le trou solide au plein du mont.
Ma demeure est forte. J'y pénètre. M'y voici. Et refermez la porte, et maçonnez l'espace devant elle. Murez le chemin aux vivants.

O

Je suis sans désir de retour, sans regrets, sans hâte et sans haleine. Je n'étouffe pas. Je ne gémis point. Je règne avec douceur et mon palais noir est plaisant.
Certes la mort est plaisante et noble et douce. La mort est fort habitable. J'habite dans la mort et m'y complais.

O

Cependant, laissez vivre, là, ce petit village paysan. Je veux humer la fumée qu'ils allument dans le soir.
Et j'écouterai des paroles.

诏卜皇陵

丧葬诏书

我——皇帝,我在安排我的丧葬:这里,好客的山峦环抱着宜人的田野。地脉的风水和飘风的平原都很吉利。这座舒适的陵墓将属于我。

○

因此,架一道五孔桥截断整个山谷:所有行人都将变得高贵。
拓宽那条长长的甬道:加上野兽、鬼怪和人。
在那边筑上带有雉堞的高高的壁垒。在山岩中凿出坚实的洞穴。
我的住所非常牢固。我走进去。我走到了。把门重新关上,砌死门前的空地,堵住活人的通道。

○

我没有返回的愿望,没有遗憾。我不匆忙,不气喘,不窒息,不呻吟。我不声不响地统治,我这漆黑的宫殿令人愉快。
死亡确实高尚、甜蜜、令人愉快。死亡完全可以居住。我居住在死亡中,乐在其中。

○

但是,让那边的小农庄活下去吧。我愿呼吸他们在夜晚燃起的炊烟。
我还将倾听话语。

丧葬诏书

邵 南

《丧葬诏书》一诗,是谢阁兰游毕北京明十三陵后写下的。在此诗中,作者将自己想象成一个安排自己死后居所的中国皇帝,选定地点,堵死山谷,拓宽甬道,摆下石像的卫队,进入自己的地宫,砌死宫门……

从题材来说,对死亡的想象无论如何是一个令人悲伤的话题。而纵观全诗,其中除了"死亡"本身以外,并无其他悲凉的意象。在附于诗后的简短评论中,法国学者布伊埃(Henri Bouillier)评论道:"死亡的悲剧性被一扫而空。"(法文版《谢阁兰全集》第二卷该诗评注)这是很正确的。不仅如此,作者还反复强调死亡是一个可以快乐地居住的世界:"这座舒适的陵墓将属于我……我没有返回的愿望,没有遗憾……死亡确实高尚、甜蜜、令人愉快……"这个对死亡的描写中隐约有庄子《至乐》的影子:"死,无君于上,无臣于下,亦无四时之事,从然以天地为春秋,虽南面王乐,不能过也。"而相形之下,谢氏对死亡的"欢乐"一面的强调,似乎更加夸张,其中也许有自我安慰的意味。对于这种态度,他自己也一度感到疑惑:"还有关于死。既然我写了:'死亡是快乐而安详的。死亡完全可以居住。我居住在死亡中,乐在其中……'——我既已从世外归来,为何迟迟不能感受到一种内心的平静,一种虽为文字所包裹,却一度绝非限于文字之中的平静……"(《生活中的哲学家》[未竟稿],法文版《谢阁兰全集》第一卷)不过他同时认为自己的诗句是"真诚、自愿"的。这种矛盾,正如谢氏自己体会到的那样,属于一个人思想和生活实践之间的矛盾,也属于不同时地的"自我"之间的矛盾,虽然令人苦恼,却是人所共有的。中国式陵墓给了谢氏以美好的想象,乃是不可否认的事实。

谢氏日后的经历也足以证明他对中国陵墓的爱好。事实是,作者以考古学家的身份在中国考察的对象,有相当大的部分是陵墓,以及与其有关的建筑、石刻,比如巩义的宋陵、南京的南朝陵墓石刻、西安附近的昭陵、乾陵、茂陵、北京的明十三陵等等,并摄有大量的照片。这当然是出于他对考古的兴趣。但是他集中选择陵墓进行考古活动,并且对于中国墓葬文化表现出特殊的关心,其中无疑蕴涵着对死亡和永恒的问题的探索。其实,给作者以最大灵感的"碑"本身就与墓葬文化紧密相连:谢氏第一次为中国石碑所打动,正是在南京明孝陵的神道碑前。从诗人在《碑》序言中也可以看出他深谙碑与墓葬文化的联系。也许,对于一般生长在宗教环境中的西方人来说,在一个宗教很少占据正统地位的国家,人们如何认识死亡,无疑是一个有趣的问题。而对于抛弃了宗教的谢氏来说,认识死亡的方式更是必要的精神支撑。他在生存意义缺失的空虚之中,急需找到可资借鉴的范本。他希望从中国式的对待死亡的方式中,得到新的感悟,拥有新的依托。

本来,按照西方宗教的观念,人死后是要进入另一个世界的,或者是天堂,或者是地狱。而无论哪一个,都不是活人所能到达的。灵魂既然要离开这个世界,那么遗体只是供人尊崇之用。倘若盛入棺材供奉起来,生前地位越高的,棺材的装饰就越豪华,不过那都是炫耀给膜拜者看的,"住"起来恐怕一样的气闷。如今上帝"死"了之后,人的灵魂要去向何方呢?但是从中国墓葬文化"视死如生"的观念中,谢阁兰似乎接受了这样一种死后的状态:人死后仍和活人同在一个世界。活人要居住,死人也要居住。生前豪富的帝王将相,死后砌个高高的坟堆,挖个深深的地洞,如同宫室;生前贫贱的平民百姓,死后堆个小坟,如同茅草屋。既然活人的居室为了舒适,要讲究风水,那么死人的陵墓也要舒适,也要讲究风水。而风水之道,实是人依托自然的自安之道。择地建坟的过程,实是于自然之怀抱中寻找自我归宿的过程。如此,死人和活人将同时依着黄土而居。而且,死人"居住"在带有"壁垒"的"洞穴"(即陵墓)中,那洞穴是活人凿出来的,是活人可以到达的。只不过,"把门重新关上,砌死门前的空地,堵住活人的通道"以后,陵墓内部才成了一个与外界隔绝的、孤独一人的空间。然而真的如此隔绝,如此孤独吗?谢氏并不认为如此,或者是他不愿如此设想。"让那边的小农庄活下去吧。我愿呼吸他们在夜晚燃起的炊烟。/我还将倾听话语。"寥寥数语的结句颇耐人寻味。这当然是将"生活"的姿态具体化了。但同时,这又暗示着,生与死不过是毗邻的两个空间而已,而且并不是绝对隔离的,而有着相互沟通的可能。中国的传统观念一般认为鬼神能歆享活人提供的祭品(即"呼吸……炊烟"),并听取他们的祝告(即"倾听话语"),谢阁兰的灵感很可能来自于对此中国观念的理解。而这种生死共处的模式,和西方宗教里的天堂、人间、地狱是完全不同的。

随着谢阁兰中国旅行经历的不断丰富,他对于土地本身的感情也越来越深。一个农耕社会的运转离不开土地。人类生活于土地之上,死后复归于泥土。年复一年,庄稼从土地里发芽,又在土地里朽烂。树木生于泥土,木构的建筑将化为朽壤,而重回土中,成为树木的养料。就连石造的雕像也随着时代的变迁,沉没在泥土之中,然后再被人从土里重新挖出来。法国学者包世潭(Philippe Postel)认为,在中国的旅行和考古使谢阁兰领悟到一种崭新的生与死的关系:"死亡并不是如现代西方人所想象的那样,是生命的绝对而不可逆转的停止……更应该把死与生一起,视作一个交替的过程,甚至是延续的过程。"(《谢阁兰和中国雕塑艺术:考古与诗学》)这样一个交替或延续的过程也正是仰赖于土地而进行。《丧葬诏书》乃是这一系列新的领悟的开始。

然而,这些古代的墓葬文化,甚至对土地的依恋,对于今天城里的中国读者,都已渐渐远去,几乎沦为一种异域情调了。也许,从谢氏的眼光里,从一种比这"异域"更异域的眼光里,我们还能找回一些本应属于我们的亲切?

(作者简介见本书第132页)

LES CINQ RELATIONS

Du Père à son fils, l'affection. Du Prince au sujet, la justice. Du frère cadet à l'aîné, la subordination. D'un ami à son ami, toute la confiance, l'abandon, la similitude.

○

Mais pour elle, — de moi vers elle, — oserai-je dire et observer ! Elle, qui retentit plus que tout ami en moi ; que j'appelle sœur aînée délicieuse ; que je sers comme Princesse, — ô mère de tous les élans de mon âme, Je lui dois par nature et destinée la stricte relation de distance, d'extrême et de diversité.

夫婦有別

五种关系

父子有亲,君臣有义,长幼有序,朋友有信、有弃、有似。

○

但对于她,我对于她,我敢说些什么,做些什么!她与我共鸣,胜过任何朋友。我称呼她为芳姐,我服侍她如女王,啊,我灵魂中一切激情之母。

天性和命运决定,我应同她保持疏远、特殊而且多样的严格关系。

五种关系

田嘉伟

"法国文学中的异域情调,非常之丰富。这没什么可奇怪的,因为法国人总爱学别人。(高乃依:西班牙人。拉封丹:伊索与民间讲故事者。瓦赞:探险方面走的是布雷塔特和史蒂文森的路,奇幻方面学的是《爱丽丝梦游仙境》和《爱丽丝镜中奇遇记》。)而异域情调只能是独一无二的,富有个性精神,它无法容忍重复。"(谢阁兰《异域情调论》,黄蓓译,第264页)在谢阁兰笔下,异域情调的内涵变得更为丰富,除了对不同国家、不同地区风景或民俗的描写,自然与文化,古代与现代,男人与女人,自我与自我本身等对立,都是他想通过这个概念去加以思索的。在这个概念的框架下,"性别的异域情调"是谢阁兰着墨较多的。《异域情调论》开篇就提到了"性别上的异域情调"并打上了着重号。在1908年8月17日的笔记中又提到了"扩展到另种性别"并对另种性别四字打上了着重号。1909年3月7日于瑟堡的一则笔记中提到"性别的异域情调",1911 年 10 月 21 日笔记末尾写道:"性别的异域情调已经写下了。"性别的异域情调加着重号。附录部分再提"性别的异域情调"(附录内容是谢阁兰为未来的《异域情调论:一种"多异"美学》一书设想的提纲)。书中还有一段文字关于"性别的异域情调",兹引录于下:

> {旁注}性别的异域情调。所有的差异、所有的互斥、所有的距离,都在这里冒出,显现,叫喊、抽噎,哭泣;或带着爱恋,或带着失望。还有情人的疯狂:他们盼望不分你我,盼望瑜伽修炼者所追求的"梵我合一"的巨大奇迹能够落在他们头上。(《异域情调论》,第 244 页)

那么,什么是谢阁兰畅想的"性别的异域情调"呢?让我们先试着解读一下《五种关系》这首诗。谢阁兰的诗集《碑》中的"东面之碑"是爱情篇,这里描写的爱情,有的覆水难收,有的婺也何害,可见爱情既是多样的,也是差异的。他在诗集序中指出:爱情之碑将面向东方而立,以便黎明美化它们最柔和的轮廓,以便凶恶的轮廓变得柔和。《五种关系》即《碑》中"东面之碑"第一首,它的创作时间晚于谢阁兰提出"性别的异域情调"。

诗人熟悉儒家的五常,但对于"夫妇有别"做了独特的发挥,与儒家思想相去甚远。在儒家这种严格的二元和差别逻辑体系中,即使存在着某种依其他词为准的标准,但妇女总是被限制在低一级的地位上。"但对于她,我对于她,我敢说些什么,做些什么!"正如蒙田的那句"我知道什么?",这是一种不可知论的立场。夫妻关系只是儒家强调的五种关系中的一种,但在这一种关系中谢阁兰生发出了多种关系。"我称呼她为芳姐,我服侍她如女王,啊,我灵魂中一切激情之母。"谢阁兰在《出征》里写道:"所以这里要讲的,就不是'女人',那个女人,理所当然一个单数,就不是'唯一'(爱情总被假定为一种凶残的一夫一妻制),而是'女人们',这些女人,所有这一切女人,被唯一唾弃着的复数,在大路上与我邂逅相逢。"(《出征》,李金佳译,第79页)那么,我和她应该是什么关系呢?诗人说:"我应同她保持疏远,特殊而且多样的关系。"他者是不可知的,因其不可知,才保住了她的特殊,使他者之为他者。乔治·布莱在《批评意识》中说:"主体从距离对象无限远的地方出发,似乎注定不停顿地走他的路,却不能朝他不断奔向和渴望会合的地方靠近一步。"(郭宏安译,广西师范大学出版社,2002年,第191页)不是同一性,而是这种对差异性的坚持,才使"她与我共鸣。胜过任何朋友"。谢阁兰在《忠诚的背叛》和《不要误会》里面讲到友谊有时候是靠背叛或误会,因此他并不认为朋友之间没有差异性,而是在这首诗里强调"性别的异域情调",因此他要说"朋友有信、有弃、有似",也就是说更容易走向同一性。中国古诗里常有君臣关系和性别关系的比附,谢阁兰反对在性别里有类似"父子有亲,君臣有义,长幼有序"这样的等级制。

所以,"性别的异域情调"并非是不分你我,追求"梵我合一"的,而是解构性别二项对立的主从关系,让两种性别在交锋中生产出差异美感。夫妇有别是两种个性的对峙,这一对峙并非是敌对的关系,而是在夫妇有别中保持差异性,这也是爱的承诺。爱吸引着我们,但必须是兑现承诺的爱。这也是多异美学的题中之义,这种多异一旦减弱,婚姻就容易成为爱情的坟墓。

顾彬在《关于"异"的研究》中说:"到了20世纪,异国主义的影响总的来说越来越小,作家在作品中仅能对女人进行探索,因为西方无法再去占领殖民地,所以,有人感慨说,世界上最终剩下的殖民地恐怕只有女人了。"(曹卫东译,北京大学出版社,1997年,第5页)他在该书《异国男人,异国女人》的章节里也提到了谢阁兰。他认为虽然谢阁兰提出一个新的异域情调论,但异国女人这个现象在他那依旧扮演着重要角色,"性别的异域情调"在《勒内·莱斯》这根本用不上(笔者按:顾彬所说的异国女人现象指的是把异国女人当作殖民者猎奇的对象,这是旧的异域情调的表现。他可能没有细察文本中的反讽叙述,所以认为《勒内·莱斯》依然没有避免猎奇的遗风余思)。我们发现《五种关系》这首诗就很好地呼应了"性别的异域情调"。在谢阁兰所生活的20世纪初,异域情调和殖民还是难分难解的,之后,异域情调也从来没有消失,只是它渐渐不再走殖民的模式,而且除了女人,异域在西方作品中仍然是一个存在且不可忽视的主题,远方,未知,神秘,走出自我,都是异域存在的原因,也是积极的因素。

谢阁兰在20世纪初就提出"性别的异域情调",意识上是超前的,直接或间接地影响了法国当代差异哲学家对性别差异的思考。波德里亚很少承认自己有老师,但有两个人他会经常提到,一个是罗兰·巴尔特,一个就是谢阁兰。在对性别差异的思考上,波德里亚比谢阁兰走得更远,他在《论诱惑》中说:我们在自己的身体中感受到的不是一个性别,不是两个性别,而是许多的性别。我们看不到男人,也看不到女人,而只看到人类生灵,具有人类形态的生灵。(张新木译,南京大学出版社,2011年,第38页)罗兰·巴尔特在《恋人絮语》中谈到夫妇关系时说:每当我意外地撞见对方在他的结构里,我就给迷住了:我相信自己在关照某种本质:婚配的本质。(汪耀进、武佩蓉译,上海人民出版社,2004年,第48页)我为了要适应对方的这种结构,往往迷失了自我,而谢阁兰"性别的异域情调"和巴尔特的恋人絮语正是对被本质化了的婚配结构的逃逸,这么说没有反对婚姻之意,对于夫妇来说,让夫妇更为有别,在婚姻当中继续"性别的异域情调",可能是一种保鲜方法。一个女性同时成为芳姐,女王,精神之母,接近于德勒兹所说的"生成女性",从而让爱情永葆列维纳斯所说的异域感。

可是当我们解构性别二项对立的主从关系后,我们需要多少种性别呢?我们曾经因单调而乏味,因一种性别对另一种性别的殖民而心碎,如今是否会因性别的丰富而痛苦呢?现实生活中,性别或许是一个有限多元,而无限差异的性别或者说从单一的性别走向一千个小性别(a thousand tiny sexes),是可行的美好还是理想的极端?尽管如此,在这各方面日益均质的想象力匮乏的全球化时代,"性别的异域情调"也许依然有助于我们今天对爱情的感悟和思考。我们既不因为爱情神话的祛魅而流于虚无,也不必非要赋予爱情一个意义而强迫生命,也许爱情在生成中,是对生命的肯定。

田嘉伟,北京大学外国语学院世界文学研究所在读硕士,研究方向为中法文学关系和现当代法语文学。

CONSEILS AU BON VOYAGEUR

Ville au bout de la route et route prolongeant la ville: ne choisis donc pas l'une ou l'autre, mais l'une et l'autre bien alternées.
Montagne encerclant ton regard le rabat et le contient que la plaine ronde libère. Aime à sauter roches et marches ; mais caresse les dalles où le pied pose bien à plat.
Repose-toi du son dans le silence, et, du silence, daigne revenir au son. Seul si tu peux, si tu sais être seul, déverse-toi parfois jusqu'à la foule.
Garde bien d'élire un asile. Ne crois pas à la vertu d'une vertu durable: romps-la de quelque forte épice qui brûle et morde et donne un goût même à la fadeur.
Ainsi, sans arrêt ni faux pas, sans licol et sans étable, sans mérites ni peines, tu parviendras, non point, ami, au marais des joies immortelles,
Mais aux remous pleins d'ivresses du grand fleuve Diversité.

行路须知

给旅人的忠告

城市在大路的尽头,大路扩展了城市:因此,不要只选择其一,而要两者交替。

山峦困住了你的目光,压低了它,包容了它,辽阔的平原却解放了它。你喜欢跳越岩石和阶梯,但也应抚摸可以平稳落脚的石板。

摆脱喧嚣,在寂静中休息吧,但也要懂得从寂静中返回喧嚣。如果你能独处,如果你会独处,那就独处吧,有时则要投入人流。

千万不要选择一个住所。不要相信一种效应持久的效应:用一种能燃烧、能叮咬,甚至能让平淡生出滋味的芬芳的香料打破它。

这样,不停步也不失脚,没有笼头也没有马厩,没有功绩也没有辛劳,朋友,你将抵达的不是永世欢乐的泥沼,

而是"多样"这条大河中醉人的漩涡。

给旅人的忠告

杜丽逸(Marie Dollé)

"行路须知":谢阁兰写下的碑文把其忠告蕴涵的乐感带入诗歌。音步的划分,在列举羁绊束缚时反复着:"不停步也不失脚,没有笼头也没有马厩,没有功绩也没有辛劳",在获得新视角时渐进着:"山峦困住了你的目光,压低了它,包容了它,辽阔的平原却解放了它";接踵而至的祈使句,因朋友间的亲密称呼而抑扬顿挫,一节又一节,悄悄地驶向最终的约定。诗的每一步都激发一种感官:首先是视觉,其次是触觉,由脚掌对石板的抚摸而撩拨,接下来是听觉、味觉和嗅觉,后两者均因香料的刺激得到满足。限于石碑体的庄严,句法不得不越出语法的条条框框;动词"提防(garde)"的命令式丢掉了惯有的人称代词;诗人以词藻作游戏:"vertu"首先表达其拉丁语词源的本义"力量",继而引申为"道德品质"。诗人将约定俗成的行为比作味同嚼蜡的食物,使这个抽象词回归具体。

石碑体开辟了在中国传统中从未有过的方向,即在"路边"游移不定的方向。一番风景浮现眼前:"城市"和"山"一样并不特殊,而是本质要素,陡峭的路途在脚下延伸,让我们跳跃"岩石和阶梯",被女性化的"辽阔的平原",打破了群峰的围绕。唯一的限定词——"这条'多样'大河",滋润着诗歌。大河的湍流涌动交替,令人自由释放:我们猜想,有对宁静和孤独的贵族式的偏爱,有对庶民百姓、嘈杂喧闹、挤满凡夫俗子的马厩的轻蔑。但我们不应停滞于任何事,不应确定任何选择、挑拣或摒弃。笃定、安全、庇护,皆为陷阱。保持在未完成的状态,甚至不去渴求完美:因为只有过程是重要的。那些停滞、维持安稳的造成威胁,那些流动、席卷的带来新生。漩涡的猛烈甚至不无裨益。人们欢迎旋风;它变化无常且杂乱无章,无法预料却又如此强大,作为生命力量的写照,它只向多样的世界开放。人们觊觎的并非智慧,也不是知识,而是多重的"陶醉",它们激发感官,调动智力。

这些忠告对谁有价值?对"朋友"——不爱观光客的诗人选中的读者,如同诗人翻版的人。旅行是一门艺术,一堂人生课。"人生如河"这一苍白的比喻重焕新生。石碑体让我们理解,归根结底,"向世界的多样开放"这一谢阁兰诗学的核心构成。但美学和伦理学互通连接:对自由和感官的赞颂,对眷恋和"笼头"的摒弃,对"多异(Divers)"的赞美,将通往哲学领域,被那些可能成为"好旅人(bon voyageur)"者所领会。

(郑玉 译)

杜丽逸(Marie Dollé),法国庇卡底-凡尔纳大学文学教授,研究方向为20世纪法国文学。关注作家写作中跨语言现象及跨文化关系。主要著作有谢阁兰传记《漂游的旅人》(*Victor Segalen, le voyageur incertain*, Aden, 2008),《语言的想象》(*L'imaginaire des langues*, L'Harmattan, 2002)。除谢阁兰研究外,发表过有关雅歌塔·克里斯多夫(Agota Kristof)、齐奥朗(Emil Cioran)、克洛德·奥利埃(Claude Ollier)等研究多篇。

LES MAUVAIS ARTISANS

Ce sont, dans les vingt-huit maisons du Ciel ; la Navette étoilée qui jamais n'a tissé de soie ;
Le Taureau constellé, corde au cou, et qui ne peut traîner sa voiture ;
Le Filet myriadaire si bien fait pour coiffer les lièvres et qui n'en prend jamais ;
Le Van qui ne vanne pas ; la Cuiller sans usage même pour mesurer l'huile!
Et le peuple des artisans terrestres accuse les célestes d'imposture et de nullité.
Le poète dit : Ils rayonnent.

庸匠

在天上的二十八星宿中,织女星从未织过丝绸;

牵牛星颈套绳索,却不能拉车;

天毕星网眼无数,多么适合套野兔,但从来都一无所获;

南箕星不会簸扬,南斗星甚至不能用来称油!

地上的匠人指责天匠:徒有虚名,庸碌无能。

诗人说:它们放光。

雖则七襄不成報章

庸 匠

车槿山

二十世纪二十年代,人称赵老爷的翻译家赵景深,从英语翻译契诃夫的一篇小说时,把"Milky Way"译成了"牛乳路"。尽管他在后来的修订中改译为"天河",但鲁迅还是写了《风马牛》一文,对他的翻译提出批评,并且做了一首打油诗嘲讽:"乌鹊疑不来,迢迢牛奶路。"从此,这个翻译事件就成了中国历史上著名的文化事件,至今还偶尔能看到翻案和反翻案的论争。

我们之所以在这里提起这段公案,是因为至少从表面看,谢阁兰在二十世纪一十年代,也就是大致和赵景深在同一时期,在《庸匠》这首诗中,做的是性质相同的事情,而且更过分,更极端。

《庸匠》一诗的汉语题词是"虽则七襄,不成报章",语出《诗经·大东》。实际上,正如这里的汉语题词特意向我们指明的,谢阁兰的这首诗,除开头和结尾外,全篇基本上是对《大东》中某些段落的自由式翻译或改写。当然,谢阁兰在写作时更直接的来源是顾赛芬神父翻译的中法拉丁文对照版《诗经》,这个版本很大程度上是意译性质的,而谢阁兰又对这个版本的翻译做了一些简化工作。我们把《诗经》中相关的段落录于下:"维天有汉,监亦有光。跂彼织女,终日七襄。虽则七襄,不成报章。睆彼牵牛,不以服箱。东有启明,西有长庚。有捄天毕,载施之行。维南有箕,不可以簸扬。维北有斗,不可以挹酒浆。"

《大东》一般认为是当时的东方诸侯国臣民怨刺周王朝统治的政治诗,其艺术手法在中国文学史上很有特色,人间与星空,现实与想象在诗中熔于一炉,互补互证,极富艺术效果。吴闿生在《诗义会通》中说:"文情俶诡奇幻,不可方物,在《风》、《雅》中为别词,开辞赋之先声。后半措词运笔,极似《离骚》,实三代之奇文也。"

谢阁兰的《庸匠》一诗参照的正是《大东》的"后半措词运笔",也就是所谓影响了屈原的"三代之奇文"这部分。他略掉了原诗中枝枝蔓蔓的细节,只记下了主要思想和意境:织女不能织锦,牵牛不能拉车,天毕不能捕兔,簸箕不能簸扬,南斗①不能秤油。当然,他也改变了原诗的一些意象,比如"挹酒浆",即"舀酒",在他的诗中成为"秤油"。

显然,一个不懂中文的法国读者是不大可能准确理解谢阁兰这首诗的,阅读障碍恰恰来自谢阁兰直译而未加解释的这些

---

① 原文"La Cuiller"。谢阁兰诗集《碑》的1993年版与2009年版中,此词译为"北斗"。经考证,现修正为"南斗"。——作者注

中国星宿的名称,因为它们在法语或其他西方语言中没有对应物,何况这里还涉及它们在中国神话和民俗等叙事传统中的文化含义以及它们在美学史上的思想含义,因此它们的直译比牛乳路和银河之间的反差还要大,还要生硬,还要突兀。

顾赛芬神父翻译《大东》一诗时显然也遇到了同样的问题。比如,"跂彼织女",他翻成"Il y a aussi les trois étoiles disposées en triangle et formant la constellation de la Vierge qui fait de la toile-Wéga et deux autres étoiles de la Lyre"("还有呈三角形的三星组成的正在织布的室女座——织女星和另两颗天琴座的星"),而"睆彼牵牛"则译为"Ce boeuf traîné à l'aide d'une corde-le cou de l'Aigle-est très brillant"("用一根绳子牵着的那头牛——天鹰座的脖子——很明亮")。显然,这种带有阐释意味的翻译才可能在中西文化之间形成最低限度的理解和交流。至于这种翻译是否保留了诗歌的审美价值,那是另一个问题。

我们当然不是在指责谢阁兰的翻译,而且恰恰相反,在他的诗中,正是这些中国专有的事物,这些陌生的名称,这些奇特的意象,以闪烁、影射、暗示的方式,朦朦胧胧地指向异域文化,充满挑逗的神秘魅力,给人以解读和联想的无限可能性,要求读者加入,共同完成诗歌功能。总之,在法文中,《庸匠》一诗最明显、最主要的诗意,就产生于谢阁兰的这种"直译"。另外,说到底,谢阁兰也不是在翻译,而是在写作,是利用中国资源创造自己的诗歌世界。

在这首诗中,他最明显的个性创造在于结尾:"地上的匠人指责天匠:徒有虚名,庸碌无能。/诗人说:它们放光。"诗人的意思是,繁星虽然没什么用,但星光灿烂,很美,这就够了。

显然,谢阁兰在这里是通过假想的中西对话来表达自己的诗歌思想,是站在唯美主义立场对美而无用思想的反驳,这在西方美学史上是屡见不鲜的话题。但有趣的地方在于,《大东》一诗中的这些星宿在中国思想传统中引发的并不是美与用的问题,而是名与实的问题,从《毛诗正义》开始,历代注疏都认为这里是有名无实、虚像盗名的比喻,而且它们在中国诗歌传统中产生了深远的影响,成为一种范式,以至钱锺书在《管锥编》中谈到《大东》时说:"此意祖构频仍,几成葫芦依样。"因此,谢阁兰在这里面对的是一种似是而非的中国文化,他和中国传统的对话(反驳也是一种对话关系),实际上是在和一种虚构的、不存在的传统对话。这不仅不再是中西对话,甚至不再是对话,而是独白。

按照法国学者布伊埃在他那部著名的《碑》评注本中的考证,《庸匠》这首诗在谢阁兰的手稿上还有好几个备选的尾句:"星相学家说:它们施加影响。""年迈的哲人:它们不存在。""旅人:它们在旅行。""我:它们存在。"这些备选的诗句,不论选用哪一个,都将再次彻底改变这首诗的中心思想和深层意义。尽管在最终的版本中,这些可能的诗句都被丢弃了,但它们在诗歌写作过程中曾被考虑这一事实本身,仍然是惊人而富于启发意义的。因为我们由此可见,就连上述这种美与用的主题本身都可能是随机的,不是这里借用的《大东》必然导出的唯一逻辑结果,而仅仅是众多面向之一。古老的中国文化资源在新的法语诗歌语境中,失去了本源,无限地延宕,被迫一次次地要求重新阐释和建构,而这一切又以缠绕的方式必然地作用于诗歌本身,潜移默化地影响诗歌意义的生成。

至此,我们大致可以确认谢阁兰在《庸匠》这首诗中表现出的和中国文化的关系的性质了。他大量利用中国资源,而且是原原本本地利用,甚至在语言层面上不惜采用直译的方式,牺牲可理解性来保持他者的异质性。但同时,中国文化的因子在他那里只是灵感的起点,只是诗歌的起兴,他者的"赋比兴"成就的是自我的"风雅颂"。而且由于中西文化的差异化同存共处,两者都成为一种解构、建构的阐释过程,最终产生出既有别于中国审美传统,也有别于西方审美传统的充满个性和主体性的诗歌。这也许就是谢阁兰借用中国资源的全部诗歌创作的最主要价值所在。

(作者简介见本书第105页)

PERDRE LE MIDI QUOTIDIEN

Perdre le Midi quotidien ; traverser des cours, des arches, des ponts ; tenter les chemins bifurqués ; m'essouffler aux marches, aux rampes, aux escalades ;
Éviter la stèle précise ; contourner les murs usuels ; trébucher ingénument parmi ces rochers factices ; sauter ce ravin ; m'attarder en ce jardin ; revenir parfois en arrière,
Et par un lacis réversible égarer enfin le quadruple sens des Points du Ciel.

O

Tout cela, — amis, parents, familiers et femmes, — tout cela, pour tromper aussi vos chères poursuites ; pour oublier quel coin de l'horizon carré vous recèle,
Quel sentier vous ramène, quelle amitié vous guide, quelles bontés menacent, quels transports vont éclater.

O

Mais, perçant la porte en forme de cercle parfait ; débouchant ailleurs: (au beau milieu du lac en forme de cercle parfait, cet abri fermé, circulaire, au beau milieu du lac, et de tout,)
Tout confondre, de l'orient d'amour à l'occident héroïque, du midi face au Prince au nord trop amical, — pour atteindre l'autre, le cinquième, centre et Milieu
      Qui est moi.

迷失日常的方向

迷失日常的方向,穿过庭院、拱门、小桥,试探岔路,气喘吁吁地登阶、爬坡、攀高;
避开字迹清晰的石碑,绕过司空见惯的墙壁,天真地跌倒在这些假山上,跳过这道水渠,在这片花园中逗留,有时也原路返回,
在一个可逆的网状小路上最终遗失天空的四个方向。

○

这一切,啊,朋友、父母、亲信、女人,这一切也是为了躲开你们亲热的追逐,为了忘记正方形地平线上隐藏你们的角落,
忘记带领你们的小径、指引你们的友谊、预示危险的善行、即将迸发的激情。

○

然而,穿过正圆形小门,走向别的地方(走向正圆形池塘的正中央,这个封闭的圆形藏身地处在池塘的正中央和一切的正中央):
一切都混淆了,从爱情的东方到英雄的西方,从面向君王的南方到过分友好的北方——为了抵达另一个方向,第五个方向,中心和中央,
这就是我。

迷失日常的方向

张寅德

作为《碑》的最后一部分"中央之碑"的首篇,这首《迷失日常的方向》(*Perdre le midi quotidien*,直译"找不到南")从很多方面来看可谓一种范例,因为它凝聚了整部诗集的主题要旨:这汉学家诗人追寻自我的努力在此诗中达到了极致。

主题的浮现,借助于诗人以中国为譬喻体的惯用手法。诗歌步骤的支撑点在于文化方面和哲学方面的双重影射。谢阁兰在天津时,曾由克洛岱尔带领着游览中国园林,或许因此而了解了中国园林的布局和建筑。而作为一个激情四溢的游客,他在诗中将这些描绘得生动而富于戏剧性。借助于五行,在东西南北之外加上第五个方向,他将自己走访的名胜化为寓意深刻的风景,并自然而然地赋予"自我"以崇高的中心地位。

作者将中国主题为我所用,而将园林升格为主体降临的庆典。三等分的结构层递展开,自我逐渐显现。整个过程具有福音书的色彩：迷失自我以找回自我。首先，参观花园是一种"闲逛"，必然伴着随兴所至的迷失，与指定路径的周游正相反。而诗中的用词亦不啻一种迷宫，充斥着"岔路"和"可逆的网状小路"，迫使漫步其中者"原路返回"。于是游荡便与方向的迷失融为一体，而人们乃不复辨得清，这种迷失是主要源自中国园林美学式的迷宫结构，抑或源自闲逛者在一连串的不定式动词间迷失自我的主观意愿。富有节奏的动词，紧随着一堆名词，将健步截成飘忽不定的信步闲行。这最初的身体的迷失随之引发了一种心理层面的断裂，使既已成型的文本编码重新受到质疑。象征情感维系之碑的"正方形地平线"于是不复坚实，不复明晰，换言之，铭刻于北向和东向之碑石中的友谊和爱情亦不复确凿无疑。身体的移位，使迷失转为遗忘。捐弃熟知的视野（"地平线"）和老路（走过的"小径"），当整个物质和心理的屏障被打碎，漫步者从此有了发现新事物的可能，而这也是这个模仿自然而拒绝全景的花园所应许的。"然而"一词标示了斩钉截铁的转折。和四方形象征已知世界相反，"正圆形的"月洞乃是通往"别处"的门径，开启"另一个"天地（别有洞天）的关键。竖直的门于是仿佛投影在湖面上，而湖心亭则明白易见地指示着两个同心圆的中心位置。当东西南北不复确定不移，而是陷入混乱交错，第五个方向从它们中间升起，空间的中心便与想象中的中心成为互换。在这样的条件下，方向的混淆堪称意义的皈依，因为外部地理为内心所化；而这早已是令《勒内·莱斯》里的叙事者魂牵梦萦的"大内"的象征逻辑。在此，"内园"变成"我的王国"和

"我的紫禁城"。小说与诗歌采用的手法自然迥然相异:小说的叙事者选择了一座南向的住宅以模仿宫廷,正如诗集的第一部分"南面之碑"。诚然,一如作者在《无年号》中清晰表明的那样,"南面之碑"包含着对皇权的辛辣讽刺和无情颠覆,但其中皇权的虚构用的是同样的模拟手法。这一模拟的"南面"消隐不见,代之以一个尼采式的自我登场,一个终结性的、格言般的登场。自我的登基。自建的年号。

然而,只要不是简单地将这首诗浏览一过,我们便无论如何也不会因这个"自我"的加冕而认为作者提倡"自我中心主义"。实际上,这首诗乃是对"可逆的网状小路"的模仿,是由网状的言辞及互文交织而成的复杂结构。事实上,这自命的"我"显得更接近于神秘主义而非本体论。"我"的王国乃是神秘的所在,通过"正圆形"的月洞才能到达,这不难让人联想到"玄之又玄,众妙之门"的道家理论。这扇门并非蜿蜒小径和错综复杂的迷宫的终点,而只是延续着它们,并带来地理上和心理上又一番蜿蜒曲折。池塘,天之所映,正如《三曲远古颂歌》中所暗示的那样,它无疑象征着无可探知的灵魂之深渊。因此,在池塘的正中,也是一切的正中,那"封闭的……藏身地"包容了个体存在中一切窥不破的秘密。自成一行的"qui est moi(这就是我)"于是获得了双关:"qui(这、谁)"摇摆于其关系代词和不定代词的双重性质之间,使这句句子听起来既像判定句又像疑问句。与掩藏其中的疑惑遥相呼应的正是诗前的中文题铭"为自难"——因其为中文而于法国读者不得其要,而说的正是"要成为自我何等不易"。根据车槿山和秦海鹰《碑》译本中的注释,这一略带抒情意味的铭文是以雍正皇帝的座右铭"为君难"为蓝本而臆造的,而"为君难"出自《论语·子路》:"为君难,为臣不易。"对于该诗创作过程的研究表明,这一题词是几度修改的结果。其手稿上尚抄录了袁枚《答人问随园》的诗句:"雾阁云厅随步转,至今人不识东西。"这表明诗人最初的关注点是园林的布局,以其适于表达方位消失的主题。而最终,外在的事物转而服务于一条新创的格言,将忧伤的自省作为全诗的主旨。

对于存在本体的困难所作的鉴定相一致的,并不是无力的呻吟,而是一种激情洋溢的追求,这更多的是由诗的经验,而非形而上的思辨促成的。这种诗的经验乃是通过现象学的场景安排以及各种悖论得以传达的。参观花园的过程是按照一种舞蹈术而非布景术的方式展开的。一连串的动词,与"自然"及建筑元素相结合,让身体展开连续急促的运动。用身体去感知一个地方,如此便"避开"并"绕过"了"字迹清晰的石碑"所构成的理性知识的诱惑。比起标识方位的"正方形地平线",作者更喜欢随机和随意。这一情感地理同时也将行动的愿望转变成了行为式的实际作为,也就是两个现在分词"perçant(穿过)"和"débouchant(走向)",这正是他试图穿越玄妙之门,进入一个未知的"别处"时的随言随行。

行为式的写作,既扰乱了本质主义自我的稳定性,又拒绝了纯粹认知的乌托邦。内部世界为无可简化的多异所占据,尽显其混乱和动荡。也许这才是末行诗中蕴藏的终极教训。在遗忘了惯常的方位之后,诗人创造出的第五个方向——也就是自我——并不应当是一个孤立而稳定的中心。首先,这种创造既本自五行,遂暗含着五行之交错与互动的特点,"一切都混淆了"所表达的就是这个意思。而自我的提升就此让步于一种与其他方向及周围环境妥协交迭、相辅相生的过程。《迷失日常的方向》这个标题中的悖论即肯定了将自我绝对化之不可能。如果认为它等同于法语中的惯用语"找不着北",标题中所意指的中国司南正好能达到"令人迷失"的目的,也就是说,为了确切地标示地磁的北极,它的指针恰恰是指向"南方",即地理南极。

诗人孜孜以求的是自我的迷失。这是否为了更好地找回自我呢?难以断定。诚然,在《无年号》这首诗的末尾,自我摄政的梦想似乎昭然若揭:"当他成为贤哲、在心灵宝座上摄政的那个清晨。"但是谢阁兰与程抱一不同。程抱一在《万有之东》里表达了一种一锤定音的自我加冕,并引以为豪:"长久流落之人,终于来此坐守,绿荫下的王国。"谢阁兰与其说使自我稳坐台基,不如说他宁可下地,沉降,穿行于茫茫"心路"(诺瓦利斯),向着那密不可探的纵深,始作终身之旅。

(邵南 译)

张寅德,巴黎第三大学比较文学研究所教授,法国国家科研中心及巴黎高等社会科学院所属中国现当代研究中心研究员。主要研究领域为中法文学关系与中国现当代文学。主要著作有

《20世纪中文小说世界的现代性及身份认同》(*Le monde romanesque chinois au XXe siècle : modernités et identités*, Honoré Champion, 2002), 《比较文学与中国视野》(*Littérature comparée et perspectives chinoise*, L'Harmattan, 2008), 《莫言:虚构之地》(*Mo Yan. Le lieu de la fiction*, Seuil, 2014)。

NOM CACHÉ

Le véritable Nom n'est pas celui qui dore les portiques, illustre les actes ; ni que le peuple mâche de dépit;
Le véritable nom n'est point lu dans le Palais même, ni aux jardins ni aux grottes, mais demeure caché par les eaux sous la voûte de l'aqueduc où je m'abreuve.
Seulement dans la très grande sécheresse, quand l'hiver crépite sans flux, quand les sources, basses à l'extrême, s'encoquillent dans leur glaces,
Quand le vide est au cœur du souterrain et dans le souterrain du cœur, — où le sang même ne roule plus, — sous la voûte alors accessible se peut recueillir le Nom.
Mais fondent les eaux dures, déborde la vie, vienne le torrent dévastateur plutôt que la Connaissance !

諢名

隐藏的名称

真正的名称不是装饰长廊的名称,不是阐释法令的名称,也不是被民众咒骂的名称;

真正的名称不在宫殿中,不在花园中,也不在岩洞中,却藏匿在渡槽拱顶下我畅饮的流水中。

只有当大旱来临,枯水的冬天噼啪发响,极低的泉水结成贝状冰块,

只有当内心变空,心内变空,连血都不再流动,只有这时才能在那可以达到的拱顶下采撷名称。

但宁愿坚冰消融,生命泛滥,毁灭的激流奔腾,也不要"认知"!

隐藏的名称

柯慕兰(Colette Camelin)

《隐藏的名称》,既是第六部分《中央之碑》的末篇,也是整部诗集的尾声。从南方(权力的宝座)到北方和东方(友谊和爱情的方向),到为武力所蹂躏的西方,再到"路边"——那属于漂泊、徘徊和想象的空间,既已被引领着瞻仰了这一切,读者们如今等待着"秘密"的最终破解,"真相"的最后揭晓。《碑》的旅程来到了"中央",来到了无路可通的"中心",即"自我"——这个世界属于他的内心,他的精神,他的意识所不及的那一切。

这样的安排令人联想到紫禁城的结构。作于《碑》出版后不久的《勒内·莱斯》即以它为背景。在宫室的中央,重重墙垣护卫之下的,乃是皇帝起居的圣域。那么这"碑林"中,圣域又在哪里呢?在这空间所有方向的旅程的终点,将有怎样的秘密等待着行人?

关于"隐藏的名称"这个标题的来历,谢阁兰在小说《勒内·

莱斯》中有详细的叙述。勒内·莱斯声称"'北京'二字铭刻在……'内城'中,在从北堂到北塔的道路下面",在向皇宫供水的渠道里。无论在夏天(因为"水位太高")还是在冬天(因为人们无法"在冰上摸索前行"),人们都无法看到这个铭文。无论这是出于谢阁兰自己的杜撰,还是来自于听闻,"隐藏的名称"都带有强烈的象征意义;复见于这首诗中,它既为寓言式的诗歌创作宣言,又蕴含着对于"道"的思考,也表明了崇尚生机论而摈弃唯心论的立场。

寓言式的诗歌创作宣言

《隐藏的名称》与诗集的首篇《无年号》遥相呼应,都拒绝采用中国或欧洲传统的颂歌或编年史的写作方式。"真正的名称不是装饰长廊的名称",不属于寺庙或者国家机关;同样,它既不见于法律条文("法令"),也不见于政党的章程或"被民众咒骂的"秘密组织的纲领。它甚至不在作为权力中心的皇城中。"隐藏的名称"与各种诏书和一切政论相对立。同样不可能像浪漫主义诗人那样,通过在自然("花园"和"岩洞")中沉思遐想而获得它。"北京"是首都的名称,首都是人类的建筑。每一分钟,"北京"这个名称在世人中间被称呼"一万"遍,然而"真正的"城市本身却如这些隐藏的名称一样,有着神奇的魔力。

诗歌亦然。马拉美说过,并不应当像银行票据一样,机械而节约地运用词汇,而应当从它们的寓意和节奏中发掘暗示的"力量"。名称的作用并非再现真实,而是加强寓言的力量:"命名某物,乃是将诗歌阅读中慢慢体悟的快乐消去了四分之三:暗示才能产生遐想。"(马拉美)水渠中"隐藏的名称"是看不见的,它属于碑:"如同那些倒置的石板或者那些在看不见的一面刻有文字的拱顶,这些中央之碑把自己的符号献给了大地,给大地打上了印记。它们是另一个独特的帝国颁布的法令。"谢阁兰在《碑》的序言中如是写道。这"另一个……帝国"便是诗的国度。所不同者,在这一个帝国里,语言不复如法令那样干枯,不复如"无所不在的报道体(universel reportage)"(马拉美)那样充溢着无用的精确,不复如"花园和岩洞的"诗歌那样充满感伤情调,它同样不去揭示一些已为某种教义或哲学思想推演出来的"真理":名称在封冻的地下,无可"采撷"。谢阁兰在《碑》序中写道,并无可能目睹真本:"这儿只有从真本窃来的印痕。"然而,马拉美认为,诗的韵律,其"衍生一切活力"的音乐,决不限于暗示某种含义,而更是一种不断繁衍的运动,"生机勃勃"。而远东艺术所崇尚的正是韵律,即冈仓觉三所谓"事物的韵律中精神的萌动"(*The Ideals of the East*,波士顿,1903)。

对于"道"的思考

当中国读者读《隐藏的名称》的时候,他们会想起《老子》的第一句:"道可道,非常道;名可名,非常名。"诗末尾对于奔腾之水流的赞美("毁灭的激流奔腾")也点明了"道"的含义:去"阳"

("南面的天子颁布的一切",见谢阁兰《碑》序),就"阴",即崇尚流水——最接近于"道"的事物。在那些中国画里,流水萦绕着高山,从竹林中淌过,文人墨客在那里唱歌、作画、饮酒,他们懂得老子的话:"天下莫柔弱于水,而攻坚强者莫之能胜。"(《老子》第七十八章)

比"认知(Connaissance)"更可贵的水流究竟来自何方呢?大写的 C 让人想起克洛岱尔《诗艺》(*Art poétique*)中的"Co-naissance(共一生)",那是对天主教世界的一种解释,是谢阁兰至死都拒绝接受的。他致书克洛岱尔,驳斥天主教的启示,提出"一种完全美学意义上的信仰(une foi tout entière esthétique)",其灵感来自道家哲学中以流水代表生生不息之自然进程的观点:

> 我只希望不至于到死都没有告诉世人我对这虚幻而美丽的世界的想法:——这还得从道家的观点,这观照宇宙的"醉"眼说起;一方面是对于沉重事物的洞察,即同时看到它们正反面的能力;另一方面,是对那种蕴藏于变幻不定的形态中的难以言传之美的欣赏。(致克洛岱尔,1915 年 3 月 15 日,法文版《谢阁兰书信集》第二卷,第 565 页)

"道"本不是超验的存在,而事物的水流时隐时现,这正是它没有任何"名称"的原因。在《画》中,谢阁兰将瓷器的"玻璃天地"和"漆的深潭"对立起来:前者如同冻结的水,后者则使事物不停变幻,如"醉"眼里的幻象。而他之所以能如此迅速地接受道家观念,乃是因为尼采学说先此已深深地影响了他,并促使他批判西方的各种认知模式。

崇尚生机论,摈弃唯心论

一方面,谢阁兰追随尼采对于西方唯心主义的批判。举例来说,希腊哲学家菲洛曾说:"井是知识的象征,因为知识的本质不在表面,而在深处。它不铺陈于光天化日之下,而喜好隐匿于秘密之所。找到它绝非易事。"(转引自 Pierre Hadot, Le Voile d'Isis[女神伊希斯的面纱],第63页)表面与深度对立,意指"真理(Vérité)"无论属于精神抑或属于神灵,总之与表象相对。尼采则反对为求"真理"而背离表面,背离表象的世界:"须得勇敢地停留于表面,停留于布幔与皮肤,钟爱表象,信任声音、字句……"(《快乐的科学》序言)正如艺术家之所为。尼采批评存在之概念如同虚构,而现实只是一个无人主宰而一切皆在变化的过程。他在《快乐的科学》中写道:"深处的学问散发着寒气,令人颤抖"——正如隐藏着名称的水渠中那冰冷的水汽。这些干枯、冰冻、凝结的意象教人想见血液循环的停止——死亡。与这种僵硬相反的便是解冻,是冰的融化:与秘密的揭示相比,更重要的是运动与生命,哪怕它们可能造成破坏。由此,诗的末句可以理解为从"干枯的牢笼中""释放""全部被囚的美好欲望"(《碑·释放》)。

另一方面,谢阁兰鄙视十九世纪末对于科学的过分崇拜;他反对将片面的结论奉为教义般的真理,反对将美丽的、作为人类情感之源泉的无限多异,缩减为一些抽象的法则。因此,须得努力斗争,以挽救正在沉沦的多异:"诗人们与先觉者们始终在为此奋斗,要么是在自我的深处,要么——我提议——砸破'认知'的壁垒:空间、时间、定律、因果。"(《异域情调论》)我们认清了"多异"的敌人:康德主义的范畴以及实证科学。

在《异域情调论》里,谢阁兰建议,"在'认知'状态的边上,创立'洞观(clairvoyance)'状态;它既不虚无,也不具毁灭性。""洞观"概念的提出,既是由于尼采的影响(将世界的存在看作美学现象),也由于谢氏欣羡于道家在审视世界时那种超然而陶醉的态度:即"这醉眼之所见,这明澈之洞观,对某些人来说——诸位可在其中?——足以抵得上整个寰宇乃至神灵存在的理由",他在《画》的开场白里如是写。并没有一个神圣的真实"隐藏"在哪里:"真正神秘的那唯一的神秘,凭良心说,不是别的,正是那固有于存在、内在和时间之中的……"(《神秘论》,法文版《谢阁兰全集》第一卷,第791页)这位艺术家懂得"洞观"的晕眩、快乐的陶醉、待解的谜题、面对神秘的焦虑,然而他不同虚无主义妥协,因为他赞颂"生命的价值"(《异域情调论》)。用酒神的方式,他欢迎这世界闪烁的面容,他将真实留在水渠中,并在碑面上创作他的诗歌。

(邵南　译)

柯慕兰(Colette Camelin),法国普瓦捷大学文学教授,现于兰斯市欧美政治学院任教。主要研究方向为法国20世纪文学。著有多部圣-琼·佩斯诗歌评论,如《圣-琼·佩斯的创造性想象》(*L'imagination créatrice de Saint-John Perse*, Hermann, 2007)等。出版谢阁兰早期艺术评论注疏本:*Premiers écrits sur l'art* (Honoré Champion, 2011)。除谢阁兰研究外,发表有关桑戈尔(Léopold Sédar Senghor)、莫迪亚诺(Patrick Modiano)、卡思帕尔(Lorand Gaspar)、毕伊安(Gisèle Bienne)等研究多篇。

他我之思

谢阁兰与异域性

路 东

1

由谢阁兰这个名字思及异域,或由异域这个词思及谢阁兰,前者关乎谢阁兰的生命之于异域尚有什么未被说出,后者暗示了异域之于谢阁兰相关的某些历史事实。在我,这两者位置的互移正在同时发生着,它发生于我对谢阁兰文本的再次阅读,由之而生的思与想,将尝试打开这个名字,并与它深藏的陌异性相遇。

2

谢阁兰的重要文本与汉语世界盘根错节,汉语人谈论谢阁兰大都也缘起于此。这个事实的发生,除了汉语文化的深远历史早已影响在外,它首先与谢阁兰对异域事物的罕见敏感有关。可以说,当我们思及异域性与存在的可能,尤其是思及法国写作人之于汉语事物时,我们就几乎没有理由绕过谢阁兰这个名字。他之所以至今仍被意味深长地提及,并不只在于谢阁兰向西方敞开了所谓神秘的汉语事物,还在于谢阁兰较早地思及了自我与他者互通的可能,差异性存在之间互通的可能。从这个意义上说,也就其至今仍在展开的影响而言,谢阁兰之于汉语事物的深入,不仅远胜于高更之于塔希提岛的毛利文化,与同时期对异域事物好奇的法国写作人相比,这种异乎寻常的眼界也是绝无仅有的。我认为,让自己的生命与异域事物的陌异性相互敞开,相互给予,是作为写作人的谢阁兰最为迷人的部分,也是在写作的意图上最易被误读的部分。与进入异域的游记作家截然不同,在《中国书简》和《异域情调论》中,谢阁兰一再提示,这些敬重差异并具想象力的文本,并非是惯常游记与异域风物的猎奇式纠缠。好奇者大都止于猎奇的目光,这样的好奇者在异域事物中,并无从惊讶而来的发问,也从不在风险中逼近异域事物的原初性生发,谢阁兰对此是自觉在先的。谢阁兰惊讶于汉语事物的陌异性,但不被日常风物和历史的光影勾引,而是对汉语思想和文化之神秘渊源的接近。是对存在之真的秘密发问,激发了谢阁兰对异域事物的惊讶。也许,谢阁兰文本最鲜活的意义在于:一个终其一生以写作与世界打交道的人,在异域事物中倾听命运的声音,从自我与他者的相遇中领会存在的奥义。

3

至此,关于谢阁兰与异域性的话题,已不仅是个只关乎于文学的话题了。从谢阁兰相关文本(尤其是《碑》和《画·帝王图》)可以读出,在谢阁兰的意识里,这个持存着的世界是尚未完成的世界,一切存在者,都置身在差异和可能性之中。而世界之未完成,耽搁于人的身份之未明。如此耽搁在人类成长史上已过于久长了,但存在之促迫虽倾听者渺渺却从未真正消失,短暂者置身于差异事物中,思与想的可能也远未被穷尽,现实之物可能只是权宜之物,而存在者的道路还有待开启。正是这些在谢阁兰生命中或隐或显的意识,触发着他与异域不弃不离的写作。谢阁兰在汉语中国的写作,鄙弃那些走马观花的好奇看客,谢阁兰有关异域的思想,已剥开了一些经典知识面具的遮蔽,从现实最冥顽的部分进入了存在之思。

4

谢阁兰生活在世界摇摆不定、灾难将至的时期。十九世纪末二十世纪初,形而上学的力量已虚弱式微了,由之而出的西方知识学也面目可疑,虽然人们因无力从差异中达到同一而受到了历史性的惊吓,但还没有学会认领事物秩序中差异的力量,而殖民式的抹平差异和对差异与可能的阻截,已造成了制度性不可避让的后果。也许,为人之存在准备的馈赠在先的东西,已被我们不存敬意地滥用或糟蹋了。我们在各种对峙形态的裂隙中发问和想象,对谢阁兰来说,这样的发问与想象,聚集在词语之书写与艺术的图像中。谢阁兰在差异中对世界的发问和想象,与某种存在的向往密切相关,但与天主教之神不相干。谢阁兰向世界发问的年代,在某种程度上动摇形而上学根基的现象学力量还没进入法国,法国的一部分文人正围绕着尼采这个名字想象未来。这个暗示着某种开端的惊世骇俗的尼采,让一些法国文人在教堂门前停下了脚步。对于谢阁兰而言,人不再指望那个死去上帝的护佑了,原先上帝所在的位置如今空荡荡风声不起。人们开始围绕虚无一词夸夸其谈,而谢阁兰既反神也反虚无,但他认为虚灵并非虚无,虚灵之处是否也属于某种异域呢?它与现实空间的关系欠缺理解的道路,谢阁兰还意识到,弃拒了天主教的人仍然是问题之人,问题之人由于自我的不充沛(谢阁兰以为,多异性的存在是充沛自我的可靠方式,见《异域情调论》),人的身份就仍然是可疑的,甚或,这早已被虚构为万物尺度的人,仍在云遮风蔽的未成年的路上。上帝死了之后,存在的向往,不再被绝对的力量所指引,它与我们的想象契为一体,被向往者不在谢阁兰向来不认同的现实中,它如何在?如何理解被向往者与向往者是在同一个未完成的游戏中呢?这个游戏的奥秘和被向往者,会在创造性书写中露出端倪吗?

5

对谢阁兰来说,写作,是想象力内立于其中的事情,是对现实的非常姿态的逾越。想象总是指向可能存在的想象,而庸常在场的现实是不值得赞誉的,人必有所向往。那么,在差异的存在中什么被谢阁兰向往?这是内立于谢阁兰生命中不可拒绝的逼问。我们回转到谢阁兰相关于汉语事物的文本中,寻找谢阁兰所向往者,我们预想,如果谢阁兰生命之向往,不仅仅是与尼采相承的诗与艺术,还在于否定了庸人存在史的尼采意义上的超人的话,谢阁兰便已从意识上逾出了烂乎乎庸常的现实。这意识若不是恍然一现而是刻骨在身的话,那么,一切道路皆自觉地指向了那个超人,而创造性文本的书写即是道路的开启。对此,谢阁兰的感受是异乎寻常的。我们从谢阁兰的文本看到了尼采超人思想的影响,《帝王图》给出了确认这影响的消息。《帝王图》作为一个倾泄想象力的价值颠覆的文本,谢阁兰不认可中国历史主流价值观,从政治理想到道德意识,颠覆的力量几乎贯通了整个文本,这里没有中国圣人孔子和柏拉图的身影,《帝王图》尝试了新的文学叙述形式。在《帝王图》中,权力意志的光照在句子中锋利地闪耀,反日常道德秩序的酒神精神也鼓动不已。由此,我们看出谢阁兰对既有主导价值的藐视,把它放在汉语情境中,这个颠覆性文本显然是异端的。我们需要明白,谢阁兰不在乎甚至怀疑历史学,他在乎的是存在的历史性。而文本中的中国,已不再是一个简单的地理和民族概念,在这里,中国只是作品生发的境遇之地,它其实喻示着更宽广的存在之域。那么,我们是否可以说,《帝王图》已预示出谢阁兰个人精神的向往所在了呢?事情似乎不这么易于把握,急于断言可能会高抬或委屈了谢阁兰,从《中国书简》不难我们看出,谢阁兰在个人思想力方面非常自信,似乎比他同时期的法国作家更为自信。从知识学、经验以及写作天分方面,谢阁兰对自己的能力似乎从未怀疑过,《帝王图》显然与尼采重估一切价值的思想相关,甚至文风上也趋近于尼采,但他在纯粹的阅读感受和精神体验之外,似乎从未直接表露过对尼采思想性的认同。二十世纪初动摇了法国思想的尼采,或许也是谢阁兰异域思想中的众多他者之一,而且是一个让谢阁兰在惊讶中接受了影响又未必果真在其深度之中遭遇过的他者。也许,这个与尼采思想相投的《帝王图》,只是谢阁兰逼问存在之可能的异域之思的某种练习。在这里,并不存在一种归属意义上的认同。

6

谢阁兰感受性地接受了尼采的某些思想,他并没有从尼采思想中觉察出西方形而上学终结之征兆,也没能警觉形而上学主客二元对象性之思的危害。谢阁兰显然不可避免地受到主客二元之思的困扰,但我们不能因此忽略了谢阁兰异域之思的价值。可以说,就差异和他者以及事物之秩序而言,谢阁兰思及了尼采未思之物。让我们再次进入《异域情调论》,谢阁兰认识到("人类相残于自己的内部……'多异'正在衰减,这正是大地的危机……"[①];"彼此的相异,在他们那儿只是一种无意义的对立……"[②]),是异域之间差异性力量的对抗,断送了人类成长的重要机遇,被不同的文化传统规训着的差异者,从未真正在相互给予中相互照亮,而制度化了的现实之庸常秩序,一再压迫并消解着创造的可能,在这个异域之间拒绝互通的世界上,曾经的上帝不可认同,但人并没有因为上帝死了而得救。人,也仍无可被认同的充分理由。即便是尼采的超人,也不能给出一个谢阁兰可以接受的世界。谢阁兰对异域事物持有敬重的态度,对存在者在差异中如何存在尤为关切。

7

存在着另一个谢阁兰。刚露出了一些端倪便在文字中隐匿了的谢阁兰。我们打量以下短句:"与人最为相异的慰藉之神是什么?非人。"(《异域情调论·人—超人—非人》)这个语气肯定的短句中的"非人",与尼采的"超人"是气血相关的,但并不相同。这个"非人",它既不是从未裸身而出的自然,也不是宗教意

[①] [法]谢阁兰,《异域情调论——一种多异美学》,收于《画 & 异域情调论》,黄蓓译,上海:上海书店出版社,2010年,第303页。

[②] 同上,第302页。

义上的神,更不是在场可见者。这个"非人"是散着神秘气息的"非人"。这个"非人",其真实的名字是"他性"。这个谢阁兰并未深度阐释的"他性",直接涉及到谢阁兰对自我的理解,也就是说,它触及到自我与异域性未曾披露的关系。"非人"的提出,意味着谢阁兰对尼采之超人的不满意,当谢阁兰"祭献"①式的为"自我的多样而欢欣"②时,他沉浸于自我与他者互生的奇妙。由此我们可以发现一种思想的迹象:谢阁兰似乎是在消解康德以来西方思想对"自我"的定义。这一种思的迹象虽不甚醒目,如将它理解为是对主客对象性之思从内部进行的反动,也并非不成依据(这里无必要问及谢阁兰在存在学和知识学方面的水平)。至此,我们的发问已再次深入了谢阁兰的生命,这个自我与他者互生而在的"非人",乃是谢阁兰愿意以祭献的方式心向往之者。这个被向往者依靠写作本身能不能抵达呢?非人,这个被向往者是否存在于词语寂然之地呢?这样的问题谢阁兰似乎并未思想过,他也未思及语言与存在之奥义的关系,但他向之前行的脚步从不迟疑。从《异域情调论》中一些看似松散的句子去联想,作为它者的这个"非人",就在某个与可见者相契的未明亮的异域中。它在词语的某个生发之地还呼之未出,它的到场,取决于前所未有的"思想内部的运动"③。文本告知我们,这种

---

① [法]谢阁兰,《异域情调论——一种多异美学》,收于《画 & 异域情调论》,黄蓓译,上海:上海书店出版社,2010年,第298页。
② 同上,第315页。
③ 同上,第298页。

运动在谢阁兰身上并没有真实发生。它在,一定程度上乃是被想象之在。从谢阁兰的角度去看,它的到场,还意味着人的真实身份的给出。因此,这个神秘的它者之神秘性,是谢阁兰异域思想中最为迷人的部分,也是最难领会的部分。谢阁兰的异域思想,在文本中有许多不充分的表达,有些思想只给出一些端倪,这也加重了我们理解它的负担。但我们知道,存在着一个与日常理解不同的谢阁兰,一个未打开自身所隐含异域意味的谢阁兰。

8

谢阁兰的异域之思滋养着他的写作,对于谢阁兰来说,写作和艺术、人的本己性与存在的奥义是不可游离的。那个关乎命运的被向往者至今还没有出场,它也因其难以抵达而神秘。它可能内立于谢阁兰意识最深黑的地方。从谢阁兰的文本中,我们看到了一场未完成的追问,我们不知道谢阁兰的生命进入深度忧郁时期思想了什么。"非人",这个谢阁兰心向往之的神秘的它者,仍在与自我这个词隐秘相关的异域中不可照面,汉语事物也没有为之出场提供可靠的道路。我们谈论谢阁兰与汉语事物的惊讶相遇,与其说谢阁兰的文本与汉语世界盘根错节,毋宁说谢阁兰的存在意识和写作态度与他者和异域性盘根错节。

9

翻译谢阁兰文本的人,大都习惯将谢阁兰称之为神秘主义者,而神秘这个词始终离不开异域性之真。神秘感也只在与真实相遇时才会产生,这个真实,与日常所说的现实在根本上不是一回事,它是与存在的奥义须臾不离的,它要求我们对自我与异域性的他者之互生作出开辟性的回应,可以说,谢阁兰对此是领会在心的,他的写作长期坚持在应答的路上。需要提示的是,我们对谢阁兰及其文本已了然于心了吗?现在,谢阁兰研究已成为一种谢阁兰现象,在泥沙俱下的现象中,有一些出自我们自身认识的晕圈。而那些被忽略在晕圈中悬而未决的东西是什么呢?这些与汉语事物相遇的文本被反复解读,它们的倾向和意义,已被谢阁兰研究者从文学或文化角度确认在先,但作为一种其中逾越的品性并未真正裸露的实事,它仍有待从折叠状态再度展开,也仍有待介入者别开生面的言说。流俗的议论者眼界貌似开阔,目光高过具体的文本,往往未入文本之髓。我们有必要与谢阁兰文本重新相遇,为自我与异域性,为那个神秘未到场的它者,也为差异中存在之可能。

路东,诗人。关注中国古学与现象学,倾心于思与想的深度游戏。诗歌作品入选《朦胧诗选》、《探索诗选》、《青年诗选》、《百年新诗大典》等多种诗集。

谢阁兰与异域感知

冯 冬

谢阁兰的全部努力可视为对异域感知能力的探索与理论搭建,他尝试将兰波和米肖(Henri Michaux)只是感性地触及到的异域诗意组织成某种论述,但同时他又意识到异域感知这个问题本身抵抗着系统化的归类,于是这种矛盾意识的运动最终成为《论异域性:一种多样的美学》[1]这本始终处于筹划之中的书。

出于意识之极限体验的冲击,美学问题在谢阁兰这里脱离

---

[1] 原书名为 *Essai sur l'exotisme : une esthétique du Divers*。该书译者黄蓓对"Divers"一词的译法是"多异",突显其在谢阁兰文本中显明的差异与他者内涵(见《异域情调论:一种"多异"美学》,收于《画 & 异域情调论》,黄蓓译,上海:上海书店出版社,2010,第 218—221 页)。考虑到该词所承载的康德认识论上的意义,笔者建议将"Divers"译为"多样"。康德认为直观的多样(杂多)被知性整理和纳入一个统觉之中,多样性自身可以且必须被知性所化约,否则不能形成知识。谢阁兰反对此说,认为事物之多样态不仅是现象而且是可被感知的本体,无需隶属于知性的统辖。笔者以为"多样"一词更切近谢阁兰与康德之间这场关于认识论的隐性对话。

了可感与**概念**,显现与本质,交流与移情等传统意义上的划分,走向了美学这一传统哲学分支之外的创伤之物。谢阁兰从不同角度切近异域事物,剥去旅行者附加其上的肤浅印象,尝试原初地、亲密地感知它,将它带入与多样性观念的相互作用中,并且提出异域性与多样性本质相关的可思考之综合命题。

我们将重新探入这一综合过程之核心并对这场哲学内部运动做出评价,谢阁兰的意义并不仅限于对后殖民他者之论述的启动,感知他者的特殊方式实际上先于他者这一观念本身的构建。谢阁兰将他者以及差异视作感知的结果而非原因,他认为之前的旅行作家(洛蒂、波纳丹等等)没能真正地感知他者,因为从他们的写作中,我们看不到异域之物对书写者内感知之和谐秩序的打断,旅行作家将自己定位于报道异域事物的安全地带,他们还不是谢阁兰称之为的异国者(Exot),有时他们干脆被归入伪异国者之列。以谢阁兰的尺度来衡量,他们似乎并不缺乏呈现所谓异域之物以招揽读者的本领——他们书里充满了棕榈、骆驼、黑皮肤等异域描述,他们所缺的是在此时此地仍作另类观想的超越能力,他们迟钝的知觉体察不到异域之物对感官自身的分解,因而无法进入多样态事物引发的观念之间的穿梭游戏。

异国者乃是有着超常感知力的旅行者,他们在异域对象中体认不可化约的多样态(Divers)或者异域性(Exotisme)的自体分殊。比如他们能看到同一对象截然不同的两部分,或以点石成金的顿悟方式将一片看似普通的田野感知为充满欲望和欣喜的景象。异国者在旅行中对先天敏感的资质加以提高性训练,直到能在任一异域之物中辨识相互差异的面向并在那里停留、深入、浸润。

从词源上看,谢阁兰眼中的异国者与诗人特拉克尔(Georg Trakl)所指称的大地上的异乡者或陌生者(ein Fremdes)呈现跨语境的相互阐释之可能。"fremd"源于古高地德语"fram",意味着"往前走"。在海德格尔的解读中,异乡者并不是"漫无边际地乱走一气",他听从了家园的召唤,已走在通往它的路上,灵魂"在漫游之际遵循着自己的本质形态"。① 特拉克尔在大自然的漫游中感到了一个早于自身的精神的降临,同样,谢阁兰在热带地区的旅行中也体验到日出时分难以言明的喜悦。与普通旅行者不一样,异国者所追寻的并不是另一场日落,而是感觉本身的锤炼,他们在向前的旅行中有一个明确的目的,即寻求感知与客体相交接时的未知的敞开的欣快。

于是我们看到谢阁兰的旅行—哲学断片如何在康德、叔本华、尼采、克洛岱尔、克鲁阿尔、戈梯埃、吉卜林、《吠陀经》等等先行论述中试探着"往前走",试图锚定主体、客体、感知、风格这些复杂议题于此时此地的交汇。谢阁兰在中国内陆旅行的同时仍然沉醉于西方哲学传统下的思想冒险,这足以显示他作为"世界公民"的素质——我们暂且放下这个短语的后殖民意指,因为所

---

① 海德格尔,《在通向语言的途中》,孙周兴译,北京:商务印书馆,2008年,第34页。

谓的"殖民性"在谢阁兰这里并非异域性的构成元件,他更关注感知的问题而不是文化的建制,殖民文学与殖民地办公室同样令他倒胃口。异域性大过了殖民地的政治、经济、文化等级制度所拟定的凝视式异域想象。在谢阁兰看来,异域性完全可以去除"地理"的因素。谢阁兰设想的异国者有能力在一个虚构的文本中完成对家园的出离而无需赶到地球另一边,于是旅行的必要性就在于异域之物对感知者的持续摇晃、分化的功能,感知者自身捕获从感知之物中分离出去的一部分。交互性感知将感知之物的属性转移并灌注给感知者,使得后者在直观杂多的层级映射中重新拥有了对多样之物的精细感知。

与那些自我标榜的伪异国者不一样——他们以旅游的名义玷污了异域之物,他们只能毫无想象力地拓印对象之影像,其僵硬的再现主体性无法从根本上设想或重塑异域之物,本真的异国者在感知客体的同时一并感知了感知本身的敞露。他的知觉撤回到意识的历史发端处,于此细心体味某个视觉对象——如一座古代中国石碑——在感知内部激发的历时性震荡,在这样一个回馈过程中观看的"我"被异域之物重塑为另一个感知的"你"。换位之后的感知主体不仅可能反观自身,它更期待异域之物不确定的冲击所引致的自体一致性的动荡。本质的自我在个性的层面上固然持存着,这是独一的异域感知的先行条件之一,但感知的结果不再是主体的事实性确认(我感知故我在),而是一种恍若隔世的"我可能不在"的存在自身之惊讶与落差感。

在1908年的一则日记中(该书以日记和书信形式记录哲学讨论的风格恰好"述行"了书写之异域性),谢阁兰告知阅读克洛岱尔散文时的感受:"这种富有节奏、密集、平稳的十四行诗般的散文所透露的那个位置,必不是一个感知的'我'……而相反是周围环境对旅行者,异域之物对异国者的召唤,后者穿透它,袭击它,再度唤醒它,惊扰它。熟悉的'你'将占主导地位。"①第二人称叙述的一个功能即是将读者变成故事的一部分,出于言说的亲密要求而邀请、安排读者进入事件的链条,读者占据了一个通常保留给叙述者的位置。从"我"之所见至"你"之所见的转变,一方面回应了富有生机的周围环境对观察者的质询,他从自身的对面观看自己并记录自身在场对环境的影响以及该影响再度反射入主体意识的结果。另一方面,人称的转换启动了自我的认识碎片朝向另一个未名身份聚拢的过程,这个身份因对客体的异域感知而捕获了另一个更大的构型。在谢阁兰这儿,世界不再如印象那样一劳永逸地刻在旅行者的心灵白板上,世界的构成积极地依待观者对它的感知、设想、激活。

设想(concevoir)在法语中也指"怀孕",它与感知(percevoir)、理解(comprendre)、思想(penser)、抓住(capter)等概念具有本质关联。感知对未知之物的母体般的承受与孕育乃是观念、思想产生的先行条件。这就是为什么谢阁兰在开篇时提出

---

① Victor Segalen, *Essay on Exoticism: An Aesthetics of Diversity*, trans. Yaël Rachel Schlick (Duke University Press, 2002) p.17. 后文以 p 加页码直接标记谢阁兰文本。

"反证"、"反拓"之说(p. 13)①,因他感到之前的异域旅行者仅从自身角度记录了所见所闻,他们经历了未知事物对自身的冲击,但未能完成主体意识的改观,他们寻求的仍是笛卡尔至康德以来主体的确在明证,而这正好阻挡了主体分化后的潜力进入异域之物的可能。"异域性不仅在空间中被给予,它同样依恃于时间。此处可以很快定义并暴露对于异域性的感觉,它不过是差异性的观念,对多样性的感知(the perception of Diversity),认识到有的东西不同于我自身;异域性能力正好就是别样地设想的能力。"(p. 19)别样设想的当下异域性既是对康德统觉论的偏离,也是一次从现象学本质直观中分离出去的冒险行为。

此处我们不必过快地将谢阁兰的构想与德里达、列维纳斯等当代哲学家的差异观念相等同,谢阁兰所说的差异性或多样性更多地开启一个前伦理的美学区域,虽然从解构来看该区域是否独立存在还值得进一步思考(解构哲学倾向于将其视为书写的一部分)。解构对传统二元论的批判似乎沿袭了谢阁兰对康德哲学中二律背反的一个较为欣快的解决方案:在相互对峙的概念之间我们无需做出选择,因此种对比张力恰好构成审美之美感赖以在其中分级变化的基础。谢阁兰建议以感知的状态

---

① 该词的原文为"contre-épreuve",黄蓓译为"反拓",见《异域情调论:一种"多异"美学》,第225页。法语中的"épreuve"兼有"试验"、"证明"、"版画印张"等意。谢阁兰此处强调主体与物之间的位移,不是去拓印或确认先前异域旅行者(洛蒂、克洛岱尔)的描述,而是反转视角,走向它们的"反面",即记录下观者自身在场对所见环境的冲击。

代替对事物的极性化认知:"在认知状态的边缘,创建感知(perceptiveness)的状态,不是虚无主义,也不去毁灭。"(p. 51)物的多样性于感知的多样性中得以保全,先验统觉在完成综合之后不断抹除的杂多在谢阁兰这里被提到了亟需拯救的高度。

谢阁兰承认他无法像康德那样思考了,他厌倦了"枯燥的综合"(p. 29)。海德格尔对康德统觉论的一个简短评述道出了多样性/杂多(Mannigfaltigkeit)在康德哲学中被压抑的状况:"为了使被给予的'杂多'即这种多样之物的河流得以站立,并因而能让一个对象显示出来,多样之物必须被规整、亦即被联结起来,但这种联结决不能通过感官来实现。按康德看,一切联结皆出于那种被叫做知性的表象力。知性的基本特征乃是作为综合的设定。"[1]康德知性筹划下的直观素材无法作为经验知识而独自站立,它必须被知性综合成关于感觉的判断才能成立。然而,康德并非否认经验素材在认识中的原初给予性,我们对一物的直接知觉很大程度上决定着我们能拥有的关于它的知识。例如关于磁场的感知,康德设想:"如果我们的感官更精细一些的话,我们也就会按照感性的法则和我们知觉的连贯性而在一个经验中碰到对这物质(磁力)的直接的、经验的直观。"[2]但很多时候我们粗糙的感官实际上根本到达不了这种对不可见力的经验直

---

[1] 海德格尔,《康德的存在问题》,见《路标》,孙周兴译,北京:商务印书馆,2013,第537页。
[2] 康德,《纯粹理性批判》,邓晓芒译,北京:人民出版社,2013年,第201—202页。

观。康德注意到了知觉先行于概念的可能,但他很快转向现象与本体的区分,正是在这个区分面前,谢阁兰扎下一个永久的营寨,使他脱离康德的理性化进程。如果自在之物没有躲藏在多样之物背后,如果自在之物就是多样性(Mannigfaltigkeit/Divers/Diversity)又会怎样?谢阁兰对康德的知觉论回应如下:"异域性并非对某物的应适(adaptation);也并非对我们自身之外某物的完美理解,尽管我们想完全拥抱它,它乃是对一种永不可理解性的敏锐而直接的感知。"(p. 21)

理性可理解的事物,例如对立的概念,只能作为激发异域性的两个电极;如果我们将理性的二律背反与异域性做一个联结,那么这二者正好呈现为相对概念的两极与两极之间分层谱系的包含关系:"从字面来理解,如果我们相信词语,那么异域性将被二律背反极大地强化。概念不仅不一样而且截然相反!如果兴味(flavor)因为差异而变浓,那么还有什么比不可化约之物的对立,以及永恒的反差带来的冲击更有兴味?"(p. 50)谢阁兰此时提出的极性问题后来被现代艺术加以更直观的表达,例如马列维奇的《白底上的黑色方块》(1915)与康定斯基的《在白色上,二》(1923)。与至上主义艺术家不同的是,谢阁兰将黑与白的对立视为"僵硬"、"枯燥"(p. 50),他认为我们恰好不必以极性显现的方式去把握事物的内在,黑白两极间有着更多的层级变化依待我们感知的触及。辨别事物的极性只是异域性产生的一个较为粗重的条件,谢阁兰认为更为精细的方式则是主体与客体中的某一部分融合,然后与客体的另外部分撞击出一种在主客两方面皆不可化约的多样性(p. 50)。分化后的感知细流从先验主体的综合统握中溢出,进入异域客体并返回以改变自身的形体,这是一个不断运动的样态分解过程。谢阁兰提醒康德的当代读者,异域之物是无法从先验统觉的范畴上去把握的,因异域性诞生于在前综合的直观水平上确然地获知精神与物质的可逆性,从而将这两个概念放置入书写的游戏。与这种感知伴随的,乃是观察者的有限意识被带入异域之物无限敞开之中的危险的愉悦。

归根到底,这是一个纯粹的释放想象力的要求,也是一个近乎不可能的要求,它将感知者与书写者置于与客体交接时的极限体验。这不仅是感性与概念的对抗,而是两者间的距离被更大的一个异域现象场同时包括。仅将对立面呈现出来是不够的,还要在吸收对立面之不可能性与感知敞开之可能中间持续地反射。感知主体的分化与客体的对立面分化同时发生,异域性才能迸发出来。"让我们不要因为同化了与我们相异的风俗、种族、国家以及其他人而恭维我们自己。相反,让我们因为做不到这一点而欣喜,我们由此保留了感受多样性的永久的快感。"(p. 21)尽管谢阁兰关于异域感知的论述借用了康德哲学与心理学,但他在二十世纪初提出的异域多样性的美学仍对当代产生持续影响,胡塞尔与梅洛-庞蒂之后的感知论继续探讨意识与物世界的多重交织构型。也许我们不必如谢阁兰那样哀悼现代技术世界中异域性的衰退,因为这始终是一个感知对异域性的确立问题,但我们大可同他一道因为我们自身的多样而喜悦,意识到这一点才能更为原初而精细地感知物世界的多样。

　　冯冬,执教于暨南大学外国语学院,研究方向是当代诗歌、当代哲学和精神分析。主要译著有《未来是一只灰色海鸥:西尔维娅·普拉斯诗全集》(上海译文出版社,2013);另有合译作品古伯察神父著《中华帝国纪行》(南京出版社,2006)、《蛛网与磐石:托马斯·沃尔夫小说全系列》(人民文学出版社,2011)等。与友合著诗集《残酷的乌鸦》(南京大学出版社,2011)。发表过叶慈研究、列维纳斯研究等论文。

"多异"与"侨易"
——谢阁兰"异域学"建构的侨易学视域

叶 隽

一、谢阁兰的"多异美学"

谢阁兰(Victor Segalen,1878—1919)的"多异美学"(L'esthétique du Divers)具有相当程度原创意义,值得重视。他试图在一个更为开阔的文化空间中赋予 Divers 与 Exotisme 新的意义,做得有多完备并不重要,关键在于开启了一种思路的可能性。他说:"我用'多异(Divers)'一词称呼迄今为止所有被唤作异域的、异常的、意外的、令人惊异的、神秘的、爱恋的、超人的、英雄的,乃至神圣的,总之所有的'他性';也就是说,让上述每一词中含有的本质的'多异'得到彰显。"① 具体

---

① [法]谢阁兰,《画&异域情调论》,黄蓓译,上海:上海书店出版社,2010年,第310页。

言之:

> 在"美学"一词中,我采用了一个明确的意思;这是专门从事思想的人给出的、同时也保留下来的、符合一门定义清晰的学科所要求的明确的意思。这既是一门观看的学问,又是使观看变美的学问;它是最妙的认知工具。这种认知并不能通向世上无论什么形式的美,而是只能也只应通向每个精神个体所拥有、发展或忽视的那部分的美,无论他自己愿意与否。它是一种世界观。(一种 Imago Mundi;我的可视作一例)①

但有趣的是,谢阁兰只赋予了多异美学副标题的陪衬位置,而将主标题定为"异域学"(Exotisme)②。这样一个概念其实是很值得重视的,我发觉恰恰是这批在世纪之交远行的知识精英,譬如像伯希和、卫礼贤、黑塞、凯泽林等,当然也包括自东徂西的那批人,像辜鸿铭、泰戈尔、中江兆民等都是,他们在亚欧之间自由行走,汇聚了东西方最可能激动人心的智慧光芒。所以才有可能在思想层面迸发出辉耀之灵光,尤其让人刮目相看。谢阁兰的多异美学如此,李石曾的侨学亦甚有意味:"侨学为研究迁

---

① [法]谢阁兰,《画 & 异域情调论》,第 310—311 页。Imago Mundi 是拉丁语,意为世界之图。
② Exotisme 一般译为"异域情调"。我此处译为"异域学",是希望能凸显其学术性的一面。

移、升高、进步的学问"①;"侨学是一种科学,研究在移动中的若干生物,从此一地到彼一地,或从几个处所到另一个处所;研究他们的一切关系上与活动上所表示的一切现象"②。他们这类人物,并不一定是严格意义上的学者,但却因为多见广闻、善于学习、敏于思考,故此所提出的学术思路是值得特别注意的,因为其中很可能孕育着可能大放异彩的真精神之所在。其实,在我看来,他们所指向的,无非都是由于外在刺激而导致的思想创生之可能。侨学如此,多异何尝不然?

我之提出"侨易学"观念,强调"察变寻异",基本上就是希望能在"侨易"框架下尽可能包容"异"的维度③。侨易学的基本原则有以下三条:一为"二元三维,大道侨易"。即建立理解世界和宇宙的基本思维结构模式,具体就是二元三维,其道则一;二为

---

① 《侨学发凡》(1942),载中国国民党中央委员会党史委员会编:《李石曾先生文集》上册第296页,台北,1980年。

② 同上,第332页。

③ 关于侨易学的基本概念,其直接来源为李石曾的"侨学"概念与国际学术视域中的《易经》资源,其观念可由两个层面来阐述,一是在广义的理论/哲学层面,所谓"理论"乃是指一种相对普适意义的概念运用,具有跨学科的学术宏观层面意义,而"哲学"则更是最高端的理论境界,即能尝试在最深刻的层次上解释人类、世界、宇宙的基本规律问题。二是具体到学科/领域层面,即作为一般意义的侨易学,它也可以确立自己的学科界限和研究对象,提出学科概念、核心内容、基本原则。叶隽,《游戏·博弈·侨易》,载《跨文化对话》第29辑,北京:三联书店,2012年。叶隽,《侨易现象的概念及其内涵与外延》,载《上海师范大学学报》2013年第2期,第30—37页。叶隽《从文化转移到作为理论资源的侨易学观念》,载《南京师范大学文学院学报》2013年第2期,第66—72页。叶隽,《侨易现象的规则性问题》,载《中国文学研究》2013年第4期,第15—20页。

"观侨取象、察变寻异"。侨易学研究的对象就是"侨易现象"。那么,我们要追问的是,何谓"侨易现象"?就是由"侨"致"易"的过程,就是由"因"结"果"的过程。其核心点有二,一是"迁移",二是"变化"。从外在的表象来看,作为主体的人发生了距离的变化,这种距离的变化一般是指具有异质性的文化体之间的变迁,具体则主要表现为国与国(当然不仅如此)之间的距离变化;从内在的本质而言,是指作为主体的人的精神世界发生了较大的变化,也可以说是说一种"质性变化"。三为"物质位移导致精神质变"。这里的物质位移,乃是由多个因素构成的重要的文化区结构差之间的位移过程,如此导致个体精神产生重大变化。精神质变是一切社会变动的起因,尤其是伟大人物的精神质变更会起到推动一个时代或以后若干时代的思想波澜的作用[1]。在这样一种理论框架下,我们接下来想知道的是,这种异在多大程度上能够被包容,甚至被整合。对于这种"多异"的层次感和灵性力,谢阁兰引用法国批评家克鲁阿尔(Henri Clouard,1899—1974)的评论是非常好的一种陈述:"雨果……好高骛远,渴望高到能抓住伟大的潘的一鳞片爪;可惜他所达到的只是一种混乱的激情状态。拉马丁在他的长篇描写中从未完整地展现出什么画面;自然在他那里只是借口:冥冥之中对上帝的感觉……(其他人看来,只是世界的表层上东一处西一处漂浮着的灵魂的碎片……)夏多布里昂则将卢梭的抒情描写与圣皮埃尔

---

[1] 参见叶隽《侨易学的观念》,载《教育学报》2011 年第 2 期,第 3—13 页。

的画面式描写结合起来,使美丽的景致充满生命力与人性;他甚至将自己隐去,使景色能够自成画面,自由发展,有自身的独立价值:零星的力量开始凝聚成一个伟大的生命体,使我们想起舍尼埃笔下充满力度的形象(永恒的海洋中生命翻涌)……而戈兰笔下的自然是一个统一完美的整体。他抓住了宇宙的气息;在他之前唯有歌德的作品中有时会散发出这种气息。这神秘的生命来自于一个庞大无比的生命机体,完善绝对之物,最高的神灵。"[①]歌德是相信一种"魔力"(Daemon)存在的,这也符合他的泛神论基本思路;其实,这不仅是他个体如此,那些伟大的诗人或多或少都比较接近于这个思路,所以这里提到的雨果、夏多布里昂、戈兰诸君都是这个路径,但选择路径是一回事,是否能达到理想中的"天人合一"状态又是另一回事。这就是超越了具体的寻异层次,而努力攀升向一种求灵状态了,达到一种很高层次的诗—思—灵的融通境界了。伟大的诗人有时真的或者不过就是神的替身,他们的现世努力,其实不过是替代神灵书写此世的文字罢了。

即便是意识到这种"灵性境界",谢阁兰并不以诗人之灵而有帝尊之傲慢,他反而进一步自我质问,提出了一个有趣的概念:"现实中有与我相左的观点——'同类'的观点,——以及持这些观点的人;我认为这样的存在是有好处的,能够让我有意突出强调的观点获得平衡。不过不能跟对手太过纠缠,以便能够

---

① [法]谢阁兰,《画 & 异域情调论》,第 254—255 页。

全心全意地投入到与平淡的现实的斗争,用一切力量扩张激情的领域……"①在这里,谢阁兰造出了一个二元概念,即:多异(Divers)—同类(Semblable)②。这是值得注意的,因为这是诗人的自我反思,因为有异就有同,这种二元结构是普遍存在的;即便是强调异质性的价值,也不应忽略另一极的意义,就是趋同性乃是同类性的存在;更进一步说,同类本身也就是相对于异质的另一种异,是应当包含在多异的价值观当中的。

在此基础上,谢阁兰对所谓的"异域情调"有更深层的阐发:"其实也就是差异的概念,是对'多异'的感知,是对某物与自己相异的认识;而异域情调的力量也就是能够构想异己的力量。"③如此,这个概念似乎就具有了无所不能的力量:"这样将这个概念层层提炼之后——它原来如此宽泛,似乎囊括了世界——,将它由于长期被滥用而形成的种种陈渣旧迹,霉斑墨垢洗去之后——多少观光客的嘴与手玷污过它啊——,现在,让这个概念露出本色,把它还原为清晰的、充满生命力的思想,让它重新生长,如一棵纯正的幼苗自由快乐地发展,没有羁绊也没有多余的负荷;让它在成长过程中充分吸收各种感性与智性的营养,让它在汲取世界养料的同时, 也让世界因

---

① [法]谢阁兰,《画 & 异域情调论》,第 262 页。

② *Essai sur l'Exotisme*, in Victor Segalen, *Œuvres complètes*, tome II, édition établie et présentée par Henri Bouillier, Paris, Robert Laffont, 1995, p.760.

③ [法]谢阁兰,《画 & 异域情调论》,第 235 页。

它而更美丽,更有生机。"①我们可以清楚地看到,经过提升后的概念成为了某种意义上具有某种准元概念倾向的概念,它是一个具有思想性的概念,是一个具有广阔拓展性的学术概念。所以,正如我前面所翻译的,与其说它是一种"异域情调",不如称其为"异域学",如此更为开阔的知识性空间可以得到涵盖,用谢阁兰自己的话来说就是"囊括世界"。

二、侨易如何可能?

对于我们所提出的侨易学来说,其中最大的一个优点就是其包容性,无论是"异域学"的宏大建构,还是"多异美学"的阔大空间,都可以借助侨易思维来细加考察。而观察"他者",也未必就是绝对的二元思维,非此即彼,而是我中有你、你中有我。具体在多异角度,我想谢阁兰最主要想确立的,其实是一种多元可能,而超越简单的二元维度。谢阁兰对于异域有很具艺术家感性认知的描绘:

> 时至今日,"异域情调"只能勉强称得上是"遥远邦国的印象";异域的气候与人种,常常被错误地用来代替"殖民地的"——后者的意思更是被乱用。在令人咋舌的"异域情调文学"、"异域情调印象"之类的旗帜下,曾经汇聚而且仍然

---

① [法]谢阁兰,《画&异域情调论》,第235页。

汇聚了那些从黑人国王那儿拿来的五光十色的玩意儿,那些不知从哪儿带回的庸俗艳丽的服饰……我无意否认,地域与种族的异域情调,气候、动物、植被的异域情调,从属于地理、经度、纬度的异域情调,确实是存在的。正是这种最外在的异域情调给出了名称,给刚开始进行地球探险、还以为走到哪儿都会碰到同类的人们以不同世界的概念……"异域情调"就是从这儿来的。然而这种异域情调在游人身上打下的过深的印记,它的过于显而易见,使它既可以作为一个好的出发点,又有必要在用过之后将它永远抛弃。①

在谢阁兰的概念里,Exotisme 其实是具有多义性的,他似乎在不同状态和不同场合中想要表达的内容并不一样。最原初的词义当然是"遥远邦国的印象",甚至可以被认为是具有猎奇色彩的遥远异国形象;但他显然不想取此本意,而是试图有所拓展,有所辟新。所以,他明确表示之所以用"Exotisme"这个词只想表达一个意思:"我所拥有的对'多异'的感觉;同时,从美学意义上讲,也包含对此种感觉的运用:它的延展扩散,它的游戏方式,它最大化的自由,最强烈的程度;最后,最清澈、最深邃的美。"② 显然,谢阁兰试图"借旧瓶装新酒",用一个过去的概念来表达自己崭新的思想,具体表述则是:

---

① [法]谢阁兰,《画 & 异域情调论》,第 311—312 页。
② 同上,第 291—292 页。

"可以尝试"将已有的对物体性质,尤其是对其构成材料的分析研究纳入这个探索。我想试一试。于是就这样做了。我向世间存在的各种物质材料发问:构成一切的根基到底是单一的还是多样的?在我眼里答案有决定意义。如果是单一在终极现实里占主导地位,那么可以相信它也会垄断知觉现实——我们用周身的牙齿与神经碰到、触摸、拥抱、吞噬的世界。这样的话,就会出现"不冷不热的王国",没有差别,无起无落,一锅稠粥;人种的衰减已经大致预示了这个时代。如果,万幸的是,"多异"随着我们的坚持程度以及深入事物内部能力的增加而增加,那也就是说,我们还能够希望。我们有权相信,只要在根基上存有差异,现实世界就不会在组织结构层面上不显现出任何织补缝衲的痕迹;而在交汇扩散、界限消失、空间距离大幅度拉近的同时,作为弥补,也一定会出现新的分界与意想不到的罅隙,在一个乍看好似单一的整体内部镶上不易觉察的金属丝。是的,质问物质材料。但正如拿硬币打赌的人,疑信参半地抛出了钱币,赌的是正面却眼见反面落地,于是拾起再抛。倘若物质回答我们"不",我们仍要把"是"强加于它。①

谢阁兰此处的尝试显然不是简单的文学性的或者实证性的描

---

① [法]谢阁兰,《画 & 异域情调论》,第 292—293 页。

述,而更多带有一种哲人的思索和天问的感觉,他的"万物之问"其实逼到了问题的根本所在,就是世间万物的多样性,甚至是差异性形成了这个世界的存在基础。所以,他深刻地感觉到多异的重要性,差异性的重要性,甚至为这种差异性的淡化、消逝而感到极为忧虑,所以他对异域张力的衰落而悲哀:

> 世界的异域张力在衰减。"异域情调",作为能量之源——无论在精神上、审美上还是在体力上(尽管我不喜欢混淆领域),——都在衰减。
>
> ——可就在我开始清醒地意识到我的个人审美观放之四海皆有裨益,皆能生效并且作用积极的时候,——(当然要抛弃梵我合一的哲学,抛弃所有与神或其他崇拜物的合一),——我同时也发觉它在世界上的发展、它所占的比例也正在衰退!(参见早先记下的一句老话:宇宙的熵趋于一最大值)
>
> ——地球表面异域情调衰减的因素:所有被冠以"进步"之名的事物。物理法则的适用;机械的旅行方式使不同的民族相遇,而且——多可怕啊!——将他们不加区分地搅合在一起,让他们彼此间毫无争端。宗教的衰落不可否认。殉道者在何处?或者,而今的献身为的都是植根于深土的事业(不过佩吉是个战士)……神秘感在何处?——距离在何处?①

---

① [法]谢阁兰,《画 & 异域情调论》,第301—302页。

这样一组近乎断片(fragment)式的"喃喃自语"似乎有点疯哲的表述方式,但仔细体味,其中却深蕴哲理。他甚至逼问到西方的基本元思维方式,即逻各斯路径导致的科学、启蒙、理性话语,尤其是以"进步"为标志的线性逻辑思维的问题所在。他非常悲哀地意识到:"'多异'正在衰减。人类相残于自己的内部,也就是说在各种已知的、可测的力量之间;只要一种力超过另一种力就行了,——$1/2V^2$。神秘感在此可有一席之地?而就在'多异'美完全绽放前的那一刻,'神秘'恰恰是它不可思议的芳香,令人颤栗的感觉。——这场战争中没有神秘。"[①]在这里,谢阁兰几乎已经碰触到文明史上的一些元问题,尤其是对东、西方文化元思维的追问,以及进步、异域张力背后所蕴含的世界基本结构的反思等都是。这让我们想起了另一位同时代大哲的思考,荣格(Carl Gustav Jung,1875—1961)曾对由逻各斯路径而来的"因果律"表示质疑,"我们的科学是建立在以往被视为公理的因果法则上,这种观点目前正处在巨变之中,康德《纯粹理性批判》无法完成的任务,当代的物理学正求完成。因果律公理已从根本处动摇"[②]。然后,荣格特别推崇中国人思维模式的几率层面:

---

① [法]谢阁兰,《画&异域情调论》,第303页。
② 荣格《易与中国精神》,载[瑞士]荣格:《东洋冥想的心理学:从易经到禅》,杨儒宾译,北京:社会科学文献出版社,2000年,第206页。

正如我在《易经》里看到的,中国人的心灵似乎完全被事件的几率层面吸引住了,我们认为巧合的,却似乎成了这种特别的心灵的主要关怀。而我们所推崇的因果律,却几乎完全受到蔑视。我们必须承认,几率是非常非常的重要,人类费了无比的精神,竭力要击毁且限制几率所带来的祸害。然而,和几率实际的效果相比之下,从理论上考量所得的因果关系顿时显得软弱无力,贱如尘土。石英水晶自然可以说成是种六面形的角柱体——只要我们看到的是理想上的水晶,这种论述当然非常正确。但在自然界中,虽然所有的水晶确实都是六角形,却不可能看到两个完全相同的水晶。可是,中国圣人所看到的却似乎是真实的,而非理论的形状。对他来说,繁复的自然律所构成的经验实体,比起对事件作因果的解释,更要来得重要。因为事件必须彼此一一分离后,才可能恰当地以因果处理。①

这里区分了"因果律"和"同时性"(Synchronicity,以几率维度为基础)的重大差异性,也就是强调东西方思维的本质差别所在。所谓"同时性原理",就是"认为事件在时空中的契合,并不只是几率而已,它蕴含更多的意义,一言以蔽之,也就是客观的诸事

---

① 荣格《易与中国精神》,载[瑞士]荣格:《东洋冥想的心理学:从易经到禅》,第207页。

件彼此之间,以及它们与观察者主观的心理状态间,有一种特殊的互相依存的关系"①。荣格、谢阁兰的致思路径虽然不同,但基本上触碰到西方元思维的一些基本问题。相比较荣格借助东方知识资源(尤其是元思维模式)来济西方元思维之不足,谢阁兰无疑更强调异域张力的重要性,多异美学的资源可能,所以他的"异域学"其实也更是一种对"能量之源"的开启方式。此外,需要指出的是,场域之中的强力角逐,乃是理想型的知识精英不得不面对的惨痛现实,对这点谢阁兰显然心知肚明,"进步"理念的获胜,其实就是西方凭借其逻各斯路径的科学、理性而带来的"坚船利炮"暴力征服世界的结果。

所以,如果仅仅将问题停留在"多异"层次,我们可能会有很多零星闪耀的思想火花,正如谢阁兰上述言论中流露出的那样;或许,我们还可以有更好的表述,比如所谓"多样性中的统一"(Einheit in der Vielfalt)等等。但问题仍然在于,我们如何去面对多异?我们如何在这滚滚历史潮流、血腥搏杀场域,乃至被精致辞藻或美丽表象掩盖下的暴力驱动大局中返本求真?所以,我们不仅需要看到"多异"的美学景观,还需要借助"侨易"的思维模式,来追问世界变动不居之谜,来探寻是否有可能存在一种"东海西海"都能攸通认同的大道元一?

---

① 荣格《易与中国精神》,载[瑞士]荣格:《东洋冥想的心理学:从易经到禅》,第 209 页。

三、"消解主体"与"多重世界"——
兼论侨易学的原理及其资源可能

我逐渐意识到,侨易学的一个很重要的附带功能,很可能是"消解主体"。这里的消解主体需要打个引号,因为并非是在德里达那种意义上的刻意"解构",而是希望能相对淡化我们对"个案主体"的关注。而将问题的核心凸显出来,就是大道侨易,始终相继;万物归三、还二复元;元一所守,道之存有。寻道的过程,也就是不断追寻主体、消解主体,又让主体归一的过程。对于主体、客体的关系,谢阁兰也有明确的体认,他曾说过:"到达此地的时候,主体已经让客体把自己几乎团团围住了。但是客体的存在当然不会到此为止。我们知道它永远不会消失。然而,还有那么一番由'异'而生的景观;主体在其间难以察觉客体的存在。一切似乎都是精神层面的运动。这是'二律背反'形成的景观。"①显然,谢阁兰很重视客体的重要性,强调两者的互动关系;但似乎同时也强调主体的精神运动之可能。所以,他希望"在讨论了主客体之间最基本的异域性后,现在要看的是物质世界与精神世界之间的异域性"②。谢阁兰引用戈梯埃(Jules de

---

① [法]谢阁兰,《画 & 异域情调论》,第 282 页。
② 同上,第 247 页。译文略有调整,我在此处将"异域情调"译为"异域性",试图展现其中的概念张力。

Gaultier, 1858—1942)的论述《论认知之不可确定性的根本》(*Des fondements de l'incertitude en matière d'opinion*):

> 丹纳之后,我们可以区分并对立两个世界。这两个面对面的世界看上去似乎彼此间有因果关系,但又似乎无法抓住两者间的接触点与沟通方式,以至于只能把它们看成一组不能消解的对立。其中之一是精神世界。它直接存在于我们的意识内部;它包括所有的精神活动、感觉、画面与思想。另一个是生理与物质的世界;由它产生出第一个世界。我们对物质世界的认识只能是间接的,只能通过精神世界,通过感官与意识。这个世界对我们来说是外在的。它包括唤醒精神世界的一系列现象。这些现象包括某种颤动……神经……中枢……突然间景象发生了改变:物质世界消失了;精神世界在意识中出现,带来一连串的画面与思想。然而,尽管神经中枢的分子运动总是伴有意识状态,尽管意识中的画面都只能因分子运动而存在,在运动与感觉之间我们却找不出任何关系;对我们来说它们是两类不同的现象。与此类似的是古老的形而上学的观点;我们对世界的认知依旧只是感觉的认知,依旧不知道我们身外的世界本身到底有多少相似;神经中枢的活动为我们进行了最后一层转换。[1]

---

[1] 转引自[法]谢阁兰,《画 & 异域情调论》,第 247—248 页。

应该说,这段引用是非常独具匠心的,就是建构了一组基本二元,即"物质世界—精神世界",但仍感觉到似乎缺少了些什么,其实在我看来,应该是物质—精神世界的彼此关联渠道,这两者之间不是相互无关的。波普尔(Karl Raimund Popper, 1902—1994)后来提出了"三个世界"的概念,其中"世界三"(World Three,也译"第三世界")尤其是一个发明,他的本体论区分了全部存在和全部经验的"三个世界":"世界一:物理客体或物理状态的世界;世界二:意识状态或精神状态的世界;或关于活动的行为意向的世界;世界三:思想的客观内容的世界,尤其是科学思想、诗的思想以及艺术作品的世界。"①按照"消解主体"的原则,世界三的存在似乎就是主体被消解之后的精神内容的独立存在,但事实上并不可能,因为没有绝对的脱离客观历史语境而产生的观念,观念必然是由人而生,而人是不可能脱离具体语境存在的;但另一种反方向的可能是存在的,就是观念一旦产生之后,它自有自己的命运,不再简单地受到历史语境或人之载体的影响,这就如同智能机器的产生一样,它本不过是人造之物,可一旦高级计算机发明之后,它有可能将来操控人类,或至少是独立主体。任何一种真正有生命力的学说或思想一经提出,其实就已经获得了它独立的生存意义,它虽然是由具体的人的个体

---

① [英]卡尔·波普尔,《客观知识——一个进化论的研究》,舒炜光等译,上海:上海译文出版社,1987年,第114页。参见方维规《形象、幻象、想象及其他》,载乐黛云、[法]李比雄主编:《跨文化对话》第22辑,南京:江苏人民出版社,2007年,第256页。

来提出的,但其获得的可能是远远超出个体本身所赋予的更大的生命;因为人的物质生命在此世终有了结之时,而作为观念意象的精神生命却完全可能会超脱物质世界而存在,至少远长于作为物质个体的人的生命本身。这或许是"消解主体"的根本意义所在。对于谢阁兰来说,其多异美学的价值并不在于其个体本身,而是它能融入到整体的"观念建构"和"意识存在"的更大时空框架中去,这才是一种理论或学说的真正意义,即使它并不完备,但却有自己不懈进取的精神生命力。

总体来说,谢阁兰的多异美学并没有构成一种完整的体系,因为他本身就不是一个学院出身的学者;但正是诗人身份,使得他的这种诗性理论尝试具有重要意义,而其未完成的断片形式更给我们提供了一个丰富的资源宝库,所以更值得重视的,反而很可能是那些零星断片式的思想火花。譬如谢阁兰认为:"从旅人到环境,或许还有一个反向的冲击,使他所见到的世界为之抖动?他的出现——有时不合时宜,有时十分冒险(尤其对于那些真正幽闭的地方)——难道就不会搅扰几个世纪以来形成的平衡?根据他的态度——敌对或者关注——他的周围难道就不会有缺乏信任或者满怀好感的表示?……所有这些不再是环境给旅人的冲击,而是旅人对有生命的环境的冲击。"[①]这里基本上已经与侨易学的物质位移与精神质变关系的考察很有关系,即侨易主体与侨易语境(包括地理也包括文化、现实环境)之间的互动关系;而

---

① [法]谢阁兰,《画 & 异域情调论》,第 227 页。

且是一种双向关系。即我们一方面会将关注的重心放置在侨易主体身上,譬如在这里是旅人,异质环境的变量生成可能对侨易效应发生重要影响,按照侨易效应的公式,侨易效应 = 侨易主体(对象)生性值×侨易时间×侨易条件①,那么将相应的标准进行具体分析和展开,不难得出一个基本的答案;可如果将焦距反向展开,则考察的是以环境为主体的静态侨易,即因外来者的出现而造成的逆向侨易过程,因为旅人的异质性而导致了环境本身的(此处环境是侨易主体了)变化,但仅仅是个体的旅人恐怕很难对作为侨易主体的环境产生强烈冲击和质性变化(当然也不绝对排除),必须是将异质性外来者或外来物作为一个综合体可能更易于在一个相等当量的平台上来讨论此问题。无论如何,谢阁兰提出的反向冲击的思路确实提供了非常有力的思想空间的展开。当然再进一步推论,则又逼近了"主体消解"的命题,因为这种质性变化的对象指向其实都会逐渐脱离了作为主体的人,而指向更为长久甚至永恒的"物象"层面,甚至是"精神物象"的层面。

当然强调"精神意象"可能的自我独立性特征,并不是敢于漠视物器的具体社会因素。这里还要特别指出另一层因素,我们要注意到,谢阁兰提出关于多异美学的最后一篇文字的具体时间是在1918年10月2日②,此时距离第一次世界大战结束日

---

① 叶隽,《变创与渐常——侨易学的观念》,北京:北京大学出版社,2014年,第39页。
② [法]谢阁兰,《画&异域情调论》,第310页。

11月11日也就月余时间。这无疑值得关注,因为对于漂泊异乡、对中国情有独钟的谢阁兰来说,这历史语境的因素是不能不起到作用的。当然,对于那代知识精英来说,超越国族利益,走向一个更高层次的"大同之思"是重大挑战,做到的人并不多,但并非绝无仅有。就法国精英来说,谢阁兰与洛蒂乃至克洛岱尔等都是很不一样的,他应属于与卫礼贤、荣格等的大人物之列。或许,荣格很坦率表态的这段话可以用来表述:"任何一位有机缘与卫礼贤在精神交流中体验过《易经》的占卜能力的人,如我本人,都不会长久地对这个事实视而不见,我们已经触及到了一个阿基米德式的支点,据此,我们的西方心态的基础将会发生动摇。"[1]就此而言,对于西方元思维的质问还只是一个开端,而东方元思维的话题也应该通过谢阁兰、卫礼贤、荣格,乃至黑塞、毛姆、葛兰言等诸君的知识考古或诗性资源而重新打开,其中当有奥义存焉。

叶隽,中国社会科学院外国文学研究所研究员。兼任中国歌德学会会长、北京大学德国研究中心特聘研究员等。主要学术兴趣现集中于德国古典文学、知识史与侨易学。著有《史诗气象与自由彷徨——席勒戏剧的思想史意义》(同济大学出版社,2007)、《德语文学研究与现代中国》(北京大学出版社,2008)、

---

[1] 荣格,《纪念卫礼贤》(1930年),载[德]卫礼贤、[瑞士]荣格:《金华养生秘旨与分析心理学》,通山译,北京:东方出版社,1993年,第142页。

《德国学理论初探》(上海外语教育出版社,2012)、《歌德学术史研究》(译林出版社,2013)、《变创与渐常——侨易学的观念》(北京大学出版社,2014)。

我们,都是谢阁兰

芬 雷

"都是",这个词语,听上去像是在埋怨。尽管埋怨什么并不清楚,但埋怨一直存在。尤其对于像谢阁兰这样的西方人士——"夷狄之人"、不速之客或者说闯入者——,这种埋怨自古及今就从未消除过,更别提所谓的汉学家了。谢阁兰是汉学家吗?汉学家到底是什么?或者说,何谓汉学以及何谓"汉"?我们似乎被自身的埋怨推向一个危险的巅峰,于此巅峰之上,我们颇为正当也颇为急迫地见证我们成为我们的时刻。

谢阁兰曾借用韩愈《论佛骨表》的典故,表达了他对"一个可疑的客人"的看法:这个人是谁?"菩萨?佛祖?他连一个文雅的文人都不是,仅仅是一个不懂臣民义务、沦为不肖子孙的野蛮人"(《碑·论一个可疑的客人》)。也许,在很多中国读者眼中,谢阁兰也是"一个可疑的客人",一个耽于幻想、不问事实的游客,一个野蛮地想象古老中国的"夷狄之人"。他似乎和那个可疑的客人一样,丝毫不理会帝国的天下,而是凭空编织着属于他自己的虚幻。

我们的埋怨即因于此。因为,就像谢阁兰在《论一个可疑的客人》中所写,"帝国就是天下的世界,它并不由虚幻构成"。换句话说,我们的埋怨在于我们需要此世的欢乐尤甚于彼世的欢乐,而此世的欢乐,基于此在的欢乐,不是将我们想象成别人,或者把我们理解成别人,而在于我们成为我们。那么,我们是谁?

我们是一群叽叽喳喳的,在秋后的谷场上啄食坏死乃至腐朽种子的鸟儿。我们是一群散兵游勇,刚刚在历史的战场上丢盔弃甲,一个一个垂头丧气却不得不返回家园,以便重新翻耕自己的土地。我们还是一群喑哑的辩士,阿巴阿巴着唤醒语言的魔力,好让口舌生花,结出昨日的果实。最后,我们还是一群自身语言真实性的鉴定者,每天拿着规矩绳墨,为帝国的天下书写着一篇又一篇的诏书。这就是我们。

很抱歉,我没能一目了然或理所当然地给出"我们"的面貌,哪怕我身在其中,也无以全然辨识那张仿若深渊的脸。此在的欢乐,帝国的幸福,我们之为我们的真实性,或者说,我们的证据,凡斯种种,在深渊的凝视之中,仿若孩童涂鸦的游戏之作:天真,可爱,于纯粹的形式之中饱含巨大而深刻的遗忘。孩童注定要长大成人,孩童也注定要惊奇于自己当年的创造力,因为这份成长与这份创造力,仿佛不是同一个人的作品。

这可能也就是谢阁兰与我们共同面临的一个历史语境。这个历史语境,谢阁兰为其名曰:出征。如此出征,可以是从法国到中国,从想象到现实,从帝国到自我,也可以是从穆天子到西王母,从理性到感性,从帝国到灵魂。无论哪一种,出征总是意味着重返鉴定的现场,在由此及彼之间,用锈迹斑斑的犁刀翻耕自我的故土。

因此,出征更像是穿越自我的一次旅行。

在谢阁兰看来,于此旅行之中,那些一成不变的人,就像"永远只守着一方土地的人"[1]一样,不仅可笑,而且可怕。尤其在出征的归途,最让旅人不堪的,莫过于一切的历险终将裹上"一股似曾相识的霉味"[2]。就像多年之后,当那个长大成人的孩童重新面对自己第一张照片,他或许会为眼前的怪相所诧异,他面对这个陌生人,这个可疑的形象,几乎坐立不安。一个人,或许只有在自我与自我的诸种陌异(或者借用谢阁兰的说法,将之称为"多异")一次又一次的重逢或者撞击之中,才能赢得欣喜,"连同一种无间的美"[3]。

于此意义之上,也许不见得每个人都得意于自己孩童的形象,却无人可以取消如此形象的美。这种美,不完全出自时间的魔力,更关键的在于那个从两个看似决然对立的世界里,于硝烟

---

[1] [法]谢阁兰,《异域情调论——一种多异美学》,收于《画 & 异域情调论》,黄蓓译,上海:上海书店出版社,2010年,第270页。
[2] [法]谢阁兰,《出征》,李金佳译,上海:上海书店出版社,2010年,第119页。
[3] 同上,第124页。

弥漫、唇枪舌剑的战斗中,幸存下来的某种事物。它令谢阁兰颇感兴奋:"它没有瓦解;它挺住了。"[1]它不是对立的任何一方,也不是二者的同一,而是"异于我的一切"纷至沓来,就像撞击之中四处迸发的火花。无疑,这是一个新的世界。

在《出征》的结尾,谢阁兰为如此旅行找到一个象征。这个象征是一个汉代墓葬雕刻的图形,在谢阁兰看来,它描画了出征的轮廓:两只对立的兽,吻冲着吻,争夺一枚年号不可辨识的钱币。左边是一条战栗的龙,这是想象;右边是老虎,这是真实;而中间的年号不可辨识的钱币,则是无以被经验触及的,于左右撞击的微光中倏忽而过的不可言之物。

如此不可言之物,谢阁兰虽然没有给出确切之说,但从"两只兽争夺着的东西——一句话,存在——,总骄傲地未知着"这句话可以看出,它像是鉴定的标记,是我们之为我们的纯粹形式。

可以说,这是"汉"——谢阁兰将之认作所有朝代中最中国的一个——给予谢阁兰的启示。然而出征并不因此渊源于汉。自汉而上,早在"不知有汉,无论魏晋"的周代,谢阁兰就已通过"王西征于青鸟之所憩"这样的历史性题铭,将出征归为"离开帝国去与他的灵魂相聚"的梦中的魔法(《碑·出发》)。这说明,出征,无论从西方到东方,或者从东方到西方,对于谢阁兰而言,都是一样的事情。这件事情,在谢阁兰这里,所成就的其实就是

---

[1] [法]谢阁兰,《出征》,第124页。

"从中华帝国到自我帝国的转移"。

也就是在这个层面上,我们说,根本不存在所谓的"汉"以及"汉学",甚至也不存在现实层面的旅行,所存的只是穿越自我的书写。哪怕如此书写,只是自我斗争的片断而已。

穿越自我,穿越帝国,重返自我的故土。这是谢阁兰对于那个我们一样面临的历史语境的一个注解。在如此意义上,不仅韩愈所论的那个"夷狄之人"是帝国的可疑的客人,谢阁兰是帝国的可疑的客人,我们也是如此,毫无例外。出征之于自我的远离、探寻、鉴定、穿越以及回归,使得自我成为自我的客人。剩余在我们之为我们的那个家园之中的,类似于谷场的遗迹、战场的遗迹和语言的遗迹。也正是在如此遗迹之上,"都是"是埋怨也是领会,是多余也是所有。

我们,都是谢阁兰。不特因为帝国的覆灭以及一种文化正值或者已经衰落之时,也不特因为西方正在或者已经将东方强行纳入世界史的进程之中,换句话说,不特因为我们的这个时代的历史性使然,更紧要的在于,我们脚下的大地即将成为我们的远方,我们自身即将成为我们的客人,而我们的时代也即将成为既有一切时代之中最不合时宜的那一个。

于此处境之中,谢阁兰犹如一个时代的钟摆,来回摆荡于故乡与远方之间,又如一个时代的楔子,和应着西方与东方的裂隙。恰如谢阁兰所说:"在强烈感受中国的同时,我从未有过想做中国人的欲望。在强烈感受吠陀的黎明女神的同时,我从未因自己没能在三千年前出生、过牧羊人的生活而耿耿于怀。"①继续做一个可疑的客人,做一个"观看"的旅人,做一个"夷狄之人",甚至做一个野蛮人,在不可见、不可言、亦不可触的大地上开荒种地,播撒麦粒,终日劳作,以此等待命运之中那如期而至的收获。

如此再看我们的"埋怨",甚至连批评都算不上,不管是对汉学而言,还是对汉学家而言,那种基于自我的姿态而发出的埋怨,始终确证自我之于自我作出鉴定的急迫性。这种急迫性,或出于被动或出于对谢阁兰所谓"多异"的感知,或徘徊或游荡,或逃离或寻觅,终究是一场与自我帝国有关的出征。谢阁兰在自我与他者之间打开了一个亟待认领,也亟待书写的空间,如是空间犹如一枚楔子,分开彼此的同时,也借助彼此之间多异的张力让事物更牢固。

这是一枚楔子,这是一幕楔子。它是多余物,也是开场白。而在多余与开场之间,或许饱含这个世界的某种诞生的力量。

我们,都是谢阁兰,却不是那同一个人。经由所是和所异的斗争,那个中间人,那个多余物,那个幸存者,正在我们之间孕育另外一场旅行。它说:出征吧,别犹豫,看好脚下的大地,这是骄傲地未知的一切,这是新的帝国与天下,这也是新的天子,独一无二。

(作者简介请见本书第 73 页)

---

① [法]谢阁兰,《异域情调论——一种多异美学》,第 280—281 页。

谢阁兰与自我追寻

沈秀臻

今日中国透过虚拟迁移与现实迁移交织二十一世纪的中国版图,云朵依偎着广阔的天空,飞机的航线早已无疆界。而在二十世纪初的你,早在这片辽阔的土地上奔驰:透过想象的距离与考古的纪实,犹如古今翱翔者寻觅着栖息的树,你寻觅的是树干中流淌树液的奥秘。你在《天子》与《勒内·莱斯》两部小说中,构织属于中国宫廷的神话。你创造了寻找自我的光绪皇帝,你创造了寻找光绪皇帝的勒内·莱斯,你探索出新的文学形式,你寻觅到你自己。你寻觅着异于己的文化中国与地理中国,中国给予你创作的动力,探及你自身的内在奥秘。

在1999年的烈日中,我曾拜访你的家乡,法国西北岸的港口布莱斯特(Brest)。很久以前,你曾经从这里出发,前往遥远的中国。经过一个半月的旅途,1909年6月,你抵达北京。你曾表示,你天生注定流浪,要去见识、感受世上值得见识与感受的事物。到中国之后,你深受中国吸引,特别是北京城与光绪皇帝最令你感兴趣:北京城棋盘方格式的城市规划与天坛的圆顶所象征的"天圆地方"令你赞叹不已,你认为皇帝(天地间的主人)是此一象征的最佳诠释者。你说,北京是"你"的城市。1909年8月,你开始构思《天子》的计划。你想撰写满清王朝光绪皇帝的故事,一部文学作品。在筹备的过程中,中国的辽阔无边对你而言曾是莫大的忧虑,因为你担心无法捕捉这么广大的地理与文化。你也曾表明撰写光绪需要胆子,你说需要在中国住上两个月或是二十年,才敢写一本关于中国的书。

1910年,你认识法国年轻人莫里思·卢瓦(Maurice Roy),他同样吸引你的目光,后来他成为《勒内·莱斯》的虚构主角,你透过谢阁兰自己作为叙事者,希望藉由勒内·莱斯探析中国官廷的秘密。在写作文学作品之前,你必定从事严谨的研究工作,搜集大量翔实的相关资料、询问有关人士等。经过沉淀、组织后,再加入文学的转化与想象力,创作出不凡的杰作。虚构想象与某些历史纪实如梦般交织。

在《天子》一书中有三种字体,正体字代表受控于慈禧的史官纪录,仅止于歌功颂德;黑体字为诏书;斜体字为光绪所写的诗,揭露其内心感受。经由这样的描写方式,你仿佛带我们进入神秘的清朝宫廷,并且让我们经历光绪皇帝的内心转变以及自我追寻的过程。

勒内·莱斯是大使区杂货店老板的儿子,无意间透露些许光绪生前的逸事。在叙事者苦苦追问下,勒内莱斯渐次吐露宫内的故事:他是光绪的朋友、熟谙光绪的习性、成为隆裕的情人、换装成满清官服夜入紫禁城、光绪死后成为摄政王的朋友、隆裕为他生下一子等等。叙事者本来深信不疑,自认为愈来愈了解中国宫廷的一切。但后来疑点重重,他渐怀疑勒内·莱斯所述说的内容,要求他拿出最后的证明。

在《天子》一书中,你创造了一个中国宫廷的神话,但在《勒内·莱斯》中,你却又将它完全摧毁。在《天子》中,你让我们以为中国宫廷是存在的。而在《勒内·莱斯》中,勒内·莱斯扮演宫里宫外的通行者,也是唯一能从"现在"通往"过去"的中介角色,但在最后他随着大清帝国的陨落而亡,一切终究成谜。因此,对叙事者而言,宫庭变得无可进入。你以悲剧性的手法处理自我追寻的主题,细腻刻划光绪、勒内·莱斯、叙事者所遇到的困难与心境,这三个角色在两部作品中因自我追寻的主题而产生交集:他们皆受其极限而苦、因超越极限而感到喜悦与再生。

再生,对于光绪皇帝而言,是重新找到自我肯定感。在《天子》一书中,为了朝代的延续,光绪娶了皇后隆裕,但不时从诗中表达对彩玉(慈禧女婢)的爱;虽心属彩玉,却无法质疑隆裕皇后爱的正统性。后来光绪被囚瀛台,在彩玉的爱情中寻找美好。彩玉在慈禧允许下前往瀛台陪他写诗谈心,共度美好幸福的时光。但她必须定时回宫向慈禧报告,而且无法向光绪透露任何瀛台以外的讯息。后来八国联军进攻北京城,慈禧下令迁往西安,并令彩玉告知光绪。彩玉不得已将事实全盘托出,光绪才明白自己短暂的幸福仍操在慈禧手上,因而颓丧不已。

西安附近的华山是另一个中国的中心点。在此,光绪逼散华山山中的云雾,重拾天子的信心,大自然在天子的权威下不敢造次,因此华山成为另一个中国宫廷的象征:世界的中心,光绪重新体验到一体。不过,回北京城后,光绪才得知彩玉被慈禧下令投入井中①,他甚至无法保护所爱,继而走向自我退化的道路。肯定感与颓丧感相互交织,最终逃不出慈禧无所不在的死亡力量。

所谓再生,在《勒内·莱斯》中想必是叙事者与勒内·莱斯对宫廷秘密的进一步捕获。叙事者时常骑马围绕在北京城四周,探思中国宫廷的奥秘,但一直苦无机会进入。他特别想知道关于光绪皇帝的秘密、兴趣、性情、梦想、真正死因等等,这一切都悬着叙事者的心,但是都找不到答案。他费尽心思,询问太监、太医、曾入紫禁城之同行,但皆告失败。正当他不再抱持任何希望的时候,却从勒内·莱斯身上发现一丝希望。叙事者与勒内·莱斯都因为故事的进展而焦虑,想必也因故事的突破而欣喜,故事在焦虑与欣喜交织的结构中推进,最后我们才发现奥秘的不可解。

为何你要论述自我追寻?是不是因为你观察到人们不能不面对问题,需要寻求突破,需要达至完美。自我追寻牵系于自我意识的诞生以及不断地往前探求。你在《天子》与《勒内·莱斯》

---

① 历史上,慈禧携光绪离京西逃前派人将光绪宠妃珍妃(谢阁兰笔下彩玉的原型)推入宫内井中。

两部小说中,你呈现了角色的自我追寻,不断与辽阔而古老的中国对话、凝视以及省思,也是今日中国旅人追寻自我必须面对的问题:意识、痛苦、新生。人们一旦意识到自己的极限,就会产生超越的欲求,动用并整合身体与智识上的能量。一旦超越成功,我们将变成独一无二的人。当一个独一无二的人使我们陷入焦虑:假使我们可以超越自己的极限,我们将体会到一个再生的我。但假使我们无法越过那一条线,我们将陷入无比的焦虑,而两个故事中的主角,最终竟然只有死亡才能释放自我的焦虑与不安。

自我追寻与稳固自我之间的关连为何?稳固自我是自我追寻的必备条件。稳固自我的要素有二,一为意识,一为责任。意识涵盖三层面的意涵:对意识的觉知,对极限的觉知以及超越极限的觉知。作品中的光绪皇帝有着稳固的自我,他存有追寻自我的意识,同时他也意识到自己的责任。然而,他却无法为自己负责任。他的替身为他承担责任,外人看光绪若似疯子,最悲哀的是,他有清醒的意识,清楚明白自我的丧失。

但某些人只想着超越自我的极限,但却不知道自己的底限,这就是勒内·莱斯遭逢的情境。他没有稳固的自我,只想超越自己的极限,作出符合外界期待的行动。他随着叙事者的提问而活,他意识到我的存在,但却不知道什么是真正的自我。于是,自我与他者产生混淆。他意识到一个更美好的自我,但是却对自己的底限毫无所悉。为了承担自身的责任,他只好说谎。他再也难以编谎下去的时候,最终走上自杀一途。他选择不负责任的自杀作为责任的担当。

你总会回到身份认同的探讨。而在历经追寻自我的过程中遇到一个永不可解的问题：奥秘。他人的奥秘引发我们不断探索他人的兴趣，而本身内蕴的奥秘，是促使我们不断去了解自我不可知的力量。而你自己，不懈追寻的是文学形式的挑战，你描绘差异性的奥秘是法国文坛前所未见的书写。你曾道："《勒内·莱斯》一书乃书非书。"这让我想起老子名言："道可道，非常道；名可名，非常名。"的确，文字虽然为我们解开谜题，但某种程度上却无法真正呈现奥妙的全貌，反而将它掩盖住。总有文字叙述不可及的奥秘，这就是语言的极限。尽言的小说就不是富神秘性的文学作品，每个时代都在不断追探小说的极限。

你写的光绪皇帝与勒内·莱斯的自我追寻对二十一世纪的中国具有相当大的启示。今日中国旅人的自我追求正面临两项危机：一项是过分个人化的趋势，另一项则是因随波逐流而丧失自我。光绪与勒内·莱斯某方面来说是这两项危机的写照：光绪追求自我，但被迫困在自我的牢笼里，最终失去与他者联系的可能性；勒内·莱斯不愿意认识自我，把他者当成自我的空中楼阁。藉由悲剧的故事，你教会现代的我们建立自我，懂得与他者互动，并从中探索差异的所在。

不过，在动能萌发的今日，在快速道路上奔驰的人们，刹车灯忽闪忽闪，一辆车等着超前一辆车。你知道吗？今日中国世界的自我追寻还必须面对竞争文化。说起"比"，内容繁杂多样，小至身高、体重、眉毛，大至读书、赚钱、交的朋友、社会上的地位。等到生了孩子,又开始拿孩子来比,比到忘了我是谁。但是,你创造性的人生跳脱模仿的泥沼,仿佛鼓励我们敏捷地掌握并珍惜自己的路径,渡越痛苦与澄静之间的交替,活出属于自己面貌的深刻旅程。

活出自己,神采奕奕,这仿佛是你的低语,正如吹过中法两国白杨树的飒飒声。

沈秀臻,从事文学与电影研究、翻译与写作。曾任台湾人文综合期刊《人籁论辨月刊》主笔。个人法文专著为《银幕与墨迹》(*L'Encre et l'écran : A la recherche de la stylistique cinématographique chinoise, Hou Hsiao-hsien et Zhang Yimou*, Institut Ricci de Taïpei, 2002),中文散文著作有《影像人间·人间影像》(利氏文化有限公司,2006),译有杜睿(Jean-Louis Tourné)的著作《圣徒节与谋杀案》(利氏文化有限公司,2008)与《黑色福尔摩沙》(利氏文化有限公司,2010)等。

艺术回声

程抱一诗作

程抱一简介

程抱一(François Cheng),本名程纪贤,祖籍江西南昌,1929年出生于山东济南。1949年获奖学金赴巴黎留学,1973年入法国籍。1971年起,先后任教于巴黎第七大学及东方语言文化学院。2002年6月当选法兰西学院院士,成为该院历史上首位亚裔院士。主要著作有小说《天一言》(*Le Dit de Tianyi*,1998,费米娜文学奖)、《此情可待》(*L'Éternité n'est pas de trop*,2002)等。诗集《树与石》(*De l'Arbre et du rocher*,1989)、《四季一生》(*Saisons à vie*,1993)、《万有之东》(*À l'Orient de tout*,2005)等。美学论著《中国诗语言》(*L'Écriture poétique chinoise*,1977)、《虚与实——中国绘画语言》(*Vide et plein*,1979)、《朱耷:笔墨天才》(*Chu Ta : le génie du trait*,1986)、《石涛:生命世界的滋味》(*Shitao : la saveur du monde*,1998)、《美的五次沉思》(*Cinq méditations sur la beauté*,2006)、《死的五次沉思》(*Cinq Méditation sur la mort*,2013)等。

终极之旅

[法]程抱一　作　胥弋　译

在生命道路的尽头,我们进入
到晦暗的森林中。我们沿着
迂回曲折波光粼粼的河流,
到处充斥着花岗岩的礁石
　　　　浑圆而且光亮。
行进的步履将我们引至诱惑之地,
在河的对岸,深入凸起的峭壁
一道鸣响千载的山泉泻下
　　　　漩涡,隐蔽,深渊。
更远处,下游,河水陡然下落,
形成激流,气势磅礴,
令我们疲惫的身体晕眩,迫使我们
暂且歇息。我们在河岸上坐下。

一种难以名状的沉寂包围着我们，
在汩汩的水声的背景中，惟有
一只胡蜂，不时地来打断这一切……
我们是否如此沉醉于长久的驻足，
在这里继续品尝甜美的食物
灌下一英亩的饮品呢？最后的时刻
到了，它刻不容缓地将我们交付给
　　　命运的审判么？

我们义无反顾地穿越河流的浅滩；
攀上对岸令人惬意的山头
　　　　　有如母亲乳房。
一条隐蔽却又安全的小径，将我们引至
山顶。噢，我们对那些切削过伐根
带尖的石头，于其锋利是否足够当心？
瞧，脚踝上一个明显的伤口
让我们流血了。意外的伤口？
出乎预料的？如果不是我们自己
其他的人会说么？我们总是懂得
从这中间获得意义，感恩于
这流淌的血，它最后一次，让我们
　　　　　重与大地结合。
古老的山丘。

我们在它的峰顶,高悬于漩涡之上
赋予瀑布超越时间的歌唱。
大地上的正午。在季节的最高处,
暴风雨之前的一缕阳光穿透了枝叶
高耸的桦树守护着方形的腐殖土地
上面长满了苔藓,被荆棘围绕着。
这里是痛苦的床,这里是
舒适的床。我们沉湎其中,
公平的正午注定以它的仁慈
覆盖着我们。恰好在此时
我们想起了古老的话语:"我将洒下
我的血,犹如羊皮袋里的酒一样;
一个微笑,向我俯下身来。"
从这一刻起,不再有任何声音
从我们肉身的喉咙里发出来,
此后将会听到的,终于平静?——
　　　来自灵魂之音……

噢,无法平息的灵魂!难以遏制的
欲望!当一切结束时,一切
才刚刚开始。这是我们知晓的,
是的,我们深知,再也无可否认,
这谜一般的生命,曾经被活过;

再也无可否认,这活过的生命
将永无休止地被重温:
青草的芬芳,昆虫的嗡嗡声,
看不见的黄鹂,在上方,以鸣声
呼应瀑布,再度倾诉所有的乡愁,
它源自我们漫长等待的季节,
   短暂的爱之夏。

一切肇始于那间瓷室里
充满了呼喊的尖叫声:内心的漩涡
其虔诚、狂热与外面的辽阔
相媲美。白皙剔透的优雅是唯一
让人心醉神迷的么?多少其他的优雅
展示了它们化外之地的魅力!
海波尖顶上的晨曦,起伏山峦上的晨曦,
在那里,野雁在缓缓的烟雾中自由翱翔。
饥饿加剧着饥饿,焦渴
鼓噪着焦渴,穷尽一生
走遍这充满多异性的奇特星球。
毫无疑问,最终所有的旅行者
会承认:多异性并非只令人赏心悦目,
它令人迷失方向:探寻潜藏的麒麟,
挖掘内心的幽谷。在天命

布下的陷阱里,穷尽一生
在爱的痛苦中!穷尽一生
　　　在死的考验中!

何以忘却那些黄土腹地的古道
沿途,提供精确谕告的守护神
车辙深陷,为野蛮的骑兵和驮运者所致
大胆的骡马车队快步疾行,
不堪人类的重负。远古的淤泥
使粮食变成显赫之物,雀跃的水稻
陶醉于蟾蜍的鼓噪声,高处的庙宇
坐落于风的拱形支柱背面,冰冷的山口
在星星的光芒中重获温暖……
是谁从未使我们疗愈,从破晓时薄雾
和牛粪的气息中?从夜晚宝石的光泽
和八哥发出的叫声中?从猎取的野味
和采摘的野果均不能消解的饥饿中?
从满布着杜鹃和罂粟的山谷里,初歇
的倾盆大雨都无法遏止的焦渴中?

幻象或奇迹?远处,一道飞天瀑布
笔直的线条勾绘出迎接的
姿态,朝着旅行者的方向,解除了

　　　　我们的疲惫、污垢。
我们接受了邀请。当剧烈的水打在
皮肤上,给予我们难以计数的恩赐。
作为回应,我们兴奋和感激的身体
扩散着它们的凉爽的狂喜,膨胀着
它们新鲜血液的喧腾空间。是的,
一次意外的顿悟就足以使生命
获得新生。蓦然,我们竟敢于奢望
一位情人难以言喻的抵达。于是,
她出现了,在蓝色和绿色的中间,
光彩夺目,完美无缺,似乎期待
已久,仿佛她原本就在那里,
不可能的少女来自一个不可能的
世界的早晨。但是一切都是真的!
神奇的不可思议之事,生命据此彰显
并非"负债"而是"馈赠"。所有变成
馈赠的生命都值得敬畏。应该羞愧,
我们曾经如此放肆地谈及
那无名的烈士,传教士的尸体,
他的命运过早地夭折!他"光荣的肉身"
曾遭受令人发指的残酷折磨
不可饶恕的暴行,难道最终只是一场虚空?
我们是否曾有一瞬间试图去参透

他难以承受的痛苦,去分享他无法言说的
孤独,他,另一位自我"放逐者",
　　　如此远离故土?

他方的土地,我们的土地。
我们是否汲尽了她的甘露,挥霍了
她的宝藏?如今我们已经能够将其
全部摧毁?我们是否探究过
她深不可测的憧憬?我们的愿望
符合她的愿望么?她的记忆
包含我们的么?我们不在时,
她才会想起我们么?她的幻想
是根据我们的尺度来衡量么?
她的命运,在万千星辰之间,
局限于我们自身的毁灭么?
她是为我们保持了昼夜的更替么?
她是为我们确保了季节的轮回么?
她有什么样的承诺,是我们
所不知晓的?是我们遗忘的?
我们是否过于妄想,自以为
是她睁开的眼,是她跳动的心!
有时候,一道原初的光唤醒我们
唤起那充满至福的忘年影像,它

曾在何处活过?

是的,假如我们四处游荡,只是
为了找回失去的乐园,我们必将承认
流浪最终成为我们自身的命运,
是的,曾有灵魂滋生,却在永远的
迁移中;曾有歌声响起,却在
永久的嬗变中。在道路的浩瀚进程中,
一切总是出发,而所有的出发又
   总是临时居所。
所以在此,我们经过,尔后停留,
我们停留,尔后经过。假如停留,
是为了一次又一次地,倾听那
鸣响瀑布,为了不让清澈的
   泉水白白流逝,
假如经过,是为了给那些
无论如何终将来临的留出空隙
为了迎着风浪,向它传达
   惟一通行口令。

本诗原录于程抱一著,《此向彼:与谢阁兰同行》(*L'Un vers l'autre. En voyage avec Victor Segalen*, Albin Michel, 2008),吉林出版集团即将出版。

谢阁兰最后的布景[①]

吉尔·蒙松 著　胥弋 译

1919年5月21日星期三的早晨,他离开了英格兰旅馆,带上一份冷餐,为了躲避旅馆里一伙喧闹的人,预示着他打算在散步中度过一整天。让娜·佩德利尔-凡塞尔感受到他出发时的情景:"他还穿着同样的海军制服,右边腋下夹着一件大衣。他朝森林走去:道路的拐弯处,拐过一堵围墙,他消失了。时间应该是早上10点钟。"下午,一场暴风雨突然降临了。晚上,吃晚饭的时候,谢阁兰没有返回旅馆。老板娘,克劳斯夫人以及共进晚餐的朋友们认为,他可能躲避在附近的某个小旅馆里。第二天,是星期四,由于人们一直没有见到他,入宿的旅客和旅馆的人开始寻找……

[①] 此文为 Gille Manceron 所著 Victor Segalen（谢阁兰传,Jean-Claude Lattès, 1991）一书的摘录。作为附录收于程抱一著,《此向彼:与谢阁兰同行》,吉林出版集团即将出版。

23日星期五,刚过中午,距离人们最后一次见到谢阁兰,已经超过48小时了,伊冯娜抵达布雷斯特。"她刚一到,就跟随埃莱娜和其他的朋友,向他们散步的'朝圣之地'之一走去。在波浪起伏的河流四周寻找,她没有止步,跨过岩石上的水,进入羊肠小道。"让娜·佩德利尔-凡塞尔转述道。"她毫不犹豫地爬到悬崖上的荆棘中,就在那儿,一个星期前,它们被寻觅过,并且找到了最难以理解的孤独。自那以后,他每天都会再来,而且,只有她知道这条路。他大概就是在那儿,死的。他的大衣折叠于身下,他的海军制服敞开着。"同样是这个朋友,在笔记本里记下,在他的身边"触手可及的地方",有一本莎士比亚的作品集,并解释说:"他为了午睡,在一个精心挑选的长满苔藓的凹陷处躺下","他呆在那儿,是为了阅读和休息"。马克斯·普拉特并没有在现场,半个月后转述说:"在他携带的莎士比亚的书里,有他从皮夹里取出的伊冯娜的照片,夹在书里的某个地方,在那里,六天之前,它们曾在同一个地方被读到过。"埃莱娜又补充说:"他标注了《哈姆雷特》中的某些页码,从它的封套里掉出一些信来。"让娜·佩德利尔-凡塞尔也注意到,"维克多呆在那儿,像一个身体发热的散步者"(……),还提到,在离身体不远的地方,有一个平底大口的杯子,马克斯·普拉特转述道,"他的头躺在大衣上,他可能在平静中睡死过去的,他的特征和姿势都说明这一点,而且,他周围的东西没有显示出丝毫的仓促和烦恼。"埃莱娜注意到:"他是有所准备地死去的。他这么做,是为了让他的伊冯娜和朋友们了解他最后的想法。"

所有在场的人发现,在谢阁兰的小腿上,踝骨上面有一个伤口,为了止血,他曾用一条手帕临时处理过(……)人们认为,这个伤口是由在菲尼斯泰尔省,被人们称为"尖齿"的植物造成的。也就是说,是一个被突然折断的植物的杆,它在地上凸出来,经常隐藏在草地和苔藓中,并且像刀子一样锋利(……)难道就是这个伤口导致了死亡么?难道过程是与之并不吻合的平和么?似乎很难让人相信就是这样一个伤口——所有在场的人都认可说,伤口已经被谢阁兰处理过了,他的医学常识是可靠的——是死亡的唯一的解释。剩余的可能性就是更严重的晕迷,这他已经知道一段时间了。"他太虚弱了,"埃莱娜写道,"由于过于紧张,因为移动,因为呼救。"又补充说:"这至少是最有可能的,因为存在几种可能性。"在那个时代布列塔尼的文化背景下,伊冯娜和赶来的朋友们拒绝面对,谢阁兰有可能加速了自己的死亡(……)

究竟哪一种是死亡的原因呢,谢阁兰寻找的布景,是如此有象征意义的,人们几乎难以相信,这并非他事先刻意的选择,作为他最后时刻的布景,有点儿像他的诗作《丧葬诏书》中的皇帝,由他亲自选定了入葬的地点。

在诗的国度中旅行

胥 弋

为了追溯一位故人的真国之旅
我们曾经不畏艰险,跋山涉水
听任自己的心灵放逐于异域之巅

一次次遥想在真实的国度中出征
在河滩上探寻被苔藓覆盖的诗人的碑铭
在天寿山下的廊柱之间俯拾枯萎的朱果

此刻,异国的雪橇突破一座城市的防线
紫禁城,在勒内·莱斯的眼中意味着什么
它注定将走不出这重重迷嶂的千年怨怼

黑暗中一场虚拟的谈话泛起虚白

恍惚中，那道散发着霉味的太初之光
瞬间加剧的夺目　我已不能洞察得更多

红墙下金灿灿的石狮，终于落寞
塞纳河畔的街巷中卵石散出的幽光
舞台上演的剧目凸显出民间的对弈

梅花。雪中的比喻残存着几多凋零
你垂目低眉，盛开过失语的言辞，
我试图用一支带绳子的箭练习射鸟

诗人在飞行途中，沦陷了半个祖国
几乎锁定了两个人的逝水和遭逢
雾霾深锁的帝都之夜，今又无眠

死亡的哨声从远处隐约传来
大师的耳朵在墙上获得永恒
沉默继续笼罩着我们

布瓦松纳德街，心跳的记忆仍在延续
内伊元帅手中的利剑向天空一挥
整个巴黎的天空顿时落雨了

胥弋，1970年生于济南。法国文化翻译者、出版人。"中法文化之旅丛书"、"左岸译丛"、"光影译库"主编（吉林出版集团）。主要译著有菲利普·迪昂（Philippe Djian）著《三十七度二》（上海译文出版社，2011），维贡德莱（Alain Vircondelet）著《追寻杜拉斯的足迹》（中信出版社，2007），圣埃克絮佩里（Antoine de Saint-Exupery）著《小王子》（山东友谊出版社，2005；中国青年出版社，2009；二十一世纪出版社，2014）等；翻译电影《蓝色》（英）、《巴黎1900》（法）等。

庞培诗作

庞培简介

庞培,诗人,散文家。1962年出生于江苏江阴。著有诗集《低语》(1997)、《五种回忆》(1999)、《忧郁之书》(2000)、《四分之三雨水》(2009)、《数行诗》(2011)等十余种。曾获1995年首届刘丽安诗歌奖,1997年柔刚诗歌奖,2009年《诗探索》年度最佳诗人奖。散文被列入九十年代"新散文"创作系列。自2005年开始,与诗界同仁发起影响广泛的江南"三月三诗会"。

谢阁兰中国书简(节选)

庞 培

献给1917年——

少年中国。新诗诞生。

——作者题记

[东面[①]]

有什么证明我白衣飘飘

[①] 谢阁兰在华期间前后三次到访过的地点,比一般西方游客更早抵达当时人迹罕至的偏远省份。比如,他到过西藏;比如,他经甘肃、陕西,穿越了秦岭去往四川。这条古道是唐代或唐以前(如王勃)中国人去往南方必经的险道。所谓"蜀道难"。而谢阁兰无意中成为晚清和民国相交年份少数真正一探蜀道之险的西方人士。他游历的线路足以显示出他对中国古地理的热爱和透澈了解。东、北、南、西、中,五个方位既是对谢阁兰《碑》集方位的应和,又尽可能去反映这名了不起的法兰西诗人行走于中国大地的自然真挚情怀和雄心。——作者注

曾在海上旅行?
我有过开始吗? 我又在
哪里终止?

*

我是另一个我
我是一个住在寺庙里的中国诗人
他每天只是担水、舂米
在松林里辟开一块地,种菜
我是这样的诗人
赤脚在山中石径
和林中跳荡的阳光一起问候
每天在万物静谧里
研读更加古老的诗歌
守护清晨林中第一道雾
那薄雾仿佛矮矮的石墙,仿佛轮船
自海上升起
……我端坐窗前,在另一个清晨
我将归来

*

我的心在沙漠的波纹间碎裂
我的到达仿佛一幢轰然倒塌的砖塔

塔高九级。在第一个百年
一座隆起的废墟
慢慢风化。在第三个百年
化身为尘埃,有着
佛骨舍利清凉味的尘埃
当一阵北方的风沙
黄昏时尾随我到达秦岭
露出汉画像砖上的铭文
我置身其间的这个东方国度
恍若露出旷野的墓道……

我的额上从此留有庄严
我的肤发从此映下浩瀚……

*

中国园林是一种遗忘时间的艺术
池塘、假山、凉亭
皆为颜料之辅成
遗忘时间,强调乡土、地域、宗法……
园中的青石、苔藓
模仿史前生活的山洞
最微妙处总是空白、空缺
留给明月清风

中国人待客人很好,待客如月
汉字书法也与月亮有关
利用阴影和线条
水的粼粼波光
草丛蟋蟀的低吟,在招魂用的
经幡般飘展的宣纸上
画下无声无色的岁月……
事实上,万里长城不及一张轻飘的
宣纸。了解中国,最好用手摸一摸
这种纸的绵柔纸质
摸一摸中国的心跳
摸一摸汉字的轻叹
我分别听到我自己
幼年时婀娜的美——

*

我独自写信
信以及写信人已被烧成灰烬
我独自旅行
穿过海面雾蒙蒙一座孤岛
我独自爱
最终所爱的人比我更孤独
我独自回家

枯草的家。北方的家。积雪的家
一场大雨中窗户数出空洞无物

[北面]

一个风暴之夜
我在中国的房门
已被我关闭
我牢牢锁住孤独
我不为人知的旅行和表白
我牢牢锁住:我童年的羞怯
我灵魂的热切

翻开黄昏的书卷
封面上有大西洋
有拉丁文签名
一艘远洋客轮
在消逝的帝国版图
劈波斩浪
我的目光停留在"岷山"、"黑水峡谷"
这样的地名
仿佛从中汲取了神奇的力量
啊古老的黄昏
这是用木头、沙砾、泥土和窟窿做的
旅行线路

我们的温情爱抚

全被浸在海水中

自从黄昏降临

我再也没收到过你的来信

*

清晨醒来

我被太阳光温暖地浸润

像无风的树叶

像头顶上这座不知名的庙宇

像同行的骡马队列

即将攀行的黄土坡

仿佛,我比以往更懂得神秘

更熟知生死无常

高山比邻接踵

山脉无限悲恸,无限静默

不远处,一座破落的城楼只剩下石基

一只青铜的牛守着入口,城墙

土和砖砌的

里面是一个死城

——我像树一样恪守无常

*

有时候,爱的惟一证明
是孤独
还有最冷的冬季和身处异地
周围莽莽苍苍的群山
北方飘雪的高原
落下来的雪,仿佛就是我的心灵
从刚刚降临的夜幕来看
是些散乱的白色斑点
在如此剧烈的寒风呼号中
雪仿佛不能证明自己是雪
正如我和你
不能让对方听见思念的心跳
今夜我的爱完全是旷野中
暗黑的山岭。我的爱
荒芜、亘古
如同自然界的肃杀
亲爱的,你的美让我如此孤独
我坐着一动不动
已死去多年
我旅行,仿佛古代山水画中
一个枯索的人物
……

[南面]

苏州。胥门
吹进弄堂的第一阵秋风酸酸甜甜
水汪汪,预告严酷肃杀的冬季
水乡积雪,年糕一样厚
河埠头在翻乱的黄历上
择出一页观音生日

由于古老,街市踩成一个迷宫
刚足月的小孩被抱出迷宫尾端
东门。西门。北门
水的甬道
围墙波光粼粼
河水有方砖砌痕

古老的朝霞摇着小船
到达斑驳
威严的盘门。城门洞有一小巷
有大的粥棚。对面
古戏台
没有人记得最后的曲目

*

一个个村庄,紧挨着村庄
村口小路总绕经河道
一个小河湾,如同
村上人家的梳妆镜
你要走出五里路以外,才有大河
有古老的石拱桥
船在行驶,但几乎不动
那些天里河里的船和浮云
水里的船和岸一样透明
田野透明,空静
无物
惟静静的江南空悬下一枝桨
桨橹划动早春的薄冰
天气晴好。我去看望村上的小孩
我下午脱离众人
经过一个叫"赤岸"的村镇,看见
浸在水面回娘家的一张新嫁娘的脸
脸庞的涟漪多么俏丽、圆静!
啊!我也走下河滩
仿佛那里有我的新娘
太阳照着我——爱情
是我即将到达的下一个地方!

[西面]

用石头做的呼吸
用清泉做的床
用激流和悬崖做的身子
用悲伤做的船工号子
用冲天柏或高山松做的肩膀
腰系草药,竹筒盛水
你的脸被拓印在千年石碑上
你走下东方光辉的台阶

用石头做的手
用格桑花做的名字
用马的响鼻做的阳光
用山间小径做的眺望的目光
用松果的壳做的虚无厌世
用树叶和松针做的探测
……这神幻莫测的前行
被剥离,被层层风化

*

我落在白云后面

我们的驼队落在山巅顶上
有时候,我无法相信我是他们中的一员
也想不起自己是谁。仿佛
最终是一颗失忆的心
跋涉在艰苦的路途……
我们要依靠失忆,依靠短暂的死
恢复各自的体力
面对高原的阳光
我已想不起来人类在做什么

我的过去变得遥远
我的身世,似乎和牧民们相仿
他们死后多年,仍在慢慢地咀嚼
羊群在白云间的滋味
而黄河,那条年迈、浑浊的大河
也在附近游荡
啊河水游荡的影子
是我的往昔

我的有关人类社会的知识
大部分失效,不及随身带的枪刺、子弹
不及我那张西方人的脸
这些黧黑的高原峡谷

这些好客的村民
(他们从未听说过《圣经》)
我究竟能给他们带来什么?

……落在白云后面
我途经的地方,我从未到达

*

悲痛的航行仍在继续
我无法作美的停留
我既已置身湍急的水流
就无法让自己归属陆地
能够到达的目的地,或许
是夜色本身,跟深邃的夜空
一样未知,我自己
也是未知本身,与我途经的一切相融合
我是中国人、欧洲人、日本人
我来自巴黎、德格、香港、南京
来自偏僻的雅安府
宝鸡、北海道、波尔多……
甚至无法追溯的古老种族的一支
我来自南太平洋的海滨渔村
来自陆路无法抵达的高原绝域

除了孤独,没有其他信仰
我的信仰在途中
不停地航行以及如何让船只避开隐滩
是我虔诚的祈愿之一
眼下这条由嘉陵江转称为长江的
河流,是我至圣的天主
江水是我的大教堂
水流奔腾,回荡的钟声——
来自海上飓风
啊,我灵魂的钟绳荡漾在风里
为什么一名纤夫的一生不是我的一生呢?
当他赤脚抵着江边的绝壁
用肩膀吃住逆流中船的力
我的命运果真是在上游
顶着冬天凛冽的寒风?

*

天要黑了
我拿到了命运的判词
或许出世不久,这些判词就已成立:
我被判在一个黄昏
独自一人度过
整夜无人交谈

我被判到一个陌生国度,
仿佛自愿流放……

去生活,去旅行
惟一的目的:去死!而且不为人知
文学是一种反抗,但不过
是被缚,被判决之后的反抗——
我用"东方"两个字来反抗
啊我的中国时刻
我的黑暗恋情!

判词之一是皑皑雪峰
是我去年在重庆,涉险进入长江航道
长时间喑哑之后,翻越太华山
是雪中跟随驮队跌跌撞撞
是惊喜莫明收到大堆家信
是在孤寂中哽咽
而远方无可更改
……

判词之一是:窗外
冬天到了

判词之一:一本书
突然打开

*

假定后世的人还记得他
他们会说:他的手上曾经拿过两本书

轮船航行过大海
仿佛骑手骑跨在马上

他们说:他每天晚上
都在等爱人来信

他到过的那个国家
很多地区和村庄,久已湮没

这就是我在一天午后做的事:
我踱出古南京城门。我的手上拿着两本书

*

我不是一个在时间中的人
我不是一个你可以见到的人
我没有日期

一阵风吹过热热的土地
荒凉的村庄
已空无一人

墓碑要重塑
野草会重生
这之前我没有国家。我的国家
如同青铜器上锈蚀的纪元
年号

我远远地看见先祖的祠堂
我远远地看见了剥蚀和渺无人烟
来吧,新绿
来吧,如柳枝拂动的大海
春天伫立在消逝的陆地
——我已离去,不再归来

[中]

在一片树叶底下
摆放着我的诗集
仿佛出行,玩笑
陌生的地名,遥远的城镇
等待收割的田野
女孩脸上初春的光

我死后依然看见的天空
闪烁在字里行间
恰如一阵风带来
我熟悉的清新

我的脸上,仿佛落下
宇宙的一滴泪
对于这样一本薄薄的书
死亡是如何动了恻隐之心?

万物匍匐在一阵风中
如草木枝柯一样起伏、虔诚——

*

轮船召唤着寒流

像古代的勇士身怀宝剑

我童年的心热烈追随

故乡白茫茫的江面

大雪纷纷……

2010 年 9 月　一稿

2010 年 11 月 5 日　二稿

2011 年 7 月 26 日　夜改定

后　记

　　我最初看见的谢阁兰是在海上,是在即将抵达他的中国旅行第一站的南中国海上。轮船自法国的布列塔尼启航。看见他时我心头有一阵奇异的海上的风掠过。亦此,这首长诗是以一种"飘拂"的形式出现:"白衣飘飘"。诗人的身份是随航船而来、年轻的法国海军部医生。波浪、水、东西方之间辽阔而神秘的空间疆域精神交往以及某种浑浊大陆的土地颜色,或者说,古老的黄土地,始终是我的这首《谢阁兰中国书简》诗作的基调,时辰也大多确定在清晨。当1909年,一个古老的欧洲帝国跟另一个更加古老的东方古国相邂逅碰撞,从巴黎,从遥远的法西兰帝国欣欣向荣的现代文明出发而抵达的对人生充满理想的年轻诗人在了不起然而败落的中国土地上一眼瞥见了某种失落和严重的绝望,同时夹杂新生的时间深处的希望。这就是我对百年前旅行在中国土地上的我们的"西方缪斯"最初心情的基本体验和界定。惟有这样异国他乡的幻想和头脑能够撞开晚清中国的大门,好像他同时代无数的诗人和外交官:陪伴在小皇帝身边的英国人庄士敦,远在他之前到达的意大利人郎世宁,他的同行圣琼·佩斯,以及晚将近二十年后抵达上海的哲学家罗素……他们的眼光里都有某种令后世的人们兴奋和想入非非的奇遇的色彩。他们目力所见的古老中华帝国我们今天已经看不见。他们中间无论谁的到达或离去,都随着战火纷飞的20世纪一起消逝在了时间深处,失落成了真正的秘密和人性庄严。失落之后,留给我们后世的,仅仅是某种模糊的时空影像,伴随摄影术而来、作为无用的资料库存的灵魂的悸动:谢阁兰骑在马上。谢阁兰及其随从在中国北方的寺庙大门口留影。谢阁兰和他的两个中国仆人。谢阁兰在山西应县著名的木塔跟前……。那些照片似乎提供两类相辅相左的功效:既是印证、存留,也是涂抹、忘却;而在照片深处的诗人的西服口袋,鼓鼓囊囊的似乎刚刚塞进去一叠写给他心爱的妻子的家信:"玛沃娜①,早晨我看见了日出……""玛沃娜,佛像脸上的沉思表情一整晚萦绕在我脑海……"等等。这样的信件,这样隐秘的言辞、文字和心声,瞬间从一本叫做《谢阁兰中国书简》的书上潮水般、闪电般向我袭来,而我,作为另一幻想文本的诗作者,我仿佛听见了时间的求爱声②,一种人类的注定毁灭的真挚,从看不见的诗文字里行间迸

---

① "玛沃娜"(Mavone)是谢阁兰对爱妻伊冯娜(Yvonne)的昵称,为"我的伊冯娜"的缩写。——编者注

② "时间的求爱声"对历代各语种诗人是共通、共同的。喻指时间复活、生命亘古之意。诗人的出现,他的写作、作品仅在于激活和修复。时间,(**转下页注**)

射出来。这里:谢阁兰这个名字是一个不断表白的意乱情迷者,而我,作为被求爱者,亦即求爱对象,仿佛另一法国小说家拉克洛所著《危险的关系》中一名虚构的人物;例如,公爵夫人的女儿脸上溢出的光亮的眼泪般,瘫倒在了情人的怀抱。

> 在古老中国的残年夕照下,
> 我,谢阁兰,著述甚丰
> 栩栩如生
>
> ——《谢阁兰中国书简》(节选)

在诗歌的光照下,人的生和人的死,都有可能栩栩如生。是的,诗歌界定人的生死,正如词语留下消逝在人类旷野上的独角兽的足迹。我是四年前在书店里,在长排的书架跟前第一次从一大排书籍中抽出邹琰的译本:谢阁兰当年的书信。从书店走回家的路上,我已完成全诗 64 章节的大体构思。创作、修改和最终定稿花了大约两个月时间。初稿最先寄给柏桦、杨键等人,得到他们热情的响应。如果我要感谢什么,我

(接上页注)好比无人区的苔原,召唤是永恒的,而诗人、诗作者正是听信召唤历经磨难而出现在地平线者。在他身后是成排人类的族群。这种时间的复活,集中在 19 世纪末这个时间段,东西方之间的人文碰撞,尤其明晰和珍贵。这就好像大军将至,而渡口仅剩余一艘渡船。1909 年前后,谢阁兰、克洛岱尔、庄土敦等来华英美人士,正是此湍急河段少有上得渡船的幸余者。无论他们写出怎样的文字,必定在后世焕发异样的双倍的光采。历史和个体,时间与诗人,就是这样相交融,"道法自然",成就着《碑》或《认识东方》式的梦想和奇迹。——作者注

大概会想及出书店门回家途中那一场雨,不断涌向我的人群、摊位、商店拐角、公交车站台以及同样莫名其妙激动人心的乱纷纷的街景。

             庞　培
           2013 年 12 月 1 日晨

树才诗作

树才简介

树才,诗人,翻译家。1965年出生,原名陈树才,浙江奉化人。文学博士。现就职于中国社会科学院外国文学研究所。2005年获首届"徐志摩诗歌奖"。2008年获法国政府授予的"教育骑士勋章"。

无字之碑
——致谢阁兰

树 才

一块碑诞生了,尽管它不以哭声宣告。

如果是一块墓碑,它的四周一定涌起过哭的波涛。哭声像浪花,一次次冲上前去,想咬碎礁石。但礁石耸立,不为所动,如这墓碑。

墓碑替曾经活着的生命作证。死亡不要求什么,只要求被接受。人们抚摸墓碑,盯着墓碑上的名字呼唤,仿佛一条命就藏在里面。

天黑了,人们回家睡觉。独独剩下墓碑,孤零零的,立于坟前。

在没有人的雨夜,雷声替墓中人哭,雨声替墓外人哭,一道闪电——几乎把墓碑上的名字拽走。

不管什么碑,总是有字迹。没有字迹,便难以分辨:哪一块是石头？哪一块是碑？

碑上一定能看到字吗？不一定。字会从碑上离开，像一句诗从血肉皮肤里走出。字在碑上住久了，也会厌倦，于是出去旅行。

字和碑，没有永久的婚配关系。但是，字没了，碑仍是碑：无字之碑。

无字之碑，因为字仍在。即使肉眼无法辨认字迹，我们还可以用心眼。况且，雷声、雨声、闪电，它们都还记得。

石头变成碑，因为字。碑变成无字之碑，因为虚无。那替虚无显身的字，又返回到众字得以诞生的虚无。虚无之无：石头中的石头，源头前的源头。

无字之碑是什么碑？谢阁兰应该想过，但他死之前，没留下回答。

无字之碑，若立于天空前，就是飞来飞去的云。

2012年6月1日　北京

为什么"无字之碑"?

《无字之碑》这首诗,是写给谢阁兰的。

说到起因,它肯定跟2012年法国使馆为纪念谢阁兰的诗集《碑》出版100周年,在北京国家图书馆举办的那个展览活动有关。但是,如果追究得更深的话,它又同另一首诗有关。那首诗是法国诗人维尔泰(André Velter)用法文写的,也是写给谢阁兰的。

我翻译了维尔泰的这首诗,它题为《空途之碑》,第一节是这么写的:"石头听,说。远道而来的专栏作者,摇身一变,成了信使。他明白,他的叙述只是一行足迹,敞向八方来风。回声,在岁月之外,时间之外。"译完这首诗,我明白,我心中会酿成一首诗,它既是对维尔泰的一个"回声",也是对更悠远的谢阁兰的一个"回声"。

确实,诗人写下诗,便是留下足迹。在与中国结缘的三位法国大诗人中,克洛岱尔(Paul Claudel)写了《认识东方》,佩斯

(Saint-John Perse)写了《阿纳巴斯》,谢阁兰(Victor Segalen)则写了《碑》。但是,与克洛岱尔和佩斯不同,是中国的汉字造就了谢阁兰这位法国诗人:《碑》的写作完成于中国,出版是在1912年。

谢阁兰有着他的特异之处。首先,谢阁兰这个名字就很中国,很古雅,没人想到这个名字会属于一个法国人;其次,我认为,谢阁兰是迄今为止所有法国诗人中同中国结下最深诗缘的那一个,他学习并使用中文,并且深入中国腹地;最后,诗集《碑》中的"碑体诗",让我们领悟到:诗歌的独创性永远源自诗人对生命神秘的渴念和探测。当我凝视谢阁兰当年拍摄的那张"临潼秦始皇陵"黑白照片时,我马上明白了,我把《无字之碑》这首诗题献给谢阁兰,是为了表达对他的一份敬意。

《无字之碑》想象了"字、生命、虚无"三者之间天空般辽阔的神秘关系。谢阁兰凝神于"碑",维尔泰写到了"空",我便着意于"无"。空无之间,万物生焉。碑从石头来,又返回到无名的石头。字从心间生,又返回到无形的心间。

"无字之碑,若立于天空前,就是飞来飞去的云。"谢阁兰像一朵云,飘到了古老的中国大地,他留下了诗行和足迹,如今又返回到天空那虚无的怀抱。

树　才
2013 年 12 月 11 日于大理

杨小健书作

杨小健简介

杨小健，书法家，画家。1960年出生并成长于山西太原，现定居上海。自幼师从名家学习书法，自1990年起，开始举办全国和国际范围内的个人作品展，作品在中国，日本，韩国，德国，瑞士，法国等地展出，其中《我的手机号码》作品于2013年12月参加法国卢浮宫卡鲁塞尔国际艺术展。作品被中国美术馆、上海环球金融中心、上海波特曼酒店、法国LVHH集团、美国洛克菲勒家族等收藏，广受赞誉。他不拘泥于传统，而是将传统书法元素与现代艺术，尤其是现代西方绘画相结合，将书法创作融入西方抽象绘画的传统之中。2005年在上海M50创意园区成立第二个艺术工作室。

2013年，应法国画廊人Françoise Livinec之邀，杨小健前往谢阁兰家乡，行走于诗人消逝之地乌埃尔瓜特森林并进行创作。下面作品中的前三幅即产生于此次行旅，曾在"女子学校—乌埃尔瓜特艺术空间"展出。

《碑》
宣纸水墨丙烯,135cm×68cm,2013

《兰》

宣纸水墨丙烯,135cm×68cm,2013

《乌埃尔瓜特森林》
宣纸水墨丙烯,135cm×68cm,2013

《巴士底狱之门》
宣纸水墨丙烯,176cm×92.5cm,2013

谢阁兰家乡之旅

ArMen：从什么时候开始,您对绘画和色彩产生兴趣?

杨小健：四十岁之后,我从书法转向抽象画创作,那时真正开始对绘画和色彩产生了激情。在此之前,我对绘画的感情还比较懵懂,而现在,这种感情变成了一种真正的激情。我整颗心都热爱并欣赏色彩,特别是抽象画。这是一种持久的、发自内心的爱,我的心在其中自由地航行。

ArMen：您有精神和绘画导师么?

杨小健：从绘画的技术层面上来说,我从西方绘画大师身上获益良多,比如毕加索、德·库宁、德布菲、安迪·霍尔、伊夫·克莱茵……从观念上来说,杜尚对我绘画生涯的转折有很深的影响,我非常喜欢杜尚的暗示和幽默,我喜欢他奇特的风格,这是一种特别的叙述方式。

ArMen：黑色在您的作品里占据着主导地位,这是出于什么原因呢?

杨小健：因为这是一种我能够驾驭的颜色。每一种颜色都有它独特的魅力,但对其他颜色的把握于我而言不如黑色那般随心所欲。我对黑、白、灰三种颜色的尝试差不多有十年了,它们今天仍是我最偏好的颜色。此外,黑色给人以黑暗感或力量感,我喜欢这种并存,它产生一种既平静又超越的张力。

ArMen：您怎样看待谢阁兰的作品与他对中国的理解?

杨小健：诗人谢阁兰的作品的核心价值,在于他对自身的发现。他从中国文化中汲取养分,为的是能够充分实现他作为西方诗人的独特与理想。出于对西方现代文明与巴黎文学圈的浮华的失望,谢阁兰被异域文化和古代文化所吸引。在这一点上,我与他有很多相似之处。我是为数不甚多的,在完全保留中国文化特性的同时从西方文化中汲取大量养分的中国画家之一。我认为,谢阁兰与我都对艺术领域内的新鲜事物怀有浓厚兴趣。

ArMen：这次在谢阁兰去世之地乌埃尔瓜特森林的旅行对您来说有没有象征意义?

杨小健：今年一月份,我在那里逗留,走过谢阁兰曾漫步过的森林、河流和山丘。我不仅迷醉于这片壮丽的风景,迷醉于纯净的空气和闪耀的瀑布,站在矗立于森林中的谢阁兰墓碑前,我更是为诗人的独特个性和具有神秘气息的作品所折服。我自己也以孤独和精神独立为自豪。我非常荣幸能够参与到东西方两个截然不同的世界的思想文化交流的浪潮中。这次布列塔尼之旅给了我认识谢阁兰的作品与人生更完整,更鲜活的途径。对我来说,此次旅行也是我在法国的第一次作品展,这的确是特殊的,值得珍惜的时刻。

(吴燕南 译)

本文为法国布列塔尼地区刊物 ArMen 对杨小健的采访,作者 Chloé Batissou,原载于 ArMen,2013 年 5—6 月号。感谢 ArMen 杂志对本文集的支持。

林琴心书作

林琴心简介

林琴心(Catherine Denis),1954 年出生于法国西南部。毕业于法国国立东方语言与文化学院,预备博士(D. E. A.)阶段师从熊秉明先生。1980 年,在逗留于台湾新竹的 5 个月间,与中国书法结下了不解之缘。1986 年,前往中国杭州的浙江美院(现中国美院),师从王冬龄先生和沙孟海先生当时的秘书祝遂之先生及陈振濂先生学习书法。1989 年,林琴心回到法国,定居于布列塔尼地区的雷恩市。此后二十五年中,她从中国传统书法中汲取养料,专注于各种形式的书法创作。多次举办作品展。出版画册《顿挫》(*Césure*, édition par Association Ombre et Lumières, 1994)、《从汉字到字母》(*Du Caractère à la lettre*, *Rennes*, Éditions Apogée, 2005);随笔《一个书法家的日记》(*Journal d'une calligraphe*, Paris, Fata Morgana, 2014)。

《高傲的围墙》(*L'enceinte hautaine*)

纸墨,220cm×48.5cm,2012;Pascal Glais 摄

源自谢阁兰诗《紫禁城》:"里面是征服者那高傲的围墙,它有为我那些出色的卫兵而设的坚实的壁垒、角堡和角楼。"(En retrait, l'enceinte hautaine, la Conquérante aux âpres remparts, aux redans, aux châteaux d'angles pour mes bons défenseurs)

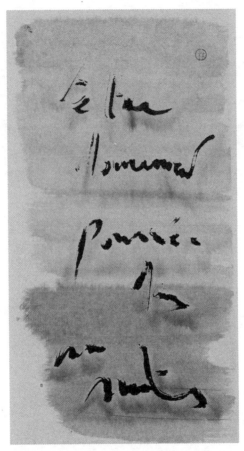

《被轻轻地推入一口深井》(Être doucement poussée dans un puits)
纸墨,161.5cm×39cm,2012;Pascal Glais 摄
源自谢阁兰诗《紫禁城》:"而夜深之时——她自会心知——,她将被轻轻推入一口深井。"(Pour,— la nuit où elle comprendra,— être doucement poussée dans un puits)

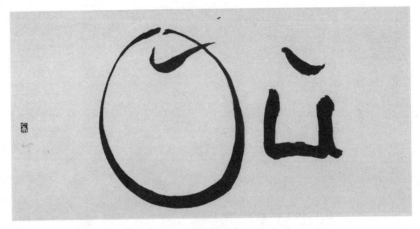

《哪里》(*Où*)
纸墨,72cm×200cm,1992;Pascal Glais 摄

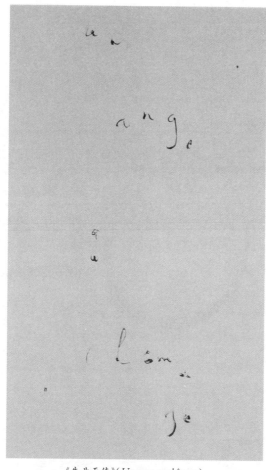

《失业天使》(*Un ange au chômage*)

纸墨,279cm×114.5cm,2007;Pascal Glais 摄

源自 Armel Guerne,《反抗的灵魂》(*L'âme insurgée, écrits sur le romantisme*), Paris, Points, 2011。

一个西方人与中国书法的不解之缘

1979年12月底我第一次拿起毛笔以前,我从来没想到中国书法对我们西方人能有什么意义。当时我只是觉得这门艺术是无法理解的。许多年以后我才明白其实是我们自己把它变得如此无法理解。而在大脑放松、心灵敞开的状态下,我们却完全能够在其中发现启发艺术灵感和升华灵魂的乐土。对中国书法的研究把我带入一个充满个人创造性的领域。

我刚开始学习书法,一拿笔就马上感到无论是身体姿势、心理状态,还是运笔动作,实际上都和我小时候练钢琴时已经体会到的东西是相通的,书法就像音乐一样。练乐器或嗓音,都需要注意身体的姿势:跟写毛笔字的要求一样,端端正正地坐好,头顶着天,脚踏着地,手的虎口要圆、要空,腿不能交叉,后背不能靠着椅背。写书法或演奏音乐都要求自由、流畅,不能碰到任何羁绊。身体与环境的接触只是手指与琴键或手指与笔杆而已。起笔、运笔、收笔是写书法的关键之处,同样,由乐谱小节构成的开篇、中篇、尾篇也是乐谱的结构重点。书法起笔之前是落笔,音乐演出开始时,跟落笔的瞬间一样,有一段很短的时间,在这短短的一段时间里,音乐家需要集中精力才能开始演出。音乐家在"胸有成竹"的状态下,乐器、嗓子才能很自然地发出声音来。专心致志,也就是说精力集中,才能顺意而行。音乐家、书法家也不能犹豫,三个步骤要一气呵成。书法的收笔阶段跟音乐收尾的阶段一样重要,同样不能疏忽,才能使音乐或书法一意贯穿始终。就这样,第一次在宣纸上写字,我就有温故知新的感觉,是触摸一个很久以前就熟知的东西,是在音乐学习中已经领悟到,而现在需要发扬光大的东西。其实这一瞬间只是后来漫漫长路上的第一步。

在世界上所有的艺术形式中,中国书法极为特殊,因为它对执笔人有精神上的要求,他必须学会获取天地间的能量并把它在书法作品中表现出来,他的作品只有精神上的价值。心灵和执笔的手是连在一起的。西汉文人扬雄这样写道:"书,心画也。"像我这样的西方人,无法满足于物质上的追求,只会深深地被这种思想和生活方式所吸引。中国书法是一种艺术,但它更是一门哲学,一种生活方式。

对中国书法的研究最终让我用毛笔写起了我自己的母语——法语。在杭州浙江美院学习的第三年,也是最后一年,我几乎想放弃了。我不明白为什么要花费那么多的时间来临摹中国书法大师的作品,不明白为什么不用我的母语来创作。我对自己的创作感到陌生。我迫切地想把我培育成人的语言——法语用毛笔写出来,这个语言和我只有语音上的联系——我用它说话,用它唱歌。但此时此刻的语音期待着黑墨的出现。如果说汉字是记录意义、声音和形状的载体,那么法语则只是简单地记录声音的"符号"。拉丁文书法是否想用彩色插图和绶带饰来弥补它过于简单的字形呢? 有一天,浙江美院的祝遂之老师对我说:"相对于我们的汉字,你们法国的字母显得多么简单。"祝老师的看法对我来说很重要。我曾请他来看看最初我用法语写的几篇书法。只有一张引起了他的注意,那是我二十岁那年写的一首诗的第一句:"走过,但不要再走,时光飞逝。"词组的罗列,空间的选择,笔画的力度都接近于中国书法的审美意识,即稳重地表现力度和坚定。祝老师说:"继续在这条路上走下去吧,但不要放弃研究中国书法。"

之后我继续用毛笔创作法语作品,并且继续享受中国书法的魅力所在,也就是说,挥笔之时,动作或快或慢,都是在全神贯注的状态下完成的。我写的法语字形很简单,但很充实,与拉丁文和阿拉伯文不同的是它并不追求完美。一开始的时候,我写的是句子,一句话就是一个艺术作品,空间感和节奏感十足,颜色忽深忽浅,笔画时粗时细。后来我只写几个词组,没有上下文,造型完全独立化。渐渐地我开始写独字,有时是因为我喜欢某个字的字意,有时因为是一个连词,我想让人忘记它的含义,只欣赏它的造型。到最后我对字母越来越感兴趣,用笔杆近一米的毛笔把它写得如同庞然大物。相对汉字而言,笔画更简单了,但我同样想表达它们形状的复杂:如同是慢镜头一般,让观者欣赏笔画之间的联系、若有若无的墨迹、从容不迫的气势、热情洋溢的线条和字母之间的空白。这些字母,我只是为了它们自己而创作的。

在研究书法的时候,我又发现了另一种创作方式,就是笔画本身的艺术,不是为了组成汉字或字母而存在的笔画,但又的确是组成汉字或字母的线条,汉字或字母呼之欲出,但并不表现出来。临摹书法时必须仔细地观察汉字,对笔画的研究促使我将其从汉字中分解开来成为独立的一部分,当然这些笔画的创作仍然遵循起笔、运笔和收笔这非常重要的三个步骤,因为这正是笔画的活力所在。

虽然中国书法的发展起源于汉字,但它的艺术和哲学内涵是世界性的,并非是西方人触而不及的东西。

林琴心

(王力更 译)

叶欣画作

叶欣简介

叶欣,画家,巴黎第八大学造型艺术系副教授。1953年生于北京。1970—1978年在山西阳泉农机厂做工,从当地文化馆与过往的艺术家习画,成为"工人画家"。1982年毕业于中央美术学院版画系,入人民美术出版社连环画册编辑室任美术编辑。1985年调中央美术学院任教。1986年起定居巴黎,从事绘画与书法的创作与教研至今。

《紫禁城》组画(一),《方正完美的伦常》
纸本水墨,直径 20cm,2013 年旧稿重画

《紫禁城》组画(二),《独与孤》
纸本水墨,直径 20cm,2013 年旧稿重画

《紫禁城》组画(三),《在我莲花》
纸本水墨,直径 20cm,2013 年旧稿重画

《紫禁城》组画(四),《她被推入一眼深井,轻轻》
纸本水墨,直径 20cm,2013 年旧稿重画

画谢阁兰的《紫禁城》

1912年,谢阁兰在北京出版了他的诗集《碑》(*Stèles*,又名《古今碑录》),其中有一首《紫禁城》。据他自己的笔记,1911年夏天的一个傍晚,他登上哈达门到崇文门之间的城头,北望皇城,"一气呵成"了这首诗。有评者说,此诗极具寓意,是作者"内心世界的写照"。可在我这个住在诗人故乡的"老北京"读来,《紫禁城》简直就是个寓言,预言了诗人生前死后与中国的文物保护与艺术考古的不解之缘。九年前不揣冒昧,我试着把这首诗翻成汉语,截为36句,逐句画出自己的解读和联想,但从未做过文字的说明。借这次谢阁兰纪念文集选刊其中四幅的机会,我将旧稿重画,并把自己的译文、原文与同诗人唱和的画面潜台词简要罗列出来,看看自己借诗人的句子想说的到底是什么?

  奠基在北京的盛景,北国的都邑,热则酷暑冷则冰封。
  (Elle est bâtie à l'image de Pei-king, capitale du Nord, sous un

climat chaud à l'extrême ou plus froid que l'extrême froid.)

开篇,我想象诗人还是他在中原考古之旅时的那身打扮,打着绑腿,捧着他那顶盔式太阳帽,骑着他那匹白马。迎他陪他同游的,是我的那个跨竹马的赤子。二人飞跃蜿蜒峰峦的长城,回返他热爱的异乡故土。

周围,商旅云集,向世人开敞过客的卧榻、牲口的食槽与便溺。(À l'entour, les maisons des marchands, l'hôtellerie ouverte à tout le monde avec ses lits de passage, ses mangeoires et ses fumiers.)

诗人回到他在《勒内·莱斯》(*René Leys*)里描写的那个"前门外",百年斗转星移,不见了九门城垣,甲午的鸦片,庚子的硝烟;每况愈下,庄周教我们从马粪看骆驼草,从"屎溺"中看"道"。

近旁,壁垒高傲耸立,征服者的箭垛角楼将我庇护。(En retrait, l'enceinte hautaine, la Conquérante aux âpres remparts, aux redans, aux châteaux d'angles pour mes bons défenseurs.)

城墙没了,前门到天安门变了广场。广场中央的人民英雄纪念碑碑座环抱浮雕。诗人走进其中的《五四运动》,在人群里接过一个女学生递来的传单。他是在1919年那个五月郁郁而终的,作为参战华工的体检医生,他和天安门前的中国人一样,让巴黎和会的列强们抽了嘴巴子。

> 内里,红墙,孤家寡人分享,方正完美的伦常。(Au milieu, cette muraille rouge, réservant au petit nombre son carré d'amitié parfaite.)

进天安,过午门,就是专供"孤家寡人分享"的龙廷之地了。从明到清,闯王也算做过一回。我画的是老太后和小皇帝……你读诗人的《天子》(*Le Fils du Ciel*,又名《光绪别史》)就知道他对这一家子有多知底。

> 中央,地下地上无数殿堂,莲花,死水,阉人,瓷光,——这就是我紫禁的城邦。(Mais centrale, souterraine et supérieure, pleine de palais, de lotus, d'eaux-mortes, d'eunuques, et de porcelaines,—est ma Cité Violette interdite.)

《勒内·莱斯》里的紫禁城,有神秘的地下通道。我想能落实的"地下",只有诗人念念不忘的那眼珍妃井。井底死水里珍妃化作的莲花,痛煞井边手握绣鞋的"阉人"——不是太监,是被老太后没收了权柄的小皇帝。诗人在笔筒瓷缸上描绘的这一幕,可就是他紫禁的城邦?

> 对她,我不须描绘;对她,我无可奉告;我进城的路无人

知晓。(Je ne la décris pas ; je ne la livre pas ; j'y accède par des voies inconnues.)

我画诗人在霍去病墓写生,在秦始皇陵拍照。诗人百年前中原考古途经的长江黄河蜀地长安,所见的汉唐古风石兽碑铭,也是我们学生时代采风之旅的旧时相识。《勒内·莱斯》里那个一心想进城的"我"牵着马,挤在东华门筒子河边的人群里看退朝,那里至今还留着那块"至此下马"碑。

独,独与孤,奇男儿混迹侍从的队伍,我不问退隐的路途:朋友,帝国之梦谁愿光顾!(Unique, unique et solitaire, mâle étrange dans ce troupeau servant, je n'enseigne pas ma retraite; mes amis, si l'un d'eux songeait à l'Empire!)

因为没有做水手的体魄,诗人为能登船周游世界做了海军军医。一当爱上了古城北京,他就决心留下来,改行专事考古和写作。1913年应命为袁世凯的儿子治伤,他以"御医"的身份进言大总统,希望允他带克定赴法疗养,好借机引导他对艺术文物的兴趣;同时建议法国政府在北京设专职筹建汉学基地,辅佐民国政府建美术部和博物院。没想到袁氏父子对欧罗巴的文明兴趣全无,唯对拿破仑的称帝情有独钟[1]。因此袁世凯还没有复

---

[1] 详见谢阁兰长女 Annie Joly-Segalen 编纂的《谢阁兰汉学基地文案》(Victor Segalen *Dossier pour une fondation sinologique*), Morteman, Rougerie, 1982。

辟,诗人已从梦中醒来。

> 我把门开,她姗姗来,祈盼中的她祥和豪迈,(Or, j'ouvrirai la porte et Elle entrera, l'attendue, la toute puissante et la toute inoffensive,)

"她"是谁?诗人想象中的紫禁城女神,应该是美丽的珍妃。恍惚之中,我把"她"画成了"五四"浮雕里的那位北大女学生,用她来做故宫博物院的象征:1925年紫禁城变成了博物院,民国志士实现了诗人的梦。

> 雍容主宰,在我楼台,在我莲花,在我死水,在我阉人,在我瓷缸,(Pour régner, rire et chanter parmi mes palais, mes lotus, mes eaux mortes, mes eunuques et mes vases,)

1861年,雨果在一篇痛斥英法联军火烧圆明园的檄文中提出了人类文化遗产共同保护的理念①。1928年,故宫要被当成

---

① 流寓海岛的雨果在《致卜特勒书》(*Au capitaine Butler*)中指出:"这是几代人祖辈劳作的创造结晶。这大如城邦的广厦,数百年的建构,为的是谁?为的是世界上所有人民。因为时光的建树,归整个人类所共有。艺术家,诗人,哲人,都知道有夏宫的存在,伏尔泰也曾提起,人们说希腊有巴底侬,埃及有金字塔,罗马有斗兽场,巴黎有圣母院,东方有夏宫。即使见不到,人们也能梦到它,虽不曾谋面,这件惊世骇俗的代表作确是远远地存在着,在那无可名状的暮色中,犹如亚西亚文明的轮廓,显现在欧罗巴文明的地平线上。这个奇迹现在已然消失。"

封建王朝的"逆产"拆除拍卖,志士们又靠卢浮宫、大英博物馆的例证,推翻经亨颐议案,拯救了紫禁城,诗人天上有知,能不对吾国吾民刮目相看？可叹先贤保住了紫禁城,我们却没保住北京城,千秋功罪,谁来评说？

——待夜幕降临,猛醒,她被推入一眼深井,轻轻。
(Pour, — la nuit où elle comprendra, — être doucement poussée dans un puits.)

《紫禁城》结尾的这末一句,又把我们拉回到庚子年间八国联军打进紫禁城的那一夜：慈禧携光绪逃离皇宫,珍妃被推入井中。我想借"井"告诉诗人：就在他当年拍照始皇陵的那片田野之下,1974 年临潼农民打井,井底打出了千年兵！诗人在《画》(*Peintures*)里想象自己已经下到了始皇陵,我则画他和那些兵俑们面面相视,悲喜交加,潸然泪下。

叶 欣

笨笃画作

笨笃简介

笨笃为魏明德(Benoît Vermander)的艺名,法国宗教学家、汉学家、诗人、画家。1960年出生于北非。现任教于复旦大学哲学学院宗教研究所,同时从事诗歌与绘画创作。1995年起,作品在中国美术馆、四川美术馆、旧金山大学、斯特拉斯堡欧洲议院及上海、台北、台南和巴黎等地展出。魏明德在成都与台北受到中国传统书法与绘画的启蒙,继而兼收并蓄,受益于马蒂斯、鲁奥一脉的西方现代画风,又从原始壁画中汲取养料,逐渐形成独树一帜的创作风格。

岸在夜间（*Rivage de nuit*）
综合媒材，27cm×15cm，2009

风暴中(*Parmi l'orage*)
综合媒材,27cm×15cm,2009

洞穴动物（*Au fond de la grotte, les bêtes*）
纸本水墨，179cm×96cm，2011

《面容—远行》(*Visage-Anabase*)
综合媒体,27cm×18cm,2008

追随自由的风

1990年,我开始学书法。三年之后,我的兴趣拓展到中国现代水墨画的领域。早在学书法前,我梦想投入中国的书画世界,大约梦想了三年。1987年,当我第一次到中国旅行时,我买了一幅书法作品,上面是《孙子兵法》战略的四个字:"风林火山"。从这一刻起,我的心中似乎响起某个声音,告诉自己:"我将成为书法家。"这个想法打乱我原有的逻辑,因为我的手很笨拙,这早是众所皆知的事。在那个年代,我正历经一段内心的转化,让我做出人生中重大的决定,中国艺术的表达形式引发我内心丰沛的情感,正伴随了这个转化的过程。

打从童年起,我的视力就很差。念小学时,我坐在第一排,还是无法抄写黑板上的字,差不多要贴着黑板才有办法读。而且,我只有一只耳朵听得见。幸好我有父母不断的协助,还有老师们真心的谅解,视力与听力的障碍才没有对我造成很大的困扰。对于极度近距离的东西,我没有视力的问题,所以我嗜书如狂。在课堂中,我开始眯起双眼,顺利地记下老师讲的话。小学上课时最大的问题,是我写的字。念小学的前几年,我写字必须用墨水和沾墨钢笔,而我的笔记簿上总会被我挥出可怕的黑点,让我得到很低的分数。笨手笨脚的我弄得满手油墨,还要拿浮石用力搓洗才能洗净。

几十年后,三十岁左右,第一次有机会写书法,我感到快乐无比。我终于可以在纸上尽情挥洒,而且乱墨也有可能变得很美。墨水对我来说,一度是令人敬而远之的东西,只要一靠近,就会弄得全身黑,四处墨。中国的书画世界里,墨随笔运,留下的就是水墨的痕迹,没有脏不脏的问题,画的美丑端看个人心手的节奏。在早期畏惧墨水的心理下,其实墨对我还是有一股无言的魅力。在我十二三岁时,我记得看过一幅雨果的画作,奇山上耸立着阴暗的德国城堡,令我深为着迷。

心灵的自由是一条无止尽的道路,我在水墨与书法中的发现,只是这条路途中的一站,但也是极具象征意义的一站。有一天,有人告诉我:"孩子,过去的我希望成为一个圣人,但是现在,我只想成为一个自由的人。"这句话在我的心田深处低回不已。

怎样才是一个自由的人?自由的人不容易被描绘,不容易被定型。不定的特性或许是自由不可或缺的一部分。自由的人说话。他不需要说太多话,不一定用嘴说。透过众多的表达语言,他全心去表达他的想法。他说出的每一句话都是他感受到生命中最深刻的点滴,这些生命的印痕有时轻淡飘忽,有时沉重强烈。自由的心表达出来的语言,就像书法作品,可以见到缓重轻急的对比。言的墨不在乎丑,它是内心世界直觉的印记,正如老子《道德经》第八十一章所说的:"信言不美。"

自由的人是个活着的人。他不会无动于衷,不同于行尸走肉。他痛苦,他激动,他渴求,他快乐。外在环境的人来人往、一事一物、一石一木在他的心中留下印记,但他有取舍,有愤慨,有赞赏,而不失衡。生命的律动在他心中日益蓬勃,直到四海为家,直到他的心与穷人、富人同在一起,直到他的心与本国人、外国人同在一起,直到他的心与万物合为一体。内心的宽广容纳天地万物。自由的心不会分裂,感受天地万物的同时,自然地走向整合的境界。

艺术旅程对我来说,就是一种心灵体验,让我找回内心道路中的某些事物。中国绘画理论中所谓"一笔画",就是表达了一心的自由。一笔画就是透过外在形形色色的万象,用心的眼光观照而成的艺术风格。艺术创作是自由眼光的表达,表达了一段永不止息的过渡:从受困到解脱,不断重新开始、不断深化的过程。艺术家不自由,他因转化得到自由。他时时刻刻憧憬着自由,透过一件件创作,将自我解放的道路越走越长。这就是为什么每一件创作都是必要的,因为每件作品都说明自由不是一个稳定的状态,自由是一个过渡。我了解自己内心的困顿。我感受到自由的味道与追求内心自由的强烈渴望,我本能地追随自由的味道,在这样的本能下,我才得以继续我的道路。

从受缚到解脱的过渡,有很多种方式去体验以及重新体验,我自己采用的方式是遨游于中西文化间的艺术创作。我们不能论定西洋文化代表束缚,而中国文化代表自由,反之亦然。从一个文化模式过渡到另一个文化模式的过程本身即是自由的见证。更精确地说,透过每幅艺术创作,中西艺术的交融见证了一条道路,这条道路会让创作者的自我更体会到自我的一体,内心获得更宽广的自由。我从来不担心我的创作是东方的还是西方的,我选择对我最美好的部分,凭着直觉,心随意动。我创造,所以我新生。

法国画家苏拉吉(Pierre Soulages)有句话我非常喜爱,他说当他作画时,他在窥探。他在窥探什么?他窥探"元始的时刻"。什么是"元始的时刻"?我们很难定义,那是一个过渡:从事物过去不曾有的意义到事物产生意义的过程。人类第一次画出或雕刻出的脸庞,那是"元始的时刻"。第一次出现在雕像上的微笑,那是"元始的时刻"。肖像第一次脱离写实的形象,那是"元始的时刻"。每个人都可以自己的方式来重新感觉并创造第一次出现的脸庞、第一次出现的微笑,甚至是第一次脸庞的消失。水墨画从山到人、从人到山之间不断转变的过程中,画家第一次意识到元始的真气时,贯穿所有万事万物的时刻。

苏拉吉也说,有一天当他在准备雕刻铜版时,他尽全心去窥探,试图在雕刻的过程中寻找最深的黑色。当他奋力地凿刻,最后他找到了白色。从最深的黑色转化为白,最白的颜色转化为黑,这样的过程也是元始的时刻。那是我们心中生命不断延续的动力,内在生命的节奏,停滞于黑或是留恋于白都阻碍了心中生命力的律动。宇宙万物被映照于心,流动于心,不滞不凝,这样的人是自由的人,具创造性的人,因为他尊重心中的自由。

某天,有位记者一直问我,想了解我这一生中想做什么?我为什么画水墨画?我想不想成为大师?她很尊敬地问我,而且很认真等待我的答案,就在这个时刻,有个完整的答案脱口而出,一个真正的答案,只能回答一个好问题的答案,却超越以往所思所想。我回答说我生活的目标,就是"追随风",与风共游。当我说出这样的话时,自己也很惊讶。后来我反复思考我所说的话,才明白原来自己一直背离这样的目标,常徘徊在不该停留的地方,或是企图驾驭风的方向。但是我终于了解,追随风才是我真正的欲求。

与风共游不是到处漫游,与风共游是去聆听。聆听真气的力量,那是一股超越你个人之上的、环绕你的、让你产生转变的力量。聆听奥秘的声音。风是宇宙心灵的声音。聆听风,就是重新找回心中真气的声音。与风共游就是让内心自由地成长。自由是吊诡的。自由端视个人的决定,我决定追随风,献身给风:我信任超越我之上的真气,因为我相信它住在我的心中。

笨　笃

(沈秀臻　译)

图书在版编目(CIP)数据

谢阁兰与中国百年:从中华帝国到自我帝国/黄蓓主编
--上海:华东师范大学出版社,2014.3
ISBN 978-7-5675-1714-1

Ⅰ.①谢… Ⅱ.①黄… Ⅲ.谢阁兰,V.(1878～1919)—
人物研究 Ⅳ.①K835.655.6

中国版本图书馆 CIP 数据核字(2014)第 024127 号

华东师范大学出版社六点分社
企划人 倪为国

本书著作权、版式和装帧设计受世界版权公约和中华人民共和国著作权法保护

谢阁兰与中国百年:从中华帝国到自我帝国

主　编　黄　蓓
责任编辑　高建红
封面设计　吴元瑛

出版发行　华东师范大学出版社
社　　址　上海市中山北路 3663 号　邮编　200062
网　　址　www.ecnupress.com.cn
电　　话　021 - 60821666　行政传真　021 - 62572105
客服电话　021 - 62865537
门市(邮购)电话　021 - 62869887
地　　址　上海市中山北路 3663 号华东师范大学校内先锋路口
网　　店　http://hdsdcbs.tmall.com

印 刷 者　上海景条印刷有限公司
开　　本　787×1092　1/32
印　　张　12.5
字　　数　190 千字
版　　次　2014 年 3 月第 1 版
印　　次　2014 年 3 月第 1 次
书　　号　ISBN 978-7-5675-1714-1/I・1106
定　　价　48.00 元

出 版 人　朱杰人

(如发现本版图书有印订质量问题,请寄回本社客服中心调换或电话 021 - 62865537 联系)